广西交通运输科技创新"十四五"发展规划（GXZC2020-C3-002447-JGJD）；贵州省交通运输"十四五"人才发展规划（2020HX052）；2017年度贵州财经大学引进人才科研启动项目资助（2017YJ09）

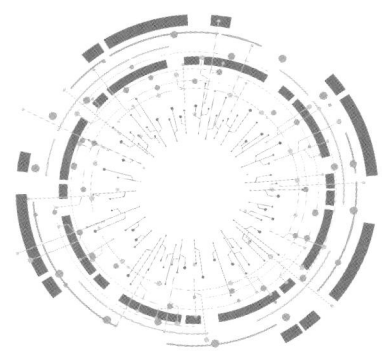

中国城乡交通一体化现状评估与政策研究

CHINA URBAN AND RURAL TRANSPORTATION

Assessment and Policy Research on the
Current Situation of the Integration of Urban and
Rural Transportation in China

赵光辉　谢柱军　著

中国社会科学出版社

图书在版编目（CIP）数据

中国城乡交通一体化现状评估与政策研究/赵光辉，谢柱军著.—北京：中国社会科学出版社，2021.8
ISBN 978 - 7 - 5203 - 8960 - 0

Ⅰ.①中… Ⅱ.①赵… ②谢… Ⅲ.①交通运输发展—研究—中国 Ⅳ.①F512.3

中国版本图书馆 CIP 数据核字（2021）第 172398 号

出 版 人	赵剑英	
责任编辑	刘晓红	
责任校对	周晓东	
责任印制	戴　宽	
出　　版	中国社会科学出版社	
社　　址	北京鼓楼西大街甲 158 号	
邮　　编	100720	
网　　址	http://www.csspw.cn	
发 行 部	010 - 84083685	
门 市 部	010 - 84029450	
经　　销	新华书店及其他书店	
印　　刷	北京君升印刷有限公司	
装　　订	廊坊市广阳区广增装订厂	
版　　次	2021 年 8 月第 1 版	
印　　次	2021 年 8 月第 1 次印刷	
开　　本	710×1000　1/16	
印　　张	16.75	
插　　页	2	
字　　数	246 千字	
定　　价	96.00 元	

凡购买中国社会科学出版社图书，如有质量问题请与本社营销中心联系调换
电话：010 - 84083683
版权所有　侵权必究

前　言

　　交通权是公民享有的满足自身出行需求的权利，是涉及交通发展法律问题的理论基础，也是交通市场规制建立和交通治理现代化的重要基础。随着经济社会的发展，城市和农村相互融合是社会发展的客观趋势，城乡一体化在加快城市发展和农业现代化中发挥着重要作用。城乡一体化的关键在于交通一体化，而交通一体化顺利实现的关键之一在于法律保障机制的完善。作为缩短时空距离的切实手段，交通一体化可以实现经济的优劣互补，是发挥整体优势的前提和保障，也高度契合国家的"乡村振兴战略"和"交通强国战略"。

　　长期以来，城市与周边乡镇的交通存在衔接不畅、服务质量不高、乘车体验较差等问题，这在一定程度上阻碍了城乡经济的整体发展。作为基础产业和先行产业，城乡交通一体化是利用城乡经济的互补性、发挥整体优势的前提和保障，也是推进乡村振兴战略提质增效和加快城乡融合发展的手段和基础。城乡空间和人口重构、城乡规划法的出台和修订以及城乡边界的融合发展都对城乡交通一体化提出了新的要求。当前，城乡交通资源缺乏有效合理的整合，表现为衔接紊乱、立法模糊不清、标准规范不一等问题。既存在城乡客运市场差异层面的客观因素，也有规划机制、投入机制、客运定位不准，标准规范参差不齐等方面的原因。在乡村振兴和交通强国双重战略的助推下，我国城乡交通一体化的结构困局应从基本的管理体制的合理谋划、规划统筹的科学引导以及法制层面的补缺完善三个层面合力寻求协同治理之路。

　　城乡交通一体化目标的实现除了要遵循经济规律、自然规律和交通发展自身规律外，还要建立完善的法律体系。因此，本书综合运用文献分析法、案例分析法和比较分析法，对我国城乡交通一体化中存在的问题及原因进行分析，在此基础上运用经济法学理论，提出了法律保障建议。本书的研究内容主要包括八章：第一章为导论，主要阐述了中国城乡交通一体化研究的背景与意义、国内外研究相关进展、主要研究内容与研究方法及研究的技术路线与框架；第二章为城乡交通一体化的概念及内涵，界定了城乡交通一体化的概念、基本目标、内涵等；第三章为城乡交通一体化法律保障的理论基础，从经济学和法学两个角度，对研究的理论基础展开分析；第四章为我国城乡交通一体化发展现状评估，介绍了我国城乡交通一体化发展的轨迹、实践、成就、机遇、阶段、趋势等；第五章为境外典型国家城乡交通一体化法律保障经验，通过对国外城乡交通一体化产业发展模式分析，总结出国外在城乡交通一体化法律保障机制构建方面的有益经验；第六章为我国城乡交通一体化法律障碍分析，总结了我国城乡交通一体化发展中存在的主要矛盾与问题，在此基础之上，分析了我国城乡交通一体化发展面临的法律障碍，并剖析了这些法律障碍出现的原因；第七章为城乡交通一体化法律保障机制构建，针对当前我国城乡交通一体化发展面临的法律障碍，提出了法律保障机制构建的原则、内容以及具体的运行方案，以构建科学的交通产业法律体系；第八章为研究结论与展望，对全书的研究进行了总结，并提出需要进一步研究的地方。

本书从法律角度对城乡交通一体化的发展问题进行了细致的研究，力求通过城乡交通一体化完善交通运输市场规制理论，准确把握交通运输的战略性、基础性、服务性和先导性的基本属性，遵循我国交通强国、"人民满意、保障有力和世界前列"的基本要求，厘清政府与市场的关系。区分交通运输各领域与上述属性和要求对应关系，分门别类地明确各领域应该采取的市场规制手段；通过城乡交通一体化发展推动市场规制的法律法规体系建设。在直接规制的领域，完善交通运输领域的法律法规，核心聚焦在市场开放、客运安全、绿色环保、安全应急领域的法律法规。在间接规制领域，做好与反垄断反不正当竞争机构之间的接口，建立互动协同的体制机制；通过城乡交通

前言

一体化发展推进交通运输监管和执法机制改革,深化交通运输管理体制改革,加强对外开放体制机制建设,推进交通运输综合行政执法改革,推进交通柔性执法的改革,构建规范化的交通运输行政约谈制度,出台相应的管理办法。本书旨在为乡村振兴战略下城乡统筹发展中的交通发展问题提供全新的视角,实现城乡交通资源整体优化配置,推动交通市场健康持续繁荣,最终使城乡居民真正得到实惠,实现乡村振兴战略与交通强国战略的良性互动。

自　序

　　交通能够驱动要素流动和拉动关联产业协同，并促进经济发展。随着新时代我国社会主要矛盾的历史性变化，传统的交通发展模式越来越难以应对新时代经济社会发展的要求。而交通强国战略规划作为新时代交通工作的重要导向，能够有力支撑经济转型和高质量发展。建设交通强国，就是要加快推进交通运输发展质量、效率和动力等各方面的变革，不断提高交通运输产品和服务供给质量，全面提升综合交通体系整体效率，加快建立科技创新引领新格局，形成完善的交通现代治理体系，在全球新一轮竞争中赢得主动权。我国"交通强国"建设的总目标是建成以人民满意、保障有力、世界前列为要求的"安全、便捷、高效、绿色、经济"的现代化综合交通运输体系。党的十八大以来，我国交通运输取得了历史上建设强度最大、网络覆盖最广、品质提升最快、群众获得感最强的发展，为我国建成交通强国奠定了坚实的基础。以服务为本从而满足社会大众的交通运输需求是建设交通强国的基本任务要求之一。在新一轮城镇化过程中对交通基础设施建设的优化布局也将直接影响城乡之间的良性协同发展。然而，从现状来看，我国城乡之间交通运输发展水平存在较大的差异、城乡交通结构矛盾突出，难以有效适应新时代交通强国战略的发展要求。由于农村公路、城市公共交通等公益性基础设施建设、运营维护缺乏可持续的资金投入长效机制，而交通的资金需求将远超大多数地方政府的供给能力，造成地方交通行业背负沉重的债务压力，交通运输公共服务体系难以健全，区域、城乡之间发展不平衡，难以充分满足居民的出行需求。交通运输的发展水平和质量也关乎城乡协调发展。一方面，城乡经济的快速发展和高质量转型，要求发展高质量的交通运输服务与之配套；另一方面，城乡交通的一体化也是城乡经济统筹协调和良性持续发展的内在需求。因此，城乡交通一体化与城乡协调、良性发展是一种互动互促的关系。

交通强国建设需要构建一流的综合交通设施网络体系，而综合交通设施网络体系的构建必然要求走城乡交通一体化之路，乡村振兴、城乡协调发展也需要一体化的交通作为支撑。现有研究侧重于从支撑区域一体化发展的高效公共交通的目标出发，基于区域的交通实际，进行区域化的城乡交通一体化规划。学者们也普遍认为，城乡交通一体化能够显著消除制约农村发展的交通"瓶颈"，为脱贫攻坚提供更好的保障。同时，城乡间的互动交流日趋密切并模糊了两者在公共交通和公路对外交通的边界，城市公共交通设施和公路对外交通设施在功能和布局上越来越具有趋同性和同一性。城乡交通一体化与城乡社会经济良性、协调发展之间是互动互促的关系，也能够对城市交通和公路对外交通存在界限、交通行政等级划分制约、城镇和农村交通分割等局面进行重整，使城乡交通发展能够具有整体性、对接性、公平性和共享性等特征。

总体来看，目前关于城乡交通一体化的针对性学术研究并不多，更多为某一区域，如省、市等在城乡交通运输一体化推进过程中所取得的实践层面的阶段性成果，且呈碎片化状态，缺乏探究城乡交通一体化内在理论规律的系统研究，特别是相关的理论基础、实现原因和困境以及系统的保障路径的分析。本研究正是基于此，力图阐述清楚城乡交通为何需要"一体化"、"一体化"的困境何在、"一体化"的背向因素、"一体化"的三向度面向，从而系统阐释城乡交通一体化的理论基础、结构困境、因素分析及保障路径，促进我国城乡交通一体化的转型升级，助力我国交通强国战略的推进和落实。本书认为，城乡交通一体化是政府追求城乡公共服务均等化的重要组成部分，也是实现交通强国三大目标之一——"人民满意"的重要指标之一，体现了政府改善民生、保障经济社会稳定运行的职能。推动城乡交通一体化的发展，需要着力消除城乡二元结构并改革客运分割管理的体制，促进道路客运整体化、高级化发展。当前城乡交通一体化问题突出体现在结构困局,如道路交通设施建设全面性和系统性相对不足、管理方面不够全面和系统、各级政府和相关管理部门各自为政、枢纽站交通配套设施不完善、技术标准和规范不全面以及信息化程度不高等。这些相关问题亟待在交通强国战略推进的大发展背景下,通过相应的管理体制层面保障、规划统筹层面引导以及法制层面补缺完善的综合治理措施来寻求解决之道。

一 为何一体化:城乡边界的新动向与城乡融合发展功效的阐释

1. 城乡空间和人口重构是城乡交通提供一体化的有力支撑

随着城市化进程加快推进,城乡空间结构和人口结构发生了巨大变化,这将对城乡交通一体化发展提出新的要求。一方面,从人口结构上看,农村经济迅速发展将使城市化进程明显加快,现阶段农业人口集中涌入大中城市的模式将有所改变,中小城镇和卫星城市将大规模发展,届时大、中、小城市之间的交通运输需求将更加旺盛,对公路交通的需求也将大量增加。郊区化将成为城乡一体化发展到一定阶段的必然现象。随着城市人口的增加,城市的边界不断拓展,居民由大城市的中心向周边卫星城流动,这是城乡空间格局演变的必由之路(见图 0-1)。城市郊区化导致市区与郊区之间的客流与货流不仅流量增加,而且时间更趋于集中,要求城乡之间建立起一个能够与之相

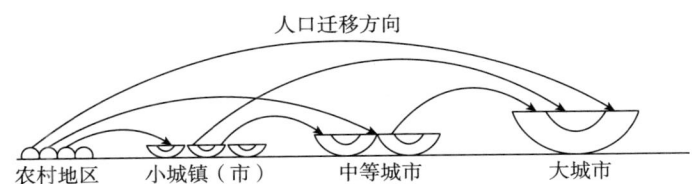

图 0-1 未来农村人口加速迁移方向示意图

匹配的协调、高效的运输和联通系统,把主城区与其毗邻的卫星城镇连接为一个整体,这也将对公共交通系统的效率提出更高要求。另一方面,城市用地将随着城市化进程的持续推进向外扩张。这是城市自身延展和对周边乡村吞并并发的过程。一些原有的乡村直接成为城市

建设的组成部分，也将对城市内外交通节点的合理布局、城市形态与公路基础设施（主要是城市以外）配置的协调关系、城市基础设施的合理有序等方面提出更高的要求。

2.《城乡规划法》对城乡交通一体化规划提出新的要求

新时期交通运输发展的重要任务之一是建立能够有效发挥不同运输方式的组合效率和优势的现代综合交通运输体系，这就要求统筹城乡交通资源，进行合理的优化配置。我国大多数城市对于城市总体规划、区县规划以及乡域规划，在规划时间上、衔接方式上并没有形成良好的协调统一。一方面，城市规划只作用于规划区内，城乡接合部的村庄成为规划的薄弱地带，使城乡一体化发展有所割裂。由于缺乏详细规划造成土地功能模糊，城乡道路等级及服务对象与沿线不协调的现象时有发生，最终导致重复建设、资源浪费以及投资的分散。另一方面，以往的城乡规划普遍存在重城轻乡的问题，乡村仅作为城市的背景存在，城市规划几乎不涉及和考虑农村地区的发展，对村镇规划的指导有所欠缺，不能与城乡统筹发展的需要相符，导致区县和乡域规划落后，使农村公路交通基础设施规划缺乏上层规划层面的指导。《城乡规划法》出台以前，城乡区域间规划不同步。如1992年生效的《北京市城市规划条例》中，市区、远郊区和近郊区的规划由各自决定；1989年第七届全国人民代表大会常务委员会通过的《城市规划法》和1993年国务院发布的《村庄和集镇规划建设管理条例》中，就城市论城市、就乡村论乡村的规划制定与实施模式，使城市和乡村规划之间缺乏统筹协调。2019年第二次修正的《城乡规划法》详细阐述了城乡规划的制定、实施、修改、监督检查和法律责任，特别是对乡村规划的制定和实施加以明确，为正确处理近期建设和长远发展、局部利益与整体利益、经济发展与环境保护、现代化建设与历史文化保护等关系提供了指导，能够促进合理布局、节约资源、保护环境并体现特色，充分发挥城乡规划对引导城镇化健康发展、促进城乡经济社会可持续发展中的统筹协调和综合调控作用。根据该法，未来作为城乡规划中的专项之一——交通规划也将逐步趋向于与全部城乡规划同步和一体化规划，并纳入统一的法律管理。农村公路交通规划则要求必须与村庄规划、城镇规划等紧密结合。

3. 城乡空间的发展要求干线公路规划从"适应型"逐渐向"引导型"转变

国内外的发展实践表明，干线公路是城市生产和生活赖以进行的重要条件。科学的干线公路规划对城市扩展和城乡空间布局起着重要的引导作用，可使城市具有较强的发展和扩张潜力。然而根据实践来看，我国干线公路规划布局的前瞻性问题日益突出，大量国道过境干线公路不断被迫外迁，难以发挥干线公路对城乡空间布局和城乡建设集约健康发展的科学引导作用。在城镇的发展初期阶段，由于其规模较小且空间容量相对较大，过境干线公路并不与其冲突，相反还弥补了城镇薄弱的基础设施，也实现了所贯通的人口聚集点（包括作为始终点的城市及路线上的乡村）的基本出行需求，有效强化了城乡间的联系并加速了要素的聚集，并推动了原有城市节点的形成和空间容量的充分利用。在城市化进程加速及城市规模扩大的作用下，城市形态进一步转变，城区建成区不断外扩，使原有过境干线公路成为穿越城区的城市道路，大量过境车辆从市区穿过，不仅不利于城市自身发挥其交通功能，而且降低了干线公路快速疏散过境交通和组团间交通的使用效能。如国道 321 酒泉段过境公路在牵引城市发展的同时，与城市交叉干扰的矛盾也日益尖锐，迫使过境公路多次被迫推移路线。这种被动和暂时的措施从整体上降低了城乡交通系统的整体通行效率，难以从根本上发挥公路对城乡一体化的引导作用。

4. 城乡边界快速融合要求城乡交通道路管理进行动态配套调整

城市建设推动了城区边界向郊区延展，道路不断推展到农村地区，从而使部分村落成为城市街道的一部分。这样，原有的封闭高速公路由于道路两侧服务和出行需要，有可能需要打开各个路口，成为不收费且出入口四通八达的城市道路，同时需要改变或增设原有的道路设施；原属于某一个村或某一个单位建管的公路或桥梁等道路的性质就可能逐步发生质的改变，成为城市道路设施的一部分；原来位于市域内的公路收费站，由于居民的出行需要，有可能需要从市区外迁。由于目前管理体制的分割，以及现有法律法规尚缺乏具体相关移交程序以及管理主体和产权变更后对公路路产相应补偿的规定，导致目前公路转化为城市道路的相关管理缺失，使其在资产管理与运作协调方面的难度远大于城乡道路在硬件方面的相互衔接。这种被动追随的管理方式如果不加以调整，也将导致在相当长一段时间内，公路性质的调整速度滞后于城市化进程的速度，反应不及时，不能从根本上解决问题。

公路与城市道路的特征对比（见表0-1）。

表0-1　　　　　　　　　公路与城市道路的特征对比

	公路	城市道路
服务范围	连接城间、城乡间、乡村和厂矿地区	城市规划市区范围
服务对象	为区域间的交通联系服务，更多地注重满足机动车行驶需求，而较少考虑非机动车或行人	为城市自身服务，除了机动车，还兼顾非机动车流与人流，并考虑设置港湾式公交站、交叉口渠化以及无障碍设施
分类标准	按行政等级和技术等级分类	按功能分类
职能部门	交通部门	城建部门
建设资金渠道	视行政等级	城建、市政
技术标准与设计规范	工程技术标准 路线设计标准 桥涵设计规范	道路设计规范 道路工程质量检验评定标准 桥梁设计准则
断面形式	行车道、路肩及紧急停车带	行车道、中央分隔带、非机动车道及人行道、绿化带
照明、绿化及管线	较少考虑照明及管线，适当考虑绿化	必须依据城市道路的等级确定绿化标准，要求有照明及市政管线的设计，以此保证城市景观的需要
街道化	不允许，公路两侧"建筑控制区"禁止修建建筑和地面构筑物	与周边用地紧密衔接

二 一体化掣肘：衔接紊乱、立法不清，缺乏有效整合的城乡交通配置困局

1. 多形式管理体制造成城乡客运资源配置与衔接的紊乱

对城乡客运管理体制的影响先要对城乡客运管理体制问题进行回顾。"回顾"更准确地说应是对当前管理体制现状的审视。长期以来，交通部门与城市建设部门分割管理城乡交通，形成了我国多数城市的"二元"城乡管理体制。"城市内"公共汽车和部分城市的出租汽车归属城市建设部门管理，其他营运车辆则归属交通部门管理。在城乡一体化大背景下，贯穿城市的班车客运与"城市内"的公交客运和出租汽车客运在线路、服务范围上出现了严重重叠，这些问题成为阻碍城乡交通一体化发展合理有序的"瓶颈"。

管理体制上长期的二元结构，造成我国旅客运输市场和管理体制多种形式的表现。主要有以下四种：①传统型客运市场和管理体制的"二元结构"。规模较小、经济发展落后的城市，交通运输体制改革不顺畅，城市公交滞后于出行需求，乡村客运管理体制维持"农村客运不进城，城市公交不下乡"的原始状态（如新疆、西藏等地一些中小城市）。②地域拓展型客运市场和管理体制的"二元结构"。在城区范围不断扩大的城市，城市公交客运与农村客运的界限逐步模糊，难以区分，乡村客运的市场范围逐步缩小，城市公交的客运市场范围逐步扩大。但城乡客运和农村客运仍然是公路客运的市场范围，城市公交和农村客运之间仍然处于泾渭分明的市场分割状态（如格尔木等城市）。③客运市场的"二元划分"和管理体制的"一元结构"。在一些直辖市或沿海发达城市，城乡交通纳入一个部门管理，城市公交客运线路逐步从城市向乡村延伸，城乡一体化初具规模。但是，经营主体和行业管理的"二元划分"尚未改变，客运企业仍然划分为城市公共交通客运企业和道路客运企业，两者在行业管理方面仍然分别执行城市公交管理和道路客运管理办法，仍然执行着各自不同的补贴、税收等政策（如南京、昆明、福州、杭州等城市）。④客运市场和管理体制的"一体化结构"。部分城市真正呈现出市域内城乡客运"一体化"组织和管理模式，一体化市场、一体化管理（如北京、广州、深圳、重庆、成都、武汉等城市）。上述四种形式是我国城乡交通分割管理体制，是在城市经济、规模、人口等因素发展到不同阶段的四种表现。我国多数城市处于第二阶段，处于第一、第三阶段较少，极少数城市经历了第一、第二阶段后，达到第四阶段。

多种形式的管理体制和市场情况，造成以下几个方面问题：第一，统一法规政策出台难。管理体制不统一造成最突出的问题是法规政策不一。根据旅客运输形式的不同，可以划分为公交、出租、班线、旅游、包车等多种客运形式，在运营形式和经营方式上存在不同，从服务对象上看并没有本质性差异，均为向公众提供公共服务。而以往由于部门分割，部门间利益冲突严重，很难达到协调统一，导致规范市场的法律法规出台十分艰难。政策方面，城市公交客运被划归为公共服务，享受政府财政补贴等优惠政策，而服务于城乡间的其他客运形式没有得到政策的支持，发展较为困难，也造成了客运市场的不公平竞争。第二，资源有效配置难。长期以来，班车、旅游和公交、出租等客运形式处于分割状态，块块管理，无法实现统筹决策、统筹规划、统筹建设，造成交通基础设施建设和线路运输重复性投入，线路网络覆盖不全等现象，资源闲置、浪费严重。这种分割管理使部门间权责不清、交叉严重，趋利性思维导致将管辖线路和基础设施向获利潜力大的方向转移，相互之间不能协调利用。一个典型例子是公交客运与长途运输站场不能有效衔接、综合利用，线路配置冷热不均，相互间无序竞争严重，甚至出现相互围堵等不稳定情况。第三，城乡旅客运输有效衔接难。现行道路旅客运输管理体制没有体现"以人为本"的理念。分割管理导致一部分城市的公共汽车站点归建设部门规划与管理，长途汽车客运站归交通部门规划与管理。由于两个部门之间缺乏有效的协调机制，结果是公共汽车客运站和长途汽车客运站互相脱节，旅客乘车、换乘很不方便。本来在短时间内或者在一个车站内能到达的，需要很长时间或较长距离才能到达，群众对此意见很大。

2. 公路立法缺乏明确、清晰的移交程序及产权界定，也缺乏变更后相应的补偿机制

我国城乡交通分割的局面已存在较长时间，且一系列城乡有别的相关政策在法律法规方面固化了城乡有别的体制，这是城乡交通难以协调发展的症结所在。针对城乡接合部制定的公路管理法规处于薄弱状态，不能适应当前发展的新形势。为强化公路法制化管理，政府先后颁布了《公路法》《路政管理规定》等多部法律法规与部门规章，公路管理规范化、法制化局面初步形成，有效保障了公路技术状态的完好与畅通等。然而，公路立法建设（尤其是城乡接合部公路管理立法方面）与城乡经济社会发展需求之间还存在较大差距。

部分城乡公路街道化是必然且合理的发展趋势，即一部分原先的公路在使用功能和性质上将逐渐转变为城市道路。由于公路的路产主要包括三个部分，即通道本身（路基和路面）、设施（排水、防护系统、养护设施、标志、绿化工程等）和用地，因而公路产权的变更和移交也会牵涉这些内容，因此需要明晰产权才不易发生冲突。现有法规中上述产权界定不明造成公路与城市道路难以顺利过渡和交接，使城市道路和公路交界处成为城乡一体化的"梗阻"地带。

虽然《中华人民共和国公路管理条例实施细则》[①]对公路与城市道路划分做了原则性规定，但其界定标准仍然不够明确。主要体现为：首先，没有明晰公路形成街道的判断准则和时机标准，其决定依据来源于省级公路主管部门与城建部门协商；其次，城市发展规划区的范围通常依据城市总体规划，但是城市总体规划更新过程中的编制和审批时间往往较长，新规划的出台通常滞后于公路街道化的时间，失去了治理公路街道化以及公路移交城市道路的最佳时机。由此造成在落实公路与城市道路划分、产权变更、补偿及其他相应职责时无法

---

① 我国《公路法》和《城市道路管理条例》均未对公路与城市道路的划分标准和程序做出具体而明确的规定。只有1988年颁布的《中华人民共和国公路管理条例实施细则》第4条规定："公路与城市道路的划分，应以是否形成街道或近期城市发展规划区域为界限，由省级公路主管部门与当地城建部门共同商定，并随城市建设区域的发展变化进行合理调整。"

可依、无章可循，无法适应快速城市化地区道路发展的需要。

实际上，公路产权的变更会增加城建部门的财政负担，相应改变道路的权属会增加政府的维护经费，修订法规、调整管理职能等也会增加政府的行政成本，因而城建部门及政府对城市道路的界定缺乏动力，使公共管理面临缺失且居民难以享受公平合理的公共服务。

3. 城乡公共客运票价与财税政策不统一，形成了两者不公平竞争

尽管管理体制已经理顺，但目前城乡公共客运在票价和财税政策上仍有较大差距。目前在税费、补贴、票价等政策方面，城市公交与班线客运都有着较大差异，具有低成本和低票价先天优势的公交客运对同线路和相近线路的班车客运带来极大的冲击和影响，两者形成了不公平竞争。如果一条城乡客运线路能够被确认为城市公交，则可免交养路费、客运附加费等费用，拥有核定站立乘员的权利，政府也会给予扶持；但如果作为班线客运，就必须执行道路运输管理标准，不仅无法享受以上待遇，同时要严格遵守核定人数标准。例如，在广州，一辆34座客运车辆开行城乡线路每个月需要缴纳1200元养路费、3000多元公路建设附加费，加上运管费，全年需要6万多元，而在城区运行则没有此项费用。在其他费用相同和运输量相同的情况下，城乡客运要比城市公交客运多出6万元成本，加之乡村客运的交通条件差、实载率低，运价又不高，所以农村客运在没有政府补贴的情况下很难经营。又如贵州省遵义市同线路的班线客运单车运营成本（含税费）和燃油补贴分别是城市公交的2.45倍和1.83倍（见表0－2）。班线客运营运成本高必然导致运输票价高，造成了城乡居民出行不平等待遇，不利于城乡公交客运线路资源的有效整合，也不利于城市公交线路向农村的延伸。在执行票价方面，由政府扶持的城市公交的票价制定标准在对市民承受能力等的全面考量下，普遍实行相对低廉的"一票制"票价（一般1—2元）。而城乡公交（也有部分城市称作农村客运或短途客运）采用按段收费的规则，票价主要由基本运价、保险费、客运附加费和通行费等部分组成，且随运输里程增加，普遍高于城市公交票价。从城乡客运的运营情况来看，城乡公交由于客源少、速度慢、单位成本高，运输效益差，在没有政府补贴的情况

下,实行与城市公交相同的票价,往往难以为继。

表0-2 贵州省遵义市同线路班线客运与城市公交的成本及补贴对比

	城市公交	班线客运	班线客运与城市公交倍数关系
单车运营成本（含税费）（元）	252117	618272	2.45倍
燃油补贴（元）	1632	2994	1.83倍

除了财税、规费和票价政策不同外,在相关支持政策方面,城市公交和城乡公交也存在鸿沟。根据《关于优先发展城市公共交通若干经济政策的意见》,将城市公共交通发展纳入公共财政体系中,对城市公共交通场站、换乘枢纽以及车辆和装备的配置、更新等设施建设进行必要的扶持,同时优先向其提供城市公用事业附加费、基础设施配套费等政府性基金。然而,由于城乡公交目前被划归为道路客运的类别,因此难以得到财政支持。例如,武汉市市财政每年给予市公交集团一定数额的财政补贴,约3000万元,在运营成本上升较快时还给予一定的扶持政策;而城乡公交自负盈亏,不享受市政财政补贴。表0-2也体现了对两者的补贴差异。城市公交车辆参加道路运输超载时不会按照《道路交通安全法》的规定处罚,而城乡公交则严格禁止超载运输。这种由管理体制二元分割造成的部门利益之争与市场分割问题,是阻碍城乡道路运输一体化实施的首要问题。

4. 农村交通基础设施属性不清、归属不顺影响对其投资政策的合理定位以及投资主体的单一性难以维持农村交通基础设施作用发挥的可持续性

作为连接城乡发展的纽带,农村公路能够有效促进城乡经济的发展。由于农村公路具有显著的公益性,作为经济学中所谓的"公共物品",需要由政府进行投资和管理以统筹城乡交通的发展,而这需要重点解决城乡之间公路资源配置不平衡的问题,要求公共财政在公共产品等领域更多地向农村和农民倾斜。由于农村公路建设不同于城市

道路建设，因此农村公路建设投资资金普遍有限，无法满足日益增长的农民出行需求；后者盈利率远高于前者，有城市政府财政支持作为保障，而农村公路绝大部分不收费，即使收费也难以收回投资。即使近年来中央和省交通主管部门对农村公路建设的投资持续增长，但其比例仅为总投资的40%，其余则需要依赖于市、县自身，资金困难与建设任务重的矛盾在欠发达地区（特别是边远山村、库区）尤其突出。除此之外，农村税费改革和交通税费改革也改变了资金的筹措渠道进而增加了难度。以往农村公路中的乡村道路有相当部分通过村提留、乡统筹留成及群众集资筹措获得，税费改革后取消了这些渠道，代之以"一事一议"政策，而在推行过程中存在如难以执行等较多的问题。如果不能够有效改善这一局面，对农村公路建设资金的规模与稳定将造成十分不利的影响。同时，随着消费能力的提升，农村公路建设不仅要应对"通达工程"和"通畅工程"的压力，也会面临提升路网密度和技术等级、实现现代化的压力。不仅如此，随着农村公路建设进程的加快和里程的增长，道路养护压力也不断增加，将使矛盾越发突出。

5. 城乡道路的设计及建设标准缺乏两者的衔接，阻碍了城乡道路资源一体化配置

公路街道化是城市化的必然趋势。受益于便捷的交通，在城乡接合部公路周边往往聚集了许多居民、商家和企业，形成"交通性商业街"，公路则叠加了行人过街、机动车停车、人车出入商业区等功能，逐渐承担了城市道路的功能，既要满足急剧增长的机动车出行需要，同时也要为一定数量的非机动车和行人的出行提供空间。从公路的构造及宽度而言，客观上要求达到公路使用的设计和建设标准；而从满足需求和安全角度来看，则要求公路横断面的组成及交叉口设计要兼顾机动车与非机动车两个方面的使用要求。在城市道路过渡到公路的过程中，道路的横断面有所突变使两个系统难以衔接，不但容易降低其服务水平，而且易引发交通安全问题。例如，车行道突然变窄使机非合流形成"瓶颈"、非机动车须转向绕行甚至掉头、人行道戛然而止、交叉口缺少渠化、过街设施少、安全隐患突出、港湾式公交站

少、绿化少等，难以应对非机动车、行人、公共交通（慢行交通）等多种交通对象的需求，而这些情况在交通流量大时问题更加突出。宁波江北大道便是两种道路系统对接的典例。作为联系江北区与宁波市区的一条南北向的主要公路，其主要目的是沟通江北区的慈城、洪塘、庄桥三镇与市区的联系，从而带动乡镇的经济发展，因此江北大道在设计之初并未埋设雨、污水等市政公用管道。随着江北大道基本实现城市化且开口明显增多，小区的市政管道如何接入统一管网中成为难题，同时难以发挥其在快速疏散过境交通和组团间交通的作用，原有公路功能逐渐衰退。并且，由于公路主要为区域间的交通通道，因此一般在建设过程中不铺设管道、照明等市政设施，公路的竖向标高往往高于城市道路的竖向标高，且公路建设较少与用地开发相结合。

三 一体化的背向：市场、定位以及投入与法规标准不匹配的因素剖析

1. 城乡客运市场特征的显著差异性客观上加大了城乡交通一体化推进的难度

城乡客运市场特征存在显著的差别。与城市公交客运一年中客流相对平稳相比，农村客运存在时空的不均衡性。从时间上看，淡旺季分明，旺季客流剧增，淡季时车辆的实载率明显下降；从空间上看，行政村的实际居住人口较少、分布不均，且大部分处在公路网络的尽头路。上述特征使农村客运发展具有较大的组织难度：一方面，农村地区客源分散，道路条件较差，行车成本相对较高，支线上客源更为稀少，不能够保障其持续运行；另一方面，农村客运的运力组织模式需要具有灵活性和高弹性，但目前客运线路、车型、座位等要求基本固定，难以根据农村客运的需求特征进行及时调整。城市公交客运由于客源充足，因此客运车辆密度大，站点间距短；农村客运的一条班线上只有几辆车，甚至只有一辆车，有的自然村不通客车，其便捷性和便利性方面的差距不言自明。

2. 农村客运的属性定位不清及公共政策扶持不到位阻碍了农村交通的发展进程

与城市公交一致，农村客运也是为公众提供基本出行服务的公共运输方式，经济效益差和社会效益强是两者兼有的属性。但农村客运的服务范围更广、受益人群更多、运输成本更高、经济效益更差，依靠农民自身购置交通工具解决出行问题的能力更弱，对公共交通的依赖性更强，社会公益性更加明显，客观上要求政府给予财政扶持、提供普遍服务。综观国内农村客运发展成功的地区，普遍突出了农村客运的公共服务性和公益性。由于各地区对农村客运的认识不统一，不能明晰农村客运发展过程中政府和市场的作用，在政策上处于摇摆不定的状态，使农村客运发展较为迟缓。从当前实施的公共政策上看，农村客运在用地划拨、财政补贴、税费减免等方面尚不能够得到与城市公交同等的待遇，这对于农村客运的可持续发展有直接的影响。除了交通部门减免企业的规费外，绝大多数城市政府对城乡公交经营企业没有任何财政支持，导致城乡公交尤其是乡村公交基本处于亏损状态，入不敷出。在此背景下，农村客运市场难以得到持续稳健发展。

3. 农村交通基础设施投入机制不利于进一步缩小城乡交通差距

自改革开放以来，我国城市道路和公路均飞速发展。尽管农村公路发展也取得了显著成就，然而，相较快速发展的城市基础设施，农村公路设施建设仍然显得十分滞后，整体上看农村公路网络密度偏低，基础不够扎实。当下我国农村主要是四级以下公路，且有较大数量为等外公路。不仅如此，农村公路普遍缺少桥涵构造物和配套防护设施，特别是在地形、气候条件恶劣的山区公路，由于缺少这些相应设施，难以有效抵抗自然灾害，直接影响公路的畅通和运行安全。农村客运站作为农村客运最主要的基础设施之一，是农村群众出行赖以依托的公益性设施。目前农村客运站点数量总体偏少，农村客运场站及候车设施等无法满足市场的需求，同时无法形成相对固定的候车、集散及中转客流场所，导致班车组织及运营困难的局面难以改善，居民也不能享受到高水平的交通服务。

造成我国城乡交通基础设施发展巨大差别的原因有很多，其中农村交通基础设施投入机制不健全、不合理是阻碍城乡交通差距缩小的根本原因所在。"十五"时期以来，党中央、国务院不断强化农村公路交通基础设施建设，增加投入力度，但地方投入严重缺乏，需要过度依赖中央，导致基层财政的财力无法匹配事权。另外，政府资源投入时重"大动脉"而轻"毛细血管"，农村公路中的乡道和村道得不到足够的投入，且投资主体结构相对单一而多元化投资不足。实际上我国已经具备了把财政收入向农村交通领域进一步倾斜的经济实力，然而与城市相比，当前农村交通资源依旧处于国民收入分配中的不利地位，对农村交通基础设施和服务领域缺乏财政投入的局面尚未改变。

4. 城乡有别的法规标准体系不利于城乡交通统筹协调发展

随着城乡边界变得模糊，原城市周边的公路及其与城市道路的连接线逐渐承担起城市道路的部分职能，推动了城市公交与城乡客运的融合趋势。但在城乡道路的规划和建设过程中所依据的管理办法、法规和标准不同，导致两者在政策、规划、建设和运营管理等方面存在协调上的滞后和差异，城乡之间资源难以整合，无法实现共享。城市道路和公路采用两种分类标准进行规划与设计，导致城乡接合部道路衔接没有标准可以参照，造成管理真空和安全隐患突出，难以体现"以人为本"的交通服务理念。而在城市客运和农村客运发展方面，由于依据的法律法规不同，导致准入条件不同、管理办法不同、税费不同，从而矛盾不断。统筹城乡交通资源需要在法规标准层面上进行统一，这样才能较为彻底地解决交通领域城乡二元结构、构建一体化城际交通和城市交通体系。

四 一体化的三向度：管理体制保障、规划统筹引导以及法制补缺完善

围绕着"城乡交通一体化"的命题，我国诸多省、市等地区都进行了初步的实践层面的推进，但实践中也面临着不少的结构掣肘，无论是实践意义层面的推进，抑或理论层面的规律总结，都存在着亟待完善的空间。城乡交通一体化的问题不是拘于仅结构困局单个维度要素的提升，而是需要对整个"结构困局"进行综合治理，实际是一个体系化、综合性的路径探索过程。在乡村振兴和交通强国双重战略的时势助推下，我国城乡交通一体化的结构困局应从基本的管理体制的合理谋划、规划统筹的科学引导和法制层面的补缺完善三个层面合力去突破解决。

1. 管理体制保障

管理体制是城乡交通一体化难以实施的焦点，是解决问题的关键。管理体制的改革是我国城市经济发展到一定阶段，城乡交通一体化需求紧迫的客观要求，符合发达国家先进管理经验，是对我国政府管理水平的提高。一方面，要进一步理顺城乡旅客运输管理体制。在中央层面，紧紧把握"大部制"改革的良好机遇，推动"三定方案"尽快出台，形成城乡统一的管理体制。在纵向业务上，包括法规、政策、规划、投资、建设、运行、应急等业务不分割；在横向区域上，包括城市、郊区、农村等地区不分块，形成统一的管理体制。具体内容有一体化拟定城乡客运发展战略、规划以及相应的方针政策，研究并组织起草城乡客运管理法律法规，监督城乡旅客运输实施。对于地方层面，在中央层面理顺管理体制的基础上，地方建立与中央政府相对应的城乡部门管理体制。根据不同城市的类型、社会经济和人口状况，确立不同类型的城乡旅客运输发展模式，根据不同的分类，出台相应的指导意见和管理措施。另一方面，还需整合公路和城市道路管理体制，统一纳入交通运输部门管理范畴，消除交通领域城乡二元结构。在全国城乡一体化加速推进的过程中，相当部分的公路已经或正在面临城市化改造，其产权关系和管理主体已引发争议。应正视和顺应公路城市化改造的大趋势，理顺路网建设管理体制，统筹路网建设时序和建设方案，提高路网建设的系统性和通达性。为此，建议将城市道路交通基础设施包括城市道路和公交站场的规划、建设和管理划归综合交通部门管理，避免多头管理和重复建设，实现城乡道路交通资源的规划、建设和管理一体化，以便布局合理、功能全面、层次分明、协调发展的一体化路网体系能够尽快建成。

2. 规划统筹引导

（1）加强与城乡各层次规划的协调工作，实现城乡交通统筹规划。从一体化角度出发，公路交通基础建设必须与城市总体规划、城乡土地使用规划、村庄布局整治规划、城市综合交通规划、环境保护规划、产业规划等确定的土地利用、城镇体系布局、村庄布局、产业布局及城市交通基础设施布局等紧密融合，与乡镇总体发展趋势相结合。由于上述规划在现实中分属不同的部门，相互之间缺少合作已成为目前较为突出的矛盾。因此，应当依托于不同部门的协调和沟通以进行城乡交通统筹规划，使整体性、连续性能够体现在各个子系统内容的目标制定、管理实施等各阶段中。

（2）统筹衔接并理顺城乡道路层次结构，尽快建立城乡道路一体化的规划和设计体系。当前在注重扩大公路网络尤其是农村地区公路网络规模的同时，应更多注重城乡道路网络系统功能及结构的改善，逐步调整城乡道路功能层次结构，使其不仅自身结构合理，而且两者之间各个功能层次网络之间也要充分协调与匹配。建议尽快建立城乡道路一体化的规划与设计体系，按照"一个体系、多个层次"的原则，实行基于实际发展情况且便于向城乡道路一体化目标过渡的功能划分层级体系及规划办法与标准。具体设想和建议如下。

第一，近期需要加快建立城乡统一的道路设计标准。对于目前城市道路与公路的衔接，首先需要建立城市道路与公路过渡段的设计理念，这部分道路规划与设计需要兼顾公路与城市道路的功能，并体现规划近远期相结合。其次要加强与城市道路交通基础设施，包括技术标准和建设时序等的衔接。研究城郊公路建设标准，增加横断面、渠化、非机动车道及相关城市交通管理设施的有关规定，以有效衔接城市中心城边缘和近郊地区。要补充或调整《公路工程技术标准》和《城市道路设计规范》两份行业规范性文件的相关条款。例如，在城乡接合部可根据道路的未来使用方向，适当调整《公路工程技术标准》中的部分条文，增加灵活性。最后在城乡接合部公路的规划和建设中，在不排斥小汽车使用的基础上，其设计和导向尽可能促进公共交通的使用，超前考虑和预留公交港湾站等公共交通服务设施，注重与公交无缝衔接，同时能够为非机动车的通行创造良好环境。加快出台针对不同农村地区公路发展情况的《公路养护技术规范》和《设计标准》。其中，快速城市化地区农村公路的设计需向重视公路环境、景观、排水、防护、防灾等全方位功能设计、养护方向转变。

第二，从中远期角度考虑，制定技术政策，以功能划分标准整合城市道路和公路分级体系。立足整体，在城市道路和公路两个子系统之上建立结构合理、功能清晰的层次体系，以充分发挥系统的整体系统能力。建议尽快研究并建立以功能划分为基础的公路分类方法，使其与行政等级分类和技术等级分类三者一起形成定位清晰、互为补充的功能分类层级体系。考虑到其作为一种先进的分类方式被我国普遍认同和接受还需要一个过程，近中期可考虑采用个别省、市试点的办法，对其应用进行探索性的研究与实践。将两个系统从功能划分标准的角度来进行整合，并进一步将城乡道路划分为快速道路（高速公路与快速路）、主要道路（干线公路与主干路）、次要道路（集散公路与次干线）、支路（地方公路与支路）四个层级。城乡道路层次结构如图0-2所示。

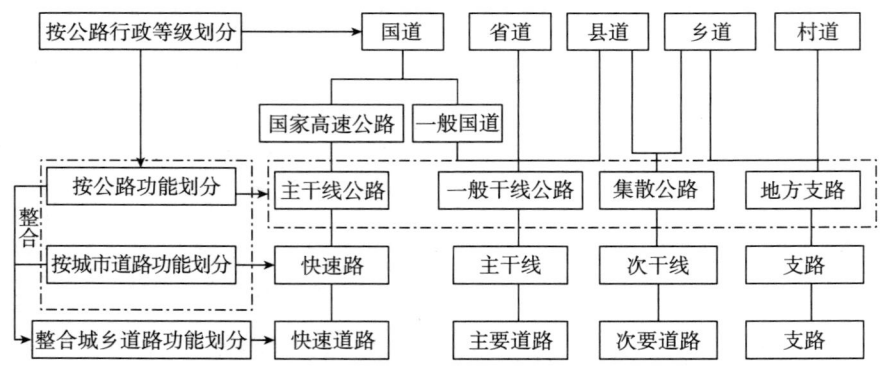

图0-2 城乡道路层次结构（以功能划分标准整合城市道路和公路分级体系）

（3）加大对农村交通的投入与扶持力度，加快完善农村道路基础设施建设。加快乡镇客运站场（尤其是农村公交站）的建设。根据农村公交站数量不多、难以有效满足城乡公交客运发展的现实特点，应当进一步提升农村公交站的投资水平。一方面，要完善农村道路基础设施建设，发展贯通各乡镇间、行政村间的网状道路，以提升布局效率。针对低等级道路推动改、扩建工程的落实以改善路网等级结构，健全警示、防撞等安全保障设施，使其具备完备与清晰的交通标记、标线，加快改造"通路不通车"公路，使其具备候车与通车条件，最终形成技术等级合理、通行能力优化的路网体系。另一方面，还需要改善农村道路通行条件，充分保障安全运行。加快危桥改造和撤渡建桥，优化现有铁道和高速公路道口、涵洞的通行条件，充分考虑农村公交车辆的通行需求，为未来规划预留合理空间。部分农村地区路面等级较低，在修建这类公路时，应考虑在局部路段予以加宽，为农村客运公交化奠定基础。在条件允许的公路沿线设置公交化站台、站牌以及相关标志标线等，以便于乘客上下车，满足城乡客运公交化运行的需要。

（4）优化城乡接合部道路布局，保障城乡之间顺畅连接。为提升规划的前瞻性和运输的高效率，道路布局需要结合城市化进程下的城市发展形态，优化城市过境公路和出入口的布局，将处理好城市主干道路与区域干线公路、高速公路连接线的顺畅衔接作为重要工作，有效分流过境交通与城镇内部交通。条件较好的城镇可采用将过境公路外迁或者建设过境公路高架的方式通过镇区；对于资金和用地条件较差的城镇，则可采用在过境公路两侧设置辅道等方式以保证内部交通和过境交通相互不影响。同时，在乡村路网建设规划过程中，应着眼于解决乡村路网的出入口与市区路网的出入口如何有机连接，以便在乡、村内道路形成路网的同时与市区路网相连通，保障城乡间的人员流动及经济活动中的交通需求。同时在规划中也应当考虑城市的功能布局和未来发展、市区范围的动态演变特点以及支线、联络线与干线连接关系等。并加强重点中心镇和市镇发展区与对外交通干线及周边城镇联络通道的建设，提高乡村公路通达深度，使市区或重点中心镇与所属各县（市）、中心镇之间的公路交通网络能够具有布局合理、层次分明、标准较高的特点。未来干线公路应着力解决对城乡空间科学引导问题，促使城乡空间集约健康发展。建议尽快开展我国城市过境干线公路规划与布局的相关研究，促使干线公路布局能够积极有效引导城市扩展和城乡空间合理布局。

（5）推动农村公路网布局规划方法体系的形成和完善，加快促进农村公路网结构优化调整。针对当前城镇化加快发展和城乡一体化新形势下，我国农村公路网规划布局方法的不适应性，建议尽快对其开展相关研究，使其科学、合理地引导城镇发展。对布局的要求主要包括经由重要乡镇的线路优先发展、等级结构提升、重要乡镇之间的通达性有所强化、公路与城乡环境协调等，重新认识县乡公路在路网系统中的作用和地位，研究农村公路中县乡村公路功能和规划布局方法，促使农村公路在推进高级化的路网整体布局方面得以优化和完善，从而对农村公路网规划进行科学性和系统性指导。

3. 法制补缺的完善

首先，在总体程序方面，要加紧调查研究工作，特别是针对城市公共交通领域的调查，掌握各地对城市公交、城乡客运、出租车客运的法律需求，并形成有指导意义的调研报告。从城乡交通一体化角度，组织全国不同城市、不同区域的管理专家、城市交通规划专家、城市交通政策专家、法律事务专家等综合专家团队，加快形成和修改《城市公共交通条例》《出租汽车客运条例》《道路旅客运输及客运站管理规定》等，在此基础上建立融合多种运输行为的《道路运输法》，尽快出台一整套新的明确申报、审批、运营和监督的部门规章，加快城乡交通一体化法制进程，以便消除交通领域中存在的城乡二元结构，构建一体化城际交通和城市交通体系。

其次，要着重修订和完善《公路法》及相关实施细则。一方面，修改和完善《公路法》及相关施细则中关于公路街道化的界定及管理等相关内容，进一步明确公路街道化标准、公路转化为城市道路后的管理责任主体和管理事权，细化产权变更后的补偿规定；另一方面，修改和完善《公路法》及相关实施细则中关于农村公路中有关县、乡、村道的定义及相关管理规定，加快制定和完善地方农村公路相关的法律法规，进一步规范并调整农村公路管理行为。针对公路客运和城市公共汽车营运之间的法律规定的部分准则存在不相一致的问题，将城市公交、出租汽车、长短途班线、旅游客车等方面的相关法律法规合理整合，保证法规统一，建立统一的城乡旅客运输法规体系。

再次，要建立统一的城乡交通标准和规范的法律法规。在公路交通基础设施方面，补充或调整《公路工程技术标准》和《城市道路设计规范》两份行业规范性文件的相关条款。例如，在城乡接合部可根据道路的未来使用方向，适当调整《公路工程技术标准》中的部分条文，增加灵活性，以适应城市化进程的需要。同时，加快出台农村地区公路的《公路养护技术规范》和《设计标准》，以便指导和推动农村公路的设计，从仅重视公路行车功能的设计、养护要求等内容向重视公路排水、防护、防灾等全方位功能设计、养护的方向转变。

最后，在城乡旅客运输方面，由地方交通主管部门根据各自城乡客运发展需要的实际情况，相应调整进行公交化改造后的车辆定员标准，参照城市公交客车核定载客人数的标准，增加适量的车辆站位，以便同时兼顾城乡公交发展与车辆运行安全。研究适合农村客运需求特点的车型，在满足安全运行条件的前提下，研究扩大农村客运车辆适用范围的相关标准，提出更加多样化的推荐车型。

目 录

第一章 导论 ... 1
第一节 问题的提出 ... 1
第二节 研究背景、目的与意义 ... 5
第三节 文献综述 ... 8
第四节 研究方法 ... 24
第五节 研究创新 ... 25

第二章 城乡交通一体化的概念及内涵 ... 27
第一节 我国城乡交通一体化的概念演进 ... 27
第二节 城乡交通一体化的概念界定 ... 35
第三节 城乡交通一体化的目标 ... 36
第四节 城乡交通一体化的基本内涵 ... 39

第三章 城乡交通一体化法律保障的理论基础 ... 42
第一节 市场规制理论 ... 42
第二节 公共服务均等化理论 ... 48
第三节 政府治理现代化理论 ... 53
第四节 其他相关理论 ... 57

第四章 我国城乡交通一体化发展现状评估 ... 63
第一节 我国城乡交通一体化发展的轨迹 ... 63
第二节 我国城乡交通一体化发展的实践 ... 80
第三节 我国城乡交通一体化发展的成就 ... 84

第四节　我国城乡交通一体化发展的机遇 …………………… 87
　　第五节　我国城乡交通一体化发展的阶段 …………………… 89
　　第六节　我国城乡交通一体化发展的趋势 …………………… 90

第五章　境外典型国家城乡交通一体化法律保障经验 ………… 95
　　第一节　境外典型国家城乡交通一体化法律实践 …………… 95
　　第二节　境外典型国家城乡交通一体化发展法律保障
　　　　　　借鉴 …………………………………………………… 103

第六章　我国城乡交通一体化法律障碍分析 …………………… 109
　　第一节　我国城乡交通一体化的矛盾 ………………………… 109
　　第二节　城乡交通一体化发展存在的法律问题 ……………… 118
　　第三节　我国城乡交通一体化面临法律障碍原因分析 ……… 124

第七章　城乡交通一体化法律保障机制构建 …………………… 129
　　第一节　城乡交通一体化发展法律保障机制构建的方向与
　　　　　　原则 …………………………………………………… 130
　　第二节　城乡交通一体化法律保障机制的主要内容 ………… 135
　　第三节　城乡交通一体化法律保障机制的配套措施 ………… 150
　　第四节　城乡交通一体化法律保障机制实证研究 …………… 157

第八章　研究结论与展望 ………………………………………… 181
　　第一节　研究回顾 ……………………………………………… 181
　　第二节　研究结论 ……………………………………………… 192
　　第三节　研究展望 ……………………………………………… 193

附　录 ……………………………………………………………… 197

参考文献 …………………………………………………………… 223

后　记 ……………………………………………………………… 237

第一章

导论

第一节 问题的提出

交通是经济社会发展基础性和先导性产业，能够为经济的快速发展起到重要的推动作用。发达的交通网络有助于促进城乡间各要素相互流通，优化城乡间资源配置，促进城乡间统筹协调发展。孙中山先生曾在《三民主义：民生主义》一书中提出，除衣、食、住外的第四种民生需求，那就是行。而要保障公民的通行问题，国家和政府就要发展交通，国家和政府对于公民具有发展交通的责任和义务。从人权法的视角来看，"行"的需求可以转化为一种社会权，并且在一定程度上是"可诉的"。一百多年过去了，我国城市化水平已超过50%，处于由城乡分离向城乡融合之间的过渡阶段，城乡一体化发展中人们对"行"的基本需求是否得到很好的满足？

长期以来，党和国家特别重视"三农"问题解决，多次用中央一号文件形式为"三农"问题的解决指明方向，近年来取得了良好的成效。2017年，中国共产党第十九次全国代表大会上，习近平总书记再次强调，要将解决好"三农"问题作为全党工作的重中之重，并把实施乡村振兴战略列入党的十九大报告。农村交通不仅是满足农民群众生产生活的基本条件，也是实施乡村振兴战略的先行要素。习总书记也多次强调，建设农村交通非常重要，要从实施乡村振兴战略的高度深化认识，完善政策机制，加快推进农业农村现代化。

　　近年来，一方面，我国的城乡交通发展取得了举世瞩目的成绩。与改革开放初期相比，城乡车辆保有率急剧增加，客货运量、客货周转量均呈现几十倍甚至上百倍的增长。同时，城乡交通发展法律也逐步形成了相对完整的体系，以《道路交通安全法》《公路法》《航道法》为支撑，以《公路安全保护条例》《机动车交通事故责任强制保险条例》为重要补充，是我国城乡交通发展的重要保障。另一方面，城乡一体化的发展使交通落后、歧视与腐败、公害和事故等各种交通问题进一步暴露，这些问题严重阻碍了城乡交通一体化的发展及广大农民交通权的实现。究其根源，在于交通法制的落后与不健全，尤其成为相关权利主体的法律责任不明了。

　　在公路客运方面，目前仍存在一些突出问题，需要法律予以规范。《公路法》《道路运输条例》《公路安全保护条例》等是我国公路客运方面的主要法律依据。公共汽车营运方面，主要的法律依据是交通运输部2016年12月6日修正实施的《道路旅客运输及客运站管理规定》、国务院2019年3月24日第三次修订实施的《城市道路管理条例》及交通运输部2017年1月1日实施的《城市公共汽车和电车客运管理规定》。部分准则在这两类法律中的规定有所出入，从而形成城乡道路客运发展，尤其成为公路客运公交化举措的法律障碍。《公路法》明确指出，国务院交通部门管理整个国家的公路建设。区县级以上的交管部门根据有关规定，负责自己辖区内的公路建设，负责公路运输的管理，保持公路运输业务的公平竞争，依照公路行政管理法律的规定管理公路上的所有车辆。但是，《道路管理条例》也规定，国务院建设行政主管部门负责整个国家的道路管理。这里就产生了一个矛盾：公路工作到底是由交通部门管理，还是由建设行政主管部门来管理呢？

　　交通运输部于2008年和2013年实行两次大部制改革，将出租车管理等原隶属于建设部门的职能划归部下，然而依据的法规并未有所更新。依据现行管理规定，公共汽车和公路客运车辆的初始道路运营范围分别为由城建部门修建、养护的城市道路和交通部门修建、养护的道路，如果驶离规定范围，则应分别按规定到交通部门和城建部门办理相关审批手续。这很明白地凸显出一个问题：同样的业务，如果让两个独立的机构协管，若依据的法律、法规不一致，最后会很棘手。这是现行系统的一个很明显的缺点。

在农村货运方面也存在严重的法律问题。国家不断加大对公路"三乱"（乱设站卡、乱罚款、乱收费）的治理力度，新闻媒体对"三乱"的披露不遗余力，但公路"三乱"问题依旧时有发生，令人头疼。而交通行政主体之间的交错混乱执法在公路"三乱"问题上负有不可推卸的责任。城乡一体化货运行政管理系统主要存在以下一些较为突出的问题：①税制改革对人民来说是一件好事，然而，在公路税收改革后，原交通"罚单"部队没办法，最终转移到公路部队，为此新增设大量固定流动治超站点，"鸡蛋里挑骨头"式执法，通过罚款找饭吃，无形中加大了运输负担。②职责不清，权限混乱。公路管理显然得到了企业的支持和撑腰，但是它竟然能够行使执法权力，各种罚款项目层出不穷。③政出多门，各取所需。货车的载货行为需要行驶证、营运证、驾驶证、从业资格证等各种许可证，而这些许可项目由不同的部门管理。多设立一个许可项目，就能多获取一份部门利益。在货车的载货行为中，运管、路政、收费站，各有各的依据罚款。2004年国家出台新车辆标准，而2000年出台、早该更新换代的规定，至今还在使用，驾驶员按照旧律仍被贴上罚单。这使货车驾驶员很难通过法律途径为自己维权。④"非法营运"概念模糊不清。交通法规中对非法运营的规定含糊其词，界定范围不够明确，为运营部门不合理执法行为的滋生提供了土壤。执法者全凭自由裁量迫使驾驶员交钱就范，而在这种情况下，驾驶员丝毫没有反抗能力。上海"钓鱼执法"案的根源就在交通法规的缺陷。⑤车辆改装的范围随意扩展。《道路交通安全法》所规定的内容，《道路运输条例》延展范围。根据公安交通管理部门的相关规定，车辆有些细节的变更并不需要归档。在运管部门的综合性能监测站，支付相关款项便可以发放证书。而当车辆驶出当地去往外地的路上，又会被经停的执法机构拦住，将车辆视为"未经授权修改"的改装，最后被扣车罚款。⑥超限治理混乱。本该是治理项目的超限，最终却演变成了以收取费用为主。从管理到牟利，意味全变了。在这一方面，对于判断是否超限，至今还没有一个完善统一的标准。⑦"霸王"收费现象普遍。在以经营为目的的收费站点，其工作人员在各个方面都应该与驾驶员是平等的，但是他们却能利用强制性手段，而驾驶员毫无招架之力。哪怕是机器出现了问题，误差过大，致使驾驶员需要缴纳罚款，驾驶员也没有机会进行理论，只能任人宰割、扣车罚款。⑧改头换面，继续收费。对车辆的二级维护和分级的收费项目，有关部门早已取消。与此同时，企业代替了交管部门继续经营综合性能检测站。企业在车辆的分级与二级维护中并未起到实质性作用，但是收费却从未被取消，只是换了个明目，仍然加之于驾驶员身上。这样的状况从未改变，许多有益于人民的政策由于交管部门的利益链存在，并未真正地实惠人民。⑨行政违法惩处不力。执法部门为了躲避追责，一般会让驾驶员按照统一的提示，签署"无陈述、无辩护""自愿性罚款"这类承诺，甚至有的驾驶员都不知道自己签署的是什么。有些法律的出台，并没能真正发挥作用。比如《行政强制法》，几乎没有多少机构认真地贯彻落实。公路管理机制默认了"严以待人，宽以律己"，只找驾驶员的错处，却从未对自身进行反思或者惩罚。⑩法律申诉渠道不畅。交管部投诉机制设立后，变成了摆设。现在人们可以通过网上投诉或者热线电话投诉等途径，向政府控诉自己所受到的不公正待遇，以期望得到解决。但往往这些投诉最后的结果只是石沉大海。一些相关部门面对投诉尽力包庇，面对媒体尽力开脱，行政违法行为的法律申诉道路较为艰难，乱罚款、乱收费现象得不到有效改善。因此，在发展城乡一体化过程中，"行"的需求应该如何满足？它所暗含的权利是指什么，以及应如何加以保护？以上均是城乡交通一体化发展过程中法律所要解决的基本理论问题。在城乡一体化的交通发展中存在哪些阻碍因素，其原因是什么？法律保障机制如何顺利运行？这些问题是当前城乡交通一体化发展所面临的实际问题，亟待研究和解决。基于此目的，本书从法律保障机制这一重要视角重新审视城乡一体化的交通发展问题。这也是本书的研究动机所在。

第二节 研究背景、目的与意义

一 研究背景

当前，我国交通运输正处于基础设施发展、服务水平提高和转型发展的黄金时期，也处于城乡交通一体化法制保障机制建设的黄金时期。党的十九大提出建设交通强国，是以习近平同志为核心的党中央站在党和国家事业全局的高度做出的重大战略部署，是新时代赋予交通行业的历史使命，为交通发展指明了方向。城乡交通一体化法制保障机制作为交通强国战略的基础和支撑，是交通强国软实力的重要组成部分，是实现强体系、强保障、强治理、强服务的基础和支撑。因此，法治交通建设各项工作的出发点和落脚点，都必须紧紧围绕交通强国建设这个中心任务，把城乡交通一体化法制保障机制真正摆在交通运输全局工作的突出位置扎实推进，更好地发挥法治固根本、稳预期、利长远的保障作用。

1. 建设法治交通是建设现代化交通运输体系的必然要求

建设交通强国，就是要建成安全、便捷、高效、绿色、经济的现代化综合交通运输体素，为建设社会主义现代化强国、实现中华民族伟大复兴的中国梦当好先行者。因此，城乡交通一体化法制保障机制必须适应新技术新模式新业态的发展需要，针对交通运输基础设施建设、运输装备、技术创新、管理和服务等方面的薄弱环节和突出矛盾，积极推进交通运输发展改革急需的法律法规制修订进程，制定完善配套规章制度和标准体系，不断改善行政执法，为建设交通强国发挥引领、规范和保障作用。

2. 建设法治交通是推动交通运输高质量发展的客观要求

建设交通强国，就是要以供给侧结构性改革为主线，以改革、创新、开放为动力，着力推动交通运输发展质量变革、效率变革、动力变革，推动交通运输高质量发展。推动高质量发展是当前和今后一个时期确定发展思路、制定经济政策、实现宏观调控的根本要求。推动交通运输高质量发展，必须处理好政府与市场的关系、供给与需求的关系，促进产业结构优化重组，实现交通运输提质增效。法治是市场经济的本质属性，也是高质量发展的内在要求。推进法治建设，能够促进商品和要素的自由流动，降低制度性交易成本，释放市场主体活力，有利于打造统一开放、竞争有序、公平公正、诚信规范的市场体系，有利于推进运输资源高效整合和优化配置，提高运输系统整体效能，提升综合运输竞争力，为推进交通运输高质量发展提供坚实的法治保障。

3. 建设法治交通是建设人民满意交通运输的必由之路

建设人民满意、保障有力、世界领先的交通强国，是新时代赋予交通运输行业的重大使命，也是推进交通运输法治政府部门建设的根本价值取向。交通运输是国民经济的基础性、先导性、服务性行业，与人民群众的生活息息相关。交通运输要当好先行官、服务好千家万户，必须坚持运用法治思维和法治方式调节经济规范行为、协调利益，以法治的力量凝聚发展共识、统筹发展力量、打破发展"瓶颈"、化解发展矛盾、保障发展秩序；就是要把保障人民根本利益作为法治政府部门建设的根本目标，严格依法行政，让人民群众在每一项法律制度、每一个执法决定、每一次公共服务中都充分感受到公平正义，让交通运输发展成果更多、更好、惠及全体人民。

4. 建设法治交通是实现交通运输治理体系和治理能力现代化的内在要求

治理体系和治理能力现代化是交通强国的重要标志，也是法治交通建设的根本目标。交通运输是国民经济重要的基础产业，是深化依法治国实践的重要环节，是实现良法善治的先行领域。只有建设交通法治，坚持抓好交通立法、坚持严格执法、支持公正司法、推动全民守法，始终用法治思维和法治方式深化改革、推动发展、化解矛盾、维护稳定，协调各方力量资源解决当前法治建设中存在的薄弱环节，只有在法治建设的轨道上"啃硬骨头"、涉险滩、闯难关，才能为交通运输治理体系和治理能力现代化提供可靠的法治保障，才能真正在法制轨道上有序推进治理体系和治理能力现代化，实现交通运输各项事务治理制度化、规范化、程序化，促进交通运输法治迈向良法善治的新境界，加快形成与交通强国相适应的行业治理新格局。

二 研究目的

推进城乡交通一体化是工业化和城市化发展到一定阶段的必然要求，也是国家实行工业"反哺"农业、城市支持乡村的具体行动。对推动城市交通基础设施向农村延伸、公共服务向农村辐射，推进交通强国战略、乡村振兴战略有着重要的现实意义。

本研究致力于归结当前城乡交通一体化发展的总体格局及阶段特征，找出有利条件与发展趋势，并实证研究当前城乡交通一体化的现实困境，探寻城乡交通一体化对于公路交通基础设施、道路运输的影响机制，在此基础上寻求城乡交通一体化的保障促进对策。

比如，通过研究城乡交通一体化以推动交通运输市场规制理论的形成，准确把握交通运输的战略性、基础性、服务性和先导性的基本属性，遵循交通强国"人民满意、保障有力和世界前列"的基本要求，厘清政府与市场的关系。区分交通运输各领域与上述属性和要求对应关系，分门别类地明确各领域应该采取的市场规制手段。

再如：通过城乡交通一体化研究推动市场规制的法律法规体系建设，聚焦城乡交通一体化市场开放、客运安全、绿色环保、安全应急领域的法律法规。在间接规制领域，做好与反垄断、反不正当竞争机构之间的接口，建立互动协同的体制机制，改革交通运输监管和执法机制，深化交通运输管理体制改革，加强对外开放体制机制建设，推进交通运输综合行政执法改革，推进交通柔性执法的改革，构建规范化的交通运输行政约谈制度，等等。

三 研究意义

城乡一体化可以保障城乡共同利益，是我国经济发展的必然趋势。交通是实现城乡之间物资和能量交换的基本载体，在城乡一体化中，交通基建担任着很重要的角色。它是城乡一体化发展的重要因素。现今我国农村交通基建滞后于城市，特别是跨地区发展缺少合理的衔接。网络的不成体系，时刻影响城乡一体化进程。城乡交通一体化法律问题的研究无论是从法学理论研究上，还是在司法实践中，都具有重要的意义。

1. 理论意义

通过对城乡交通一体化法律问题的深入研究，从法律层面分析存在的问题及成因，深刻把握城乡交通一体化的内涵，从思想和观念上重视城乡交通一体化对立、不协调问题，明确城乡交通一体化的目标、内容、重点和难点，为更好地解决城乡交通二元结构问题提供理论上的思路和建议，从而推动城乡一体化理论的发展。

2. 实践意义

通过实例对城乡交通一体化法律问题展开论述，具有普遍的借鉴意义。交通法律发展对策建议的提出，有助于破解城乡交通二元结构问题，有助于从法律角度推动"三农"问题的解决，有助于加快全面建成小康社会的伟大进程。

综上所述，充分发挥法律的保障功能，对推动城乡交通一体化全面发展，具有十分重大的意义。

第三节　文献综述

随着城乡一体化问题日益受到关注，城乡交通发展问题逐渐成为探讨的热点。许多学者从经济学、社会学、政治学等方面展开研究，成果颇丰。通过笔者的梳理，从法学方面对城乡交通一体化研究的论述数量不多，大多集中在对交通运输立法、执法方面的对策性研究上，对城乡交通一体化发展的法律保障机制研究尚为少见。

一　国内研究现状及述评

国内关于城乡一体化的交通问题研究，较多集中于技术层面、规划层面，如客流特征分析、客流预测和运力配置等，对城乡交通一体化发展的对策研究也主要从管理体制、运营模式、组织方法和效益分析等角度展开，而关于总体发展思路、评价指标以及政策建议等方面的研究相对较为缺乏。从法律角度研究城乡交通一体化问题的文献不多。国内城乡交通一体化学术研究的文献主要集中在四个方面：一是城乡交通一体化的体制机制问题；二是交通网络不发达；三是基础设施建设不完善；四是建设过程中的资金运转问题。在这些领域中，对机制的分析占主要地位，其他问题包括城乡资源分配不均，导致资源利用不合理、车辆老化，对客运公司的补贴、交通的信息化建设、公交车和小客车的票价以及引进人才等方面也有涉及。本书梳理了国内城乡交通运输一体化研究文献，从以下11个方面进行综述。

1. 关于交通权、交通权益、路权的研究

城乡一体化的交通融合，首先是权利的均等。交通权利表现在哪些方面？裴保纯、季金华、王洪明、陈桂清、邹俊等共同认为，路权可以分为通行权、先行权、占用权三项。关于交通发展法律问题的讨论，大多数的目的基于交通事故责任认定的分配原则，但是也有少数基于其他目的。季金华教授等就从价值角度对我国道路交通法的制度安排进行了审视，在考察发达国家交通法治历程的基础上，论证了交通制度价值应向公平优先转变的合理性（季金华，2012）。李长太、金凡等提出，应该在通行权、先行权、占用权之外加上"上路权"（李长太、金凡等，2015）。徐斯逵、马社强等提出交通权力"更准确的解释应该是道路通行规则的权利化"（徐斯逵、马社强等，2013）。

长期以来，由于城市在经济活动中占中心和主导地位，人们习惯以城市为中心将交通划分为城市公共交通和公路对外交通，后者就包括农村交通（岳东阳，2009）。有人认为，在全球范围来看，交通道路设计方案在改善机动车通行状况的同时却不利于步行者的通行状况。尤其是对于行走困难的人来说，这会因此大大减少他们的活动范围，妨碍他们公平享有交通权利，给他们的日常生活带来不可忽视的影响。有学者提出，交通一体化是交通发展到一定阶段的必然产物。它将原先单纯的交通工具和交通设施与统一的规划、管理、组织、调配结合起来，实现交通系统的整体优化，达到交通资源的充分利用和交通需求的最大满足。城乡交通一体化中的交通服务更加人性化、便捷化、信息化、生态化。

经济学有关效用满足问题的思想是理解交通领域公平问题的基本出发点,针对长期以来发展中的非均衡问题,王庆云(2007)通过引入经济学描述公平分配问题的分析方法,探讨交通资源分配问题及相应的治理思路。① 邵迈、陈建军(2013)提出,为避免争热线、挤干线、弃支线的结果,在运力布局方面应该加强对农村客运流量和流向的调查,在运力结构调整方面将农村客运定位在经济、实用、方便、安全及多种车型相互配套上,引导运力向方便、舒适、快速性发展。②

2. 关于城乡一体化建设中区域交通发展协调法律的研究

一些学者从交易效率的角度出发,结合农产品的独特性,研究运输对农业贸易效率的影响,以及农业发展的运输机制(吴昊,2007)。陈春生根据要素均衡和要素配置的实现方式,将农业划分为专业化产业区、传统农业和过渡型农业三类,这是对舒尔茨农业要素配置模式划分的补充,并在分析交通运输在不同要素配置模式中的作用的基础上,提出"城乡一体化"的城乡交通统筹发展思路(陈春,2009)。张军在论述城乡一体化时提出,城乡一体化并不等同于城乡相同,也不等同于城市农村化或者农村城市化。借用其概念,城乡一体化的交通也并不是城市交通农村化或者农村交通城市化。城乡交通一体化强调的是城市和农村的整体性,减少城乡交通之间的障碍因素(张军,2013)。刘苗认为,区域交通与区域经济之间密切联系,从整个区域来看,交通运输系统的发展可以强有力地促进经济社会发展。无论是从交通运输系统本身的角度来看,还是从推动区域经济发展的角度来看,区域交通系统的发展都应该给予足够的重视(刘苗,2015)。

3. 关于城乡一体化过程中交通建设投融资法律的研究

刘斌、张竹家、郑翔等国内学者关于城乡交通一体化法律制度的研究,认为财政政策是解决城乡交通矛盾的重要手段(刘斌、张竹家、郑翔等,2015)。目前,我国城乡间发展存在较大的差距,鉴于

---

① 王庆云:《在交通运输系统全面落实科学发展观的思考——写在中国共产党十七大召开之际》,《综合运输》2007年第10期。
② 邵迈、陈建军:《打造"五型"交通物流发展模式》,《交通企业管理》2013年第1期。

城乡客运的公益性特征，在推动城乡交通一体化的发展过程中，政府负有不可推卸的责任，使城乡人口特别是农民的交通权利得以保障（刘斌，2015）。目前可采取的补贴方式，包括燃油补贴、车辆购置税减免和补贴、农村客运线路补贴、价格补贴和运营补贴等，不同地区可以结合各自实际有选择性地采用多种措施（张竹家，2016）。

4. 城乡一体化过程中的生态交通发展法律的研究

王蒲生通过对交通权利、环境污染和经济利益三个方面的分析研究，指出轿车使用者施加于非使用者的不公平，是轿车交通模式的伦理蕴涵（王蒲生，1999）。刘苗在其硕士毕业论文的第一句话写到，作为占用资源和消耗能源较多的产业，交通运输在给人们带来便利的同时，也会占用大量土地，造成环境的污染。她提出，由于我国人口众多，交通运输发展受资源的约束性较强，面临着速度和效率的统筹协调问题。既不能因为强调速度而忽视对资源环境的保护，也不能因为对资源和环境的过分保护而使发展寸步不前（刘苗，2015）。

5. 城乡交通发展一体化发展的框架研究

该方面的研究主要包括对城乡交通一体化的内涵、运营模式、影响因素、解决方案、评价体系等进行的深入的研究。Wang（2009）分析了城乡交通一体化的内涵，同时在城乡公共交通运营一体化条件的基础上，从公共交通系统的管理和运营模式入手，确立城乡一体化的公共交通运营模式。Partridge（2010）利用加拿大的数据，实证估计了当地农村人口和就业增长对城市阶层内农村外出通勤的影响，提出农村居民点和城市就业点之间的通勤联系是城乡一体化最明显的形式之一，距离是非常关键的因素。最后特别指出，需要有合理的交通基础设施，使城市无障碍，并辅之其他"已建成"的基础设施，以改善农村社区的宜居性。Ma和Wang（2011）在分析城乡客运一体化的机制和内容的基础上，分析了城乡客运的现状，从设施、经济（票价）和客运服务的乘坐质量等方面总结了城乡客运发展的差异，运用平等理论分析了城乡客运的差异，得出了实现城乡客运一体化发展的一些启示。Li（2014）提出城乡公共交通作为连接中心城市和广大农村地区的纽带，不仅可以满足城乡居民的需求，而且可以建设和改善城乡居民的结构，并针对目前农村客运存在的问题，建议从运营模式、配套能力等方面进行改进，加快城乡公交一体化进程。Solecka（2014）重点从空间、基础设施、组织、经济和信息几个方面设计交通一体化解决方案，并与现有的公共交通系统进行了比较，提出了城市公共交通系统集成的交通方案设计与评价的总体方法。Zhou（2015）为了准确、客观、合理地了解城乡道路客运一体化过程，从站场布局、线路网络、运营管理、服务水平、财政政策和技术装备六个方面，构建了一套较为完整的多层次评价指标体系。Nosal（2014）提出了出行需求管理的思想和城市公共交通一体化的基本概念，认为实现城市交通一体化的过程需要详细分析评估活动的工具，通过使用多准则决策辅助方法（MCDA）对城市公共交通综合系统（ISUPT）的各种变体进行评估。Hough（2018）对农村公共交通的未来进行了思考性的描述，认为农村地区的未来很可能是城市化，将形成从人口密集城市地区到人口稀少地区的人口密度梯度的连续统一体。Sugasawa（2019）以日本的直辖市为研究对象，探讨城市郊区的无障碍交通对农村贫困的影响，结果发现，距离城市郊区的时间距离越远，区域贫困率就越高；区域决策者可能需要考虑改善区域间可达性的交通投资，加快城郊之间交通的发展。

6. 我国城乡交通一体化政策的研究

主要包括对城乡交通一体化的概念、基本特征、存在的问题、政策建议、法律问题和运行规律等问题研究。岳东阳（2009）阐述了城乡交通一体化的概念与基本特征，总结了我国城乡交通一体化所取得的成绩与产生的问题，最后针对问题提出了相应的对策与措施，对加快城乡交通一体化发展具有一定的指导意义。任卫军等（2010）在国内大数据背景下，分析构建城乡客运一体化所面临的问题，并以可持续发展为目标，针对法律建设提出了相应的法规政策和建议。任雪松（2014）分析了城市铁路运输项目建设的投资程序和融资模式相关法律问题，并提出了行之有效的立法见解与改进措施。姜策（2016）比较了国内外六大城市群交通一体化发展过程与特点，并从中总结出交通一体化发展的成功经验。其结论证明，虽然各个国家的人文地理、经济发展等方面各不相同，但是交通一体化的目标都是基本一致的。李长健和赵光辉（2017）从法律的角度，提出了运输发展问题的系统解决方案，指出了城乡一体化发展存在的问题以及法律法规制定的缺点，为城乡一体化中的交通发展法律打开了一个全新的研究视角。李志等（2018）对部分发达国家交通一体化的特点与优势进行分析，并根据我国城乡交通一体化的实际发展情况，从交通立法、管理机制等方面提出了适用于我国的发展经验。张琦等（2018）以湖南省嘉禾县为例，阐述了其交通运输一体化的优势，分析了路网等级、农村公路建设等方面的问题，从中总结出经验与启示，为城乡交通运输一体化发展提供了有力的保障。石小伟等（2019）对宁波城乡客运现状及其运行规律进行深入分析，发现了其存在的问题，并提出了相关的政策建议。杨慧（2020）基于耦合协调度模型构建京津冀13市基础设施一体化模型和一体化指数，考察2006—2017年其基础设施一体化状况，结果发现交通一体化指数虽然在此期间不断上升，但是并未达到高度一体化，依然处于较低水平。

7. 关于城乡交通一体化体制问题的研究

对体制的研究主要是从整体上论述城乡交通一体化，关注城乡一体化的大背景和共有的问题。这类文献可以分为四个方面来解决机制的问题：一是建立健全法制，从政策层面上解决问题；二是从经营管理方面解决问题；三是针对管理规划进行分析论述；四是探讨制定统一标准的可行性。

有关法律方面的措施主要有：薛娇等（2006）认为，应该打破政策"瓶颈"，突破体制难题。何雄（2008）指出，必须确定在市场经济下"公共事业优先发展"的理念和实施保障，政府需要加大公共事业投入和相应的政策性支持。陆静（2010）研究了关于完善城乡客运一体化的法律法规和标准规范体系。

部分文献关注了交通公司经营管理问题的解决。贺盈民（2012）认为要整合客运资源，改造经营主体，建立以国有企业为主的经营主体。赵言涛（2013）认为要创新管理模式，不断提高企业管理水平。武立梅（2015）认为，应整合收购不同的民营公交公司，签订正式协议书。黄瑜芳等（2016）认为公私合作机制与我国国情相符，应选择这种比较灵活的机制。卓健等（2019）认为，应建立多方式、可持续的运营机制，进行精细化经营和管理权下放，以实现高效率连通。张消融（2019）认为，要规范客运公交运营，完善相关制度，从而提升其在客运公交行业中的核心竞争力。

部分文献提出要统一进行规划，制定相应标准。岳东阳（2009）认为，应尽快制定城乡交通一体化技术规范和标准，对城市公共交通和公路交通等各部门的规范和标准进行合理的修订和完善，妥善解决交通设施布局在技术规范和标准上的空缺、不统一、运用不合理等问题。周继彪等（2011）认为，应尽快制定城乡交通一体化技术规范和标准，尤其是城乡交通对接处、接合部、转换点、延伸段等，应尽可能同相关技术规范和标准一致、统一，为城乡交通一体化提供可靠的、有效的技术支撑。师桂兰等（2012）认为，要全面调查城乡公交客流数据，对城乡公交网络进行统一规划。唐娟（2014）认为，农村客运市场的监管应加强，比如对车辆的监管和对非法营运的打击，还要进行城乡公交线网的场站统一规划，确定市区内枢纽站的位置和农村交通运行线路。

少部分文献提出了较新颖的方法。叶冬青（2014）提出改革交通管理机构设置、建立市交通协调委员会、优化调整交通投资战略、统一运输市场监管制度等措施。张珊（2017）认为，应强化行业监督管理，规范公交运营秩序。韦大成（2017）认为，要打破部门分割，实施统一的组织领导。

8. 关于城乡交通一体化交通线路规划的研究

关于交通线路问题的解决，主要可以分为以下五个方面：一是换乘站过多或者过少；二是重新规划交通线网，这方面的研究较多；三是主张整合城乡客运系统以确保问题的解决；四是认为应该建立交通枢纽；五是提出新的解决方案，希望通过试点之后再进行推广。

有关换乘方面的文献主要有：师桂兰等（2012）认为，应该合理规划线路，充分利用枢纽换乘。冯湘军等（2015）认为，要加快中转换乘站、港湾式停靠站、首末站回车场等站场建设，保证交通网的通达。龚迪嘉等（2018）认为，应该优化换乘站，引导客流量，实施双零换乘站措施。

线网规划方面的文献主要有：金春玉（2012）提出将城市规划中的"精明增长"（Smart Growth）理念应用于城乡公共交通一体化规划，通过对线网主要影响因素的概述及线网布设原则的分析，制订适合城乡公共交通的线网布局方案。黄凯（2014）提出区域骨架路网系统优化、轨道交通、高等级公路、建设铁路二线、提升现有公路形成复合型交通走廊等轴线规划思想。卓健等（2019）提出因地制宜的公交线网一体化布局，在"放射状—树状"结构、"轮轴—环形"结构的基础上，采用"环形放射状"的混合型结构来兼顾覆盖率与连通性。朱璇等（2019）认为，线路设计要根据居民出行方向线路的规划与覆盖，尤其是主干线的设计一定要与主要客流走向一致；线路长度不宜过长或过短，依据现实需求而定且不同等级的线路要有所区分。徐思慧（2020）进行了中心城区的公共交通规划。张正锋（2020）提出进行线网规划，具体是围绕市县两级公交枢纽，建立"市—县、镇—镇、镇—村"三级城乡公交客运网络，实行公交客运节点运输，并适当延伸公交线路，不断扩大城乡公交服务范围。

部分文献提出可以通过整合来解决此问题。陈晓旭等（2016）认为要整合客运，城乡通车。对现有客运线路进行整合，将短途客运合并，延长客运路线，增设客运沿途周转站。另外，可以新增城乡直通车，简化城乡交通，使农村人口进城方便、快捷。朱璇等（2019）认为，可以采用公交车代替自驾车辆和旅游大巴。大力建设城乡公交，以公交体系为主要的交通形式，辅以轿车、电动车、自行车等形式，协调交通需求发展。

部分文献提出建立综合交通枢纽。孙波（2015）认为，要发展绿色交通，构建电车系统，倡导综合交通枢纽建设和公交枢纽建设。黄宇峰（2017）认为，应加快综合交通枢纽建设，如港口、机场、货运枢纽。

部分文献提出试点线路运行的方法。孙辉泰（2012）认为，要分类指导、试点探索，推进城乡公共交通一体化。熊彬（2013）认为，要对区位条件好,发展起步早,条件相对成熟的地区,率先进行统筹城乡交通运输试点,通过试点示范,以点带面,梯次推进。郭冰(2019)认为,可以采用试点先行的办法。即选择两条线路试点推进,积累经验、吸取教训,完成试点后,再全面铺开整体运营。

还有一些文献关注民营班线问题的解决。张磊(2018)提出我国解决民营班线问题的做法主要包括"收购法"和"扩张法"。"收购法"就是通过政府财政和公交集团共同出资对民营班线收购。"扩张法"就是通过规划引导,将中小城市公交扩张到村镇,实现延伸经营,从而达到辖区内公交全覆盖的目标。一些文献从多方面提出了解决方法。曾小明等(2006)分别从线网规划、站场规划、枢纽站规划、首末站规划、保养场与停车场规划、公交专用道规划、出租车规划等方面提出了相应办法。郭亮等(2018)从镇域层面,考虑了农业生产和旅游发展需求,结合本地区的实际情况完善道路网络和道路横断面优化。

9. 关于城乡交通一体化资金问题的研究

关于城乡交通一体化资金问题的解决主要集中在两个方面:一是融资,包括融资渠道和融资方式;二是政府投入和政府支持。

融资方面,马晓蔷等(2005)等认为,应创新交通建设筹融资体制,大力拓宽社会融资渠道。熊彬(2013)认为,要面向市场融资,鼓励引导民间资本投入。刘涛(2015)提出应搭建平台,筹资融资:组建交通发展集团,充分整合盘活全省高速公路等优质存量资产,减轻政府债务,广泛吸纳社会资金。

政府投入方面,孙辉泰等(2012)认为,应加大政府投入,实现财政投资补贴政策一体化。左致远(2013)认为,政府要大力支持公共交通事业的发展,包括政策、立法等方面。唐娟(2014)认为,要加大城乡客运基础设施建设和资金投入,完善城乡公交基础设施,必须争取政府和有关部门的大力支持,纳入财政预算,加大投入以改善民生。

10. 关于城乡交通一体化基础设施建设问题的研究

关于城乡交通一体化基础设施建设的解决主要集中在两个方面:

一是强调基础设施的一体化，即基础设施的建设应与其他设施的建设配套进行；二是强调基础设施本身的建设问题。

在基础设施一体化方面，马晓蔷等（2005）认为，要畅通与核心城区、周边区（市）县的连接通道，加密优化区内道路网络。盛湧（2011）认为，要整合城乡交通基础设施，包括平衡道路、轨道等设施，协调静态、动态交通，构建以场站为核心的交通衔接系统以及协调交通管理设施。刘万军（2013）认为，应加强公共交通配套设施的一体化建设。江梦婕（2018）认为，要构建城乡交通基础设施一体化，提出首先保证城乡交通基础设施建设用地，其次构建城乡客货运枢纽站。

在基础设施建设方面，何雄（2008）认为，加强立体交通建设和配套管理城市道路交通一体化的顺利实施必须以顺畅发达的道路基础设施为保障，同时有高效的立体交通系统与之衔接，必须建设大容量交通配套设施与长途客运站相配套。张兴华等（2013）认为，要加强道路及道路设施建设，如建设大容量交通配套设施与长途客运站相配套。秦兴顺等（2014）认为，要加快各类公交站场规划的落地，推进核心区长途客运站的外迁和向公交站场的转化。何青峰（2018）认为，要合理规划城乡一体化道路运输布局，科学调整城乡道路运输产业结构，以及均衡分配城乡一体化道路运输资源。张正锋（2020）认为，要拓宽改造村级道路，实施辖区内城乡公交枢纽站、首末站、停车场及沿途停靠站建设，配套建设候车亭、站台和站牌等设施。

11. 关于城乡交通一体化其他相关问题的研究

城乡交通一体化其他相关问题，如城乡发展内部差异、车辆问题、交通成本和补贴、信息化建设、公交车票价等，也十分突出。

（1）城乡发展内部差异问题的解决。关于城乡资源不平衡、内部发展差异问题的解决主要有两个方面：一是促进城乡融合；二是强调形成城乡内部交通一体化结构，平衡资源配置。在促进融合方面，莫宣艳等（2015）提出打造两城一体化快速通道，加速两城融合，优化城市道路交通网络，提高城市交通运转效率。在城乡交通一体化标准方面，陆静（2010）认为，要研究完善城乡客运一体化的法律法规和标准规范体系。梁颖等（2014）认为，要加快区域一体化高（快）速通道建设，以区域一体化带动城乡协调发展。还有城乡交通一体化的其他解决方法，如贺盈民（2012）指出，要严格实行公车公营制度，彻底解决公路客运方面存在的客运资源不均衡造成的不安全不稳定因素。

（2）车辆问题的解决。这方面的研究较少，归纳起来有四个方面：一是车容车貌管理。张珊（2017）认为，要加强车容车貌管理，建立服务质量考核的奖励机制。二是车辆类型管理，蔡勇军（2017）认为，应充分考虑城乡居民的出行特征，特别是从高峰时间与出行方向等方面来确定使用的车型，以及城乡之间的距离来选择车型。三是车辆运营期限。何茂亮（2018）认为，经营期限到期后，统一授予市城乡公交一体化公司经营，给予原有经营者一定的终止线路经营补偿费。车辆由市城乡公交一体化公司按市场化价格收购，并一次性缴纳原客运企业的承包费。四是违规车辆处理。李本旺等（2013）认为，要制定运营规范，严查严办无证运营车辆。

（3）对城乡交通一体化运营企业补贴相关问题的研究。主要是应在不同的方面对交通公司提供补贴。师桂兰等（2012）认为，要明确城乡公交公益性，加大扶持力度，主要体现在以下两个方面：①税费征收。对于公交场站、车辆更新等，政府需要给予必要的政策和资金支持。②货币补贴。对公交企业因票价限制造成的政策性亏损，政府需要建立规范的公交企业成本评价制度和政策性亏损评估制度，给予适当的价格补贴。张珊（2017）认为，应落实补贴扶持政策。郑宏富等（2018）提出，对公交公司进行惠民政策票价和经营性补贴。石小伟等（2019）认为，政府需要加强监管基础上针对性的财政补贴，如政策、燃油、运营补贴。

（4）城乡交通一体化信息化建设的问题。关于信息化建设主要是两个方面：一是认为应推进信息化建设；二是主张建立信息化平台。在信息化建设方面，曹道宏等（2011）认为，要解决信息化建设滞后问题，就要推进城市公交智能化系统建设。郭亮等（2018）认为，要发展智能型信息化的城乡一体化公共交通。在信息化平台方面，张兴华等（2013）等认为，要建设统一交通信息平台，各大客运站票务联网，同时在市内城区建立中转网络，让顾客就近乘车。叶冬青（2014）指出，要整合城乡交通信息平台，完善交通服务机制。建立若干信息服务中心，通过应用计算机网络、通信技术，建成覆盖全市的城乡客运班线、公交数据库，并实现联网售票、客运车辆信息查询、各种运输方式有效衔接的信息查询功能。

（5）城乡交通一体化企业运营票价的问题。主要是统一票价和实行票价优惠政策。张雪莲等（2015）认为，应改革票制票价政策。何茂亮（2018）认为，应全部实行"3元一票制"。张正锋（2020）认为，应全部实行无人售票一票制价格，2元/人次，实行持卡乘车优惠，与市区居民享受同等优惠及换乘待遇。

（6）城乡交通一体化交通安全的问题。在交通安全方面，主要是加强大整顿力度。张俊辉等（2010）认为，要有针对性地实施公安交通安全管理策略，包括建立联合管理工作站，整治路面交通违法行为，强化交通安全意识的培养。赵琳娜（2019）认为，要从源头排查隐患，保障公交客运公路通行条件，包括推进公路安全隐患治理，加强公交驾驶员监管培训。推进公交车辆隐患排查。

（7）城乡交通一体化人才方面的问题。主要是缺乏相关人才，无法在策略上给予相关建议。岳东阳（2009）和周继彪等（2011）认为，要积极开展城乡交通一体化人才培训和政策研究工作。

综上所述，从国内研究文献可知，多年来，由于我国长期实行城乡差别发展战略，在体制上逐渐形成了城乡二元结构体制。城乡二元结构体制虽然在加快工业化积累、促进和保障城市发展中发挥了重要作用，但由此造成的城乡之间的较大差异，反过来阻碍了城乡融合。当前我国在处理城乡发展和关系问题上的指导思想和战略正是城乡一体化。其基本思想是以城乡通开、城乡结合的原则建立新型城乡协调关系，改变过去的城乡分割和因地制宜，才是加速城乡发展的最好办法。根据城镇及乡村不同的性质特点，采用不同的方法分区治理。合理分配城乡要素，逐步缩小城乡差距，最终实现城乡一体化，为我国的现代化发展做出贡献。综观国内外学者对城乡交通一体化的研究成果可以看出，发展城乡交通一体化可以给各个区域带来共同的利益，是我国经济实现可持续发展的必然趋势。但是，目前国内外大部分学者都是从概念、技术、规划等方面研究城乡交通一体化的问题，研究领域还不够全面与深入，城乡交通一体化发展模式中的法治问题尚未得到重视。因此，本书从法律的新视角分析城乡交通一体化的法治创新机制问题，具有重要的研究价值和理论创新意义。具体从城乡交通一体化机制不完善、交通线路规划不合理、道路建设融资渠道受限以及基础设施建设不配套等方面梳理了国内城乡交通一体化文献。比较而言，机制和线路规划等问题是存在的主要问题，提出的方法也最多。在机制分析上，相关法律法规的完善和改变管理结构是两个主要方向，而关于统一标准制定的方法论述较少，相应的政策领域重点关注的是立法和政府作为方面。在线路规划范围领域，主要关注整体规划和线路网络的构建问题。具体到资金投入，研究重点在解决融资难、融资渠道少，关注渠道的扩展和方式的多样化。在政府支持方面，重点关注政府应该加大资金投入和相应的政策支持等。在基础设施建设研究上，重点关注基建的配套建设和城乡的一体化建设等。除了以上几个方面，在道路安全、车辆运营和信息化建设等方面也有部分文献提出了相应的解决措施。

二 国外研究现状及述评

国外没有"城乡交通一体化"这个概念，所以在考察国外研究概况时必须非常谨慎。诚然，每个国家都有道路和交通，各国政府及相关部门也都要面临满足"行"之需求的基本问题。如果为了比较而比较，得到的结果很可能不符合我国实际而缺乏实用性。另外，由于学识有限及篇幅所限，不能在此将所有国外研究情况一一详述，所以只在正式展开论证时分类介绍英美法系和大陆法系交通发展法律研究中与本书研究范畴相近的部分。

国外对城乡交通一体化的研究主要集中于两个方面：一是不同情况下采用不同的交通模式能有效解决城乡交通问题。比如，城市由于人口越来越稀疏，市中心等地在逐步衰退，所以采用私家车为主要的交通工具。而城市边缘地区，则主要采用公交车这一交通工具，更加方便合适。逐步引导城乡交通一体化进程。二是以轨道交通为中心的交通方式，通过严格的规划控制，城乡一体化进程一个有效的办法就是交通体系的相互连接。将城乡之间的距离通过轨道，汽车等结合起来，通过紧密快速的交通网络，加速城乡一体化发展。前者以美国、加拿大等国为代表，后者以日本及西欧等国家或地区为代表。

1. 关于交通权、交通权益、路权的研究

交通权属于公民的基本权利，而公民交通权得以实现的重要保障是由交通工具、道路设施以及交通政策、规则组成的交通系统。交通工具、道路设施的改善并不代表公民交通权的发展。早在17世纪，法国人布莱士·帕斯卡（Blaise Pascal）设想的一种马车交通服务正是现代公共交通的雏形：马车沿着固定路线循环行驶，在固定地点上下乘客，乘车时刻表公布于众，乘客付费上车。那时只有宫廷里的人才有权使用六轮马车，其他人只能用四轮马车。而贵族自认为高人一等，不愿与平民共享。因此，国王下令只允许马车接受贵族乘客，普通民众失去乘坐马车的权利，致使该交通方式废止。这一案例说明，非马车使用者的交通权利受到了侵害。而现在大多数农村没有轿车使用者的交通权利同样受到了侵害。

国外学者对交通发展法律以及制定政策的决策者的立场也有研究，认为交通的决策者大多处于社会"上层"，他们形成了一个利益阶层。英国学者汤姆森（J. Michael Thomson）认为，早先的交通设计当中，几乎没有提到过步行问题，这是由于在从事交通设计的人的意识当中，城市交通规划即机动车的交通规划，并不包括人与货物的交通规划，因此，非机动车使用者尤其是步行者的交通权利往往被忽略或完全遗忘。这个教训对我们当前城乡一体化的交通立法有着极强的启示。

2. 关于城乡一体化建设中区域交通协调法律的研究

国外学者认为，在欧美国家，城市化之后的郊区化发展使机动车运输大幅增加。与此同时，私家车的普及引发了包括交通安全、交通拥堵、土地资源紧张、空气污染、噪声、全球气候变暖、能源消耗急剧增长等在内的诸多社会问题。城市病尤其是交通问题已经被一致认为是制约经济社会发展的重要因素。20世纪80年代末，欧美国家的学者针对这一难题相继提出交通一体化系统建设的思想。1963年，布坎南（Buchanan）对步行者在交通中的地位和重要性做了阐释，将行人的悠然行走作为衡量一个城市文明质量的标尺。国外学者提出了一系列交通与土地利用协调发展的战略。较具代表性的是英国学者汤姆森于1970年提出的交通发展战略，该战略依据城市用地结构、城市形态和经济发展状况的不同结构来解决城市交通问题。在考虑社会经济发展状况和经济承受能力的同时，不同的用地结构、城市形态对应不同的发展战略。

3. 城乡一体化过程中交通建设投融资法律的研究

关于国家采取的交通补贴措施，美国学者认为在公共交通领域是存在问题的。在洛杉矶市中心工作的人员，得到的停车补贴比其支付的汽油税高16倍；而住在郊区的上班族，驱车到市中心的直接支付费用仅仅占全部行程费用的25%。美国政府对交通领域似乎有一种执拗的认识：扶持汽车、飞机等交通方式，而对公共交通并没有那么重视。在其看来，汽车、飞机等交通工具更能促进经济的发展，所以给予支持，但是公共交通似乎是"扶贫"项目，以致对公共交通的假设只是用"补贴"来形容。由此可以看出，美国政府似乎认为公共交通是一项负担。

世界发达城市关于城市轨道交通投融资的法律保护，可以为我国城乡交通一体化投融资法律提供借鉴。投融资法牵涉多方面的利益链，并不是用一两句话能表述清楚的。1964年，《公共交通法》在美国正式确立，其界定了政府的职责，必须发展公共交通事业，尽可能杜绝轨道交通风险。法国也有相关条例，明确规定了政府需要承担的交通基建费用比例。这是采用法制化管理程序来降低市场的不确定性及其带来的风险。国外的交通法还通过法制化手段规范投融资当事方行为和维护当事方的利益。政府、企业和市民投资交通或使用交通的行为均通过法制得以规范，始终处于法律的约束之下。与此同时，当他们的权利受到侵犯时，也可以通过法律途径得以申诉和解决。比如，日本早就对地铁服务等有了详尽的规范，大到企业监察机制，小到工作人员的资质水平，都有严格的界定。

在美国，政府进行公共交通投资也是应用立法进行的。联邦政府先后相继出台了《城市公共交通法》《城市公共交通扶持法》《综合地面交通效率法》，从法律层面确保公共交通投资的顺利实施。《21世纪交通平衡法》于1998年出台，是一项为期6年的交通法，保证5年内为公共交通提供360亿美元资金。美国的公共交通在20世纪80年代得以振兴，这些法律保障的投资计划功不可没。在法国，出台了《城市振兴协作法》，主要强调通过城市各项政策的协调配合，为城市公共交通的建设和投资等的顺利实施提供特别保障，如城市道路空间的合理利用、在道路使用上的公共交通优先权、在财政投资方面有稳定的投资渠道等。

4. 关于城乡一体化过程中的生态交通发展法律的研究

许多国家针对交通对能源的大量消耗、废气排放、噪声污染等问题采取了措施：一是采取切实有效的政策措施限制机动车的使用，比如新加坡实行的"拥车证"制度，日本实行的"购车自备停车位"政策措施等；二是实施公交优先战略，发展公共交通，并颁布专门的城市公共交通法，对人们选择环保的非机动车交通方式的行为加以鼓励和引导。

国外学者提出，交通使用中带来的污染是一种消费性污染。它由交通使用者引发，却对非交通使用者的机体和精神逐渐构成损害，让非交通使用者沦为被动的、无辜的受害者，这体现出不公平性。有学者认为，通过对汽车征收汽油税和环境治理税用于环境危害补偿是合理且必需的。然而，也有些国外学者认为，这种经济上的补偿治标不治本，并不能从根本上消除这种不公平性。这是由于交通污染给人体带来的危害无法用金钱来弥补，这种解决问题的契约并未征询受害者本人的意愿。这对我国城乡一体化生态交通发展法律问题的解决有法理上的借鉴。法国不仅关心交通建设，对交通发展所产生的环境问题也早有预见，颁布了一系列政策，目的就在于减少环境污染。

在国外，法制化是交通管理的根本保证，对管理者和交通参与者行为的约束和规范离不开完善的法律法规制度。美国、瑞典等国家的交通法，从职责、研发、投入等多个方面，对交通建设形成了一套较完整的法律规范。这些规范的制定，旨在有关部门执行事务的时候有章可循，以保证各部门的协作。

综上所述，绝大多数研究都是围绕城乡交通一体化的发展现状、存在的问题和建议展开的，而关于城乡交通一体化的实质，其与城乡一体化发展的理论联系及其背后的法理，尤其关于公民的交通权益平等问题，研究并不多。"他山之石，可以攻玉。"以人民的利益为先，是政府对公民交通的核心理念，主要是最大限度地保障公民的生命安全以及价值追求。这正是我国城乡交通一体化发展法律需要坚持的原则和长期的方向。因此，本书希望通过分析交通发展对城乡一体化进程的积极影响，同时通过分析比对国内外城乡交通法律法规的区别，总结出值得学习的国外交通法规，以规范城乡交通机制，进而促进城乡一体化发展进程。

第四节　研究方法

研究方法是在研究过程中主要应用的分析工具。为了很好地开展本书的研究，本书在写作过程中，主要运用了下列研究方法。

1. 文献分析法

在分析研究过程中，对国内外大量文献进行了研究分析，借鉴和参考了文献中的有关内容，了解当前国际和国内在交通产业方面的研究现状，并且进行综合性的分析和总结，提炼出本书研究的理论支撑，为本书的后续研究奠定了坚实的理论基础。

2. 案例分析法

为了体现研究的实际应用性和真实性，笔者依托工作上的便利，选取了一些交通产业的实际案例展开分析。通过对这些案例的剖析，可以发现当前城乡交通一体化产业发展法律供给面临的问题，并提出有针对性的对策与建议。

3. 比较分析法

在本书的研究过程中，为了充分借鉴国外在交通产业发展方面的经验，对美国、英国、日本、德国等国家在交通产业方面的经验进行了分析和总结，并从中得出有益的启示，为我国城乡交通一体化产业发展法律保障机制构建提供一定的经验指导。

本书采用城乡交通一体化的理论基础→城乡交通一体化发展的现状评价→城乡交通一体化对公路交通基础设施发展的影响分析→城乡交通一体化对道路运输发展的影响分析→城乡交通一体化发展政策建议的研究思路展开。

本书的研究框架如图 1-1 所示。

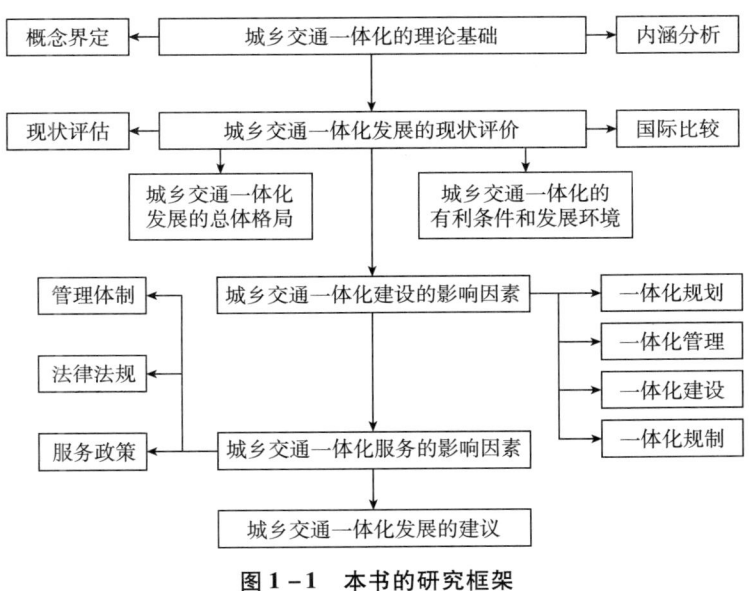

图 1-1 本书的研究框架

第五节 研究创新

本书的创新点主要体现在以下几个方面。

（1）本书从法律层面探讨了交通发展问题的解决方案，将交通权置于交通发展的各个方面展开分析,并提出了包括民主规划、公开规划、平等规划等方面的交通发展法律建议;将均等化、平等化、发展化原则贯穿于交通发展过程中,使公平、公正、自由、安全理念体现在公民交通权上。

(2)从法律角度探讨城乡交通一体化中的发展问题,以公民交通权及交通权益的平等和发展为理论逻辑点,提出了公平交通权相关理论框架,拓展了交通发展研究的新思路。

(3)城乡交通一体化的法律发展缺乏完整性和系统性,本书从不同角度凸显了公民交通权及交通权益平等在城乡一体化中的重要作用。一是从法学的角度,对城乡交通一体化法律的矛盾观点进行了判读;二是从治本的角度,运用法理分析相关法律制度;三是从治标的角度,建议重点解决城乡交通一体化发展中法律方面的突出问题。

第二章

城乡交通一体化的概念及内涵

第一节　我国城乡交通一体化的概念演进

道路交通领域"城乡一体化"实践中形成了很多概念，不同时期形成的概念在内涵和外延上都有所不同，构成了城乡交通一体化概念不断成熟、完善的过程。

一　交通运输大部制改革前城乡道路客运一体化的提出

1. 省级规划及政策文件中的"城乡一体化"概念

城乡公路交通一体化：参见《北京市"十一五"时期交通发展规划》。

城乡公交一体化：参见《重庆市人民政府办公厅〈关于印发重庆市优先发展城市公共交通实施意见〉的通知》（渝办发〔2007〕249号）。

城乡一体化的公共交通体系：参见《福建省人民政府办公厅转发省建设厅等部门关于优先发展福建省城市公共交通实施意见的通知》（闽政办〔2006〕49号）。

2. 地市及县市级规划及政策文件中的"城乡一体化"概念

城乡交通一体化：参见《成都市人民政府关于优先发展城市公共交通的实施意见》（川府发〔2005〕1号）等。

城乡公交客运一体化：参见《江苏金坛市政府关于加快推进城乡公交客运一体化工作的意见》等。

城乡公交一体化：这个概念运用最为普遍，中部、东部、西部地区的江苏、浙江、云南、山西、江西等地市级、县级城市均出台了相关文件。

二 交通运输大部制改革后城乡道路客运一体化的发展

交通运输大部制改革后，城乡道路客运一体化的探索更加深入，对城乡道路客运一体化的认识逐步达成共识。结合交通强国战略、城乡一体化战略、乡村振兴战略、国家新型城镇化战略，以及连续多年的中央一号文件精神，我国先后发布了《国务院关于建立健全城乡融合发展体制机制和政策体系的意见》《关于开展城乡道路客运一体化发展水平评价有关工作的通知》《关于稳步推进城乡交通一体化提升公共服务水平的指导意见》《关于开展城乡交通一体化建设工程有关事项通知》《关于开展城乡交通运输一体化发展水平自评估工作的通知》等政策文件。交通运输部为进一步推动城乡道路客运一体化发展，还部署开展了城乡道路客运一体化发展水平评价工作，通过逐步建立完善评价机制，统一指标体系和评价规范，规范评价程序，健全、完善工作激励机制。

2010年，全国农村公路工作会议提出，将"加快推进城乡客运交通一体化进程"作为落实2010年中央一号文件要求、履行好交通运输部门职责的四点重要意见之一，表明推进城乡客运一体化，才能实现交通服务均等化，并指出运管部门必须落实城乡共同发展，形成城乡客运资源共享、相互衔接、布局合理、方便快捷、畅通有序的新格局。在条件允许的情况下，应利用公共交通理念，促进农村客运专线的改造；利用便民理念，支持城际客运资源整合，整合城乡客运理念，优化城乡客运网络结合；促进公共交通服务范围扩大，促进公共交通服务均等化。这是"城乡客运一体化"第一次出现在政府讲话和文件中。

2011年，交通运输部颁布了《关于积极推进城乡道路客运一体化发展的意见》（以下简称《意见》），对当前推进城乡客运一体化发展的重要性和紧迫性进行了深入分析，并在对目前城乡客运一体化发展中存在的主要问题展开剖析的基础上，初步提出我国城乡客运一体化发展总体思路。我国城乡客运一体化发展要融合党推行的科学发展观，推进基本公共服务的建设，目标是满足居民对城市客运的基本需求，以改变城市和农村客运的发展模式为主线，坚持公共交通优先理念的发展、城乡一体化协调发展，将城市和农村客运纳入政府大项目中，政府和部门充分协作，通过政策引导和市场驱动，提供令人满意的城市和农村居民出行服务。争取用 5 年时间，使城乡客运一体化发展迈进一大步，建立城乡更协调、更顺畅的道路网络，促使政策更有效，服务的广度和深度逐步提高，服务质量更好。旨在做到：一是安全、高效的城际、城乡、城市、镇村四级客运网络基本建成；二是城际客运体系能够方便灵活，各种运输方式相互融合，完善客运的主体地位；三是以节能环保、方便快捷为特点的城市公共交通系统初步成形，地市级以上的城市公共交通网络实现郊区的主要乡镇全面覆盖；四是全面覆盖、安全规范的农村客运系统初步建立，实现全国建制村通班车率达92%，中心镇客运站、候车亭或招呼站拥有率达100%，农村客运线路公交化改造加快推进，坚持以人为本、城乡协调的基本原则；坚持政府主导、政策引导、因地制宜、分步推进；坚持统筹协调，资源整合。《意见》还明确提出了今后一个时期推进城乡客运一体化的七大重点任务和四项保障措施。可以说，《意见》是我国国家层面第一个有关城乡道路客运一体化的系统的、全面的、科学的指导性文件。

根据国家和交通运输部文件及政策精神，提出具体的城乡交通一体化发展考核指标如下。

（1）城乡交通基础设施一体化的发展现状。①农村公路等级路率。具体包括：农村公路等级划分标准、农村公路建设总里程、农村地区四级及以上等级公路建设总里程、农村公路等级路率变化现状；行政区域内，农村公路中四级及以上等级公路占农村公路总里程的比例。②城市建成区路网密度和道路面积率达标率。具体包括：城市建成区内道路网总里程、城市建成区面积、城市建成区内道路用地总面积；城市建成区内道路网的总里程与建成区面积的比值；城市建成区内道路用地总面积与建成区面积的比值。③客货运输场站一体化水平。具体包括：国内县级市三级及以上汽车客运站建设现状、国内县级市汽车客运站与城市公交换乘现状，国内乡村地区物流服务通达现状、交通运输干线与城乡地区的衔接现状；物流节点实现干线运输与县域内分拨配送的有效衔接，集聚整合物流资源，统筹组织县域内农村运输服务的情况。④农村公路列养率。具体包括：全国道路养护支出、农村公路养护总里程、全国公路养护总里程；行政区域内落实日常养护经费和人员的农村公路占农村公路总里程的比例。⑤优良中等路率；优良中等公路建设标准、国内优良中等公路建设里程、国内优良中等路率；优良中等公路里程占行政区域内公路总里程的比例。⑥硬化路通达水平。具体包括：乡镇硬化道路通达率、建制村硬化道路通达率。⑦城乡交通基础设施一体化发展存在的问题。具体包括：缺乏统筹的规划；缺乏相应的管理体制；路网结构紊乱。⑧"新基建"背景下城乡交通基础设施一体化的发展机遇。具体包括："新基建"的发起背景、"新基建"的主要内容、"新基建"为城乡交通一体化发展带来的发展机遇。

（2）城乡交通客运服务一体化发展现状与问题。①城乡交通客运服务一体化发展现状。具体包括：建制村通客车率、行政区域内建制村通客车率。②城市建成区公交站点500米覆盖率。具体包括：城市建成区公共交通站点500米半径覆盖面积、城市建成区总面积。③城乡道路客运车辆公交化率。具体包括：城市公共汽车保有量、公交化运营的农村客车保有量、国内城乡道路客运车保有量；行政区域内城市公共汽电车辆和公交化运营的农村客运车辆数之和，占行政区域内所有城乡道路客运车辆数的比例。④城乡客运车辆交通责任事故万车死亡率。具体包括：城乡客运道路事故率、城乡客运道路事故死亡率；行政区域内城乡道路客运车辆发生的交通责任事故（负同等及以上责任的交通事故）死亡人数与行政区域内城乡道路客运车辆数的比例。⑤城乡客运信息化水平。具体包括：行政区域内通过互联网对外动态发布城乡客运信息情况；农村客运车辆动态监控设备安装使用率、城乡客运信息上网率、城乡客运信息发布渠道、二级以上汽车客运站省域道路客运联网售票覆盖率。⑥城乡交通客运服务一体化发展存在的问题。具体包括：经营主体经营资质问题，客运体系的矛盾与冲突，市场发展规范性有待加强，存在诸多安全隐患。

（3）城乡交通货运物流服务一体化发展现状与问题。①城乡交通货运物流服务一体化发展现状。具体包括：建制村农村物流服务覆盖率、货运物流在建制村的覆盖现状、邮政在建制村的覆盖现状、快递在建制村的覆盖现状；行政区域内开通货运物流、邮政、快递等一项或多项服务的建制村数量占行政区域内全部建制村数量的比例。②乡镇农村物流节点覆盖率。具体包括：全国建制乡镇数量、设有物流节点的乡镇数量、乡镇农村物流节点覆盖率；行政区域内建有农村物流节点的乡镇数量占行政区域内全部乡镇数量的比例。③运输站场综合利用率。具体包括：国内站场设施建设现状，国内具备管理、综合服务、客运、货运、邮政、快递等三种及以上功能的运输站场设施数量；具备管理、综合服务、客运、货运、邮政、快递等三种及以上功能的运输站场设施数量占全部站场设施数量的比例。④城乡交通货运物流服务一体化发展存在的问题。具体包括：物流渠道不畅，物流服务专业化程度不够，物流服务存在地域保护现象，农村地区农产品物流系统不健全。

（4）城乡交通运输一体化发展环境现状。①组织保障现状。具体包括：城乡交通运输一体化规划目标及工作进展，城乡交通运输一体化任务分派及落实现状；城乡交通运输一体化水平纳入当地全面建成小康社会目标或年度工作目标情况；县级人民政府组织相关部门建立责任分工明确的工作机制的情况。②安全保障现状。具体包括：国内已实施安全隐患治理的公路里程，农村客运班线审核现状；行政区域内通客车农村公路中，已实施安全隐患治理的里程数占总里程的比例；农村客运班线通行条件联合审核机制运行情况。③经费保障现状。具体包括：国内县级市政府公路养护经费来源，国内县级市政府公路养护支出现状；县级人民政府制定财政补贴政策，保障农村公路建设、养护、管理和农村客货运输、农村邮政、城市公交等城乡交通运输服务稳定运营的情况。④跨业融合现状。具体包括：交通运输企业与邮政的合作现状、交通运输企业与快递行业的合作现状、农村地区农产品物流建设现状；依托资源产业、生态旅游、电子商务等资源发展农村物流，支撑农村地区经济发展的情况。⑤规划及管理保障现状。具体包括：城乡交通运输一体化发展规划的现状，部分省市案例，农村客运采用"一县一公司"方式统筹管理的现状。⑥贫困县建制村通客车工作年度进展现状。具体包括：国内贫困县建制村分布现状，国内贫困县建制村客车通达率现状。⑦城乡交通一体化发展环境存在问题。具体包括：城乡二元制问题，部分区域依然存在出行困难的现象，区域间城乡交通发展失衡问题。

三　城乡交通一体化法律规制的发展

党的十八大以来，各级交通运输部门在以习近平同志为核心的党中央坚强领导下，认真贯彻落实《中共中央关于全面推进依法治国若干重大问题的决定》，始终把法治建设放在交通运输改革发展大局中去谋划和推进，把法治要求贯穿于交通运输规划、建设、管理、运营服务和安全生产等各领域，在推动城乡交通一体化法制保障机制方面取得明显成效。

（1）交通运输法规制度体系框架初步形成。交通运输部印发了《关于完善综合交通运输法规体系的实施意见》（交法发〔2016〕195号）（以下简称《意见》），《意见》强调加强综合交通运输法规体系设计，聚焦国家重大战略实施、行业安全生产、管理体制改性、新业态监管等重点领域，积极推动供给侧结构性改革和降低物流费用，加快行业发展急需的立法项目的制修订步伐等。我国交通运输法规制度体系初步形成，2019年7月，国家共颁布交通运输领域的法律8部、行政法规43部、部门规章295件。全国各地积极推动农村公路、城市公交、出租汽车、轨道交通、港口海事等方面立法，成为国家交通运输立法的重要补充。截至目前，交通运输领域地方性法规、政府规章共有403部，其中省级地方性法规128部、政府规章140部，市级地方性法规73部、政府规章62部。2020年12月，交通运输部印发了《关于完善综合交通法规体系的意见》（交法〔2020〕109号），还附了《综合交通法规体系法规项目》，其中有 53 部法律、行政法规。

（2）交通运输部门政府职能加快转变。着眼于推进供给侧结构性改革，紧紧围绕处理好政府与市场的关系，不断深化"放管服"改革，不断改善营商环境。交通运输部共取消下放部级审批事项 40 项，占部审批事项的 61.5%；取消中央指定地方实施审批事项 15 项、审批中介服务事项 7 项、职业资格事项 15 项，将 16 项工商登记前置审批改为后置，取消全部非行政许可审批事项。交通运输部印发了《交通运输部关于全面推行"双随机、一公开"监管工作的实施意见》（交法发〔2017〕120 号），对全面推行"双随机、一公开"（随机抽取检查对象，随机选派执法检查人员，抽查情况及查处结果及时向社会公开）监管工作进行周密部署，公布"双随机"抽查事项清单，建立"网格化、标准化、痕迹化"监管机制，推行隐患排查治理和风险分级管控双重预防机制，有效加强事中事后监管。建设运行全国大件运输许可平台，实现了跨省大件运输许可网上办理、并联审批，积极推行"互联网＋政务服务"，改革审批服务窗口布局，取消简化证明证照和琐碎手续，积极探索推进"多证合一""多证联办""一门式一网式政务服务"，推动实现从"群众跑"向"数据跑"，从"跑多次"向"最多跑一次"深刻变革。强化信用监管，开通"信用交通"网站，在治理超限运输、出租汽车监管等领域会同相关部门推进守信联合激励和失信联合惩戒机制。

（3）交通运输行政权力运行逐步规范透明。坚持强化对行政权力的制约和监督，深入推进权力公开运行机制建设。制定交通运输部重大行政决策的工作流程，优化重大行文决策工作流程，拓宽重大决策公开范围，积极回应社会关切，不断健全依法决策机制。交通运输部出台了《交通运输部规范性文件合法性审查办法》，建立规范性文件审查长效机制，促使规范性文件审查制度日益完善。交通运输部编制 55 项权责清单，公布 22 项处罚事项清单、23 项检查事项清单和涉企收费清单。组织开展暗访，通报暗访情况和典型违规案例，严肃查处乱罚款、滥收费、任性检查等乱作为和不作为问题。加大重大项目建设、公共资源配置、行业管理政策等方面的信息公开力度，以公开促规范、促服务取得初步成效。及时回应社会关切，自觉接受纪检监察、人大、政协、司法、审计等监督，强化社会监督效果。

（4）交通运输规范文明执法水平稳步提高。中共中央办公厅国务院办公厅印发了《关于深化交通运输综合行政执法改革的指导意见》（中办发〔2018〕53号），明确了交通运输综合执法改革的方向和实施路径。各地方以高度的责任感和使命感，积极稳妥推进交通运输综合行政执法改革工作。全面推行行政执法公示、执法全过程记录、重大执法决定法制审核"三项制度"，交通运输综合行政执法更加公开透明、规范有序、公平高效。以基层执法队伍职业化、基层执法站所标准化、基础管理制度规范化为内容的"四基四化"建设，推动了基层交通执法队伍素质提升、执法能力增强、服务水平提高、整体形象改观。加快交通运输行政执法综合管理信息系统建设，交通运输行政执法信息化建设取得长足进步，交通运输行政执法人员的办案效能和执法监督能力明显提高。

（5）交通运输多元化纠纷解决机制逐步形成。坚持把依法保障人民群众根本利益和合法权益作为交通运输各项工作的出发点和落脚点，多元化纠纷解决机制逐步形成并发挥积极作用。交通运输部出台行政复议和应诉工作规则，健全复议应诉流程，建立典型案例分析研判和通报指导制度。各级交通运输部门积极履行出庭应诉职责和法院生效裁判。过去五年多来，交通运输部共依法办理行政复议案件209件、行政应诉案件77件，各省级交通运输主管部门共依法办理复议案件1541件、行政应诉案件573件。交通运输部印发交通运输领域通过法定途径分类处理信访投诉请求清单，完善法定途径处理信访人诉求相关制度，交通运输信访案件数量逐年下降，案件办结率逐年提升。强化舆情监测和群体性事件预警监测，提高行业治理和应急处置能力。

（6）交通运输法治意识和能力明显提高。各级交通运输部门党政主要负责人积极履行推进法治建设的第一责任人责任，始终坚持将法治工作与交通运输中心工作同部署、同推进。广泛深入持续开展宪法宣传教育，开展领导干部宪法宣誓活动。坚持和完善党组（委）中心组学法制度，开展常态化法治学习，将法治素质能力培养作为干部培训的必修课，推行干部职务晋升法律知识考试，使领导干部运用法治思维、法治方式的能力实现新提升。交通运输部出台了《交通运输法治政府部门建设评价暂行办法》，使评价指标体系不断健全、完善。各地将法治建设纳入绩效考核体系，对考核发现的问题进行整改，有效增强了法治工作实效。

第二节 城乡交通一体化的概念界定

城乡交通一体化是一个随着城乡经济一体化与公路交通发展而必然出现的过程。在城乡交通一体化条件下，城乡道路，特别是农村道路畅通无阻，配套基础设施更加完善、便捷，城乡客运网络化运作更为先进。城乡交通一体化是城乡交通统筹协调发展对硬件方面的基本要求。由于受到城乡经济一体化要求的影响，生产力的不断发展也需要相应的城乡交通统筹发展体系与之适应。城乡交通一体化并非要让农村公路交通和城市完全一样、毫无差别，也并非缩小直至消除城乡交通差别，而应是城乡交通之间高效衔接，并充分发挥各自的比较优势，促进农村加快发展，最终形成城乡良性互动和协调发展的过程。

综合上述概念分析，本书认为，城乡交通一体化是指按照"整合资源、提高效率、兼顾公平"的原则，通过政策、法规、管理、标准的一体化，突破行政区划、管理体制及行业界限，对城乡交通资源进行统一规划、统一管理、统一组织和统一调配，实现城乡道路基础设施规划、建设、管理的协调，实现城乡道路运输市场一体化，以实现城乡交通运输资源的整体效益最优以及城乡运输服务均等化的目标。本书重点研究城乡交通一体化对公路交通基础设施发展的影响，同时也对道路运输组织服务进行相关研究。

根据《意见》所述，城乡一体的客运网络服务体系由镇村、城乡、城市、城际四级网络构成，主要包括城际、城市、农村客运系统。旅客运输、旅游客运为公众的城乡道路客运活动提供服务，即城乡道路客运，其是服务城乡居民出行方式的总称，包括城市客车、包车等。城乡道路客运主要包括城市公交、客运、城乡客运、农村客运四种操作模式。其发展主要是满足城乡居民日常出行的需要，城市和农村道路客运系统的设施和服务供城市和农村地区的所有居民共同使用，没有特定的消费群体，任何居民都可消费，无须竞争，是一种城乡居民的公共需求、满足公共利益的共享方式，具有福利性质。

第三节　城乡交通一体化的目标

一体化并不是为了城乡完全相同，而是将其当作一种机制来看待，实现两者的合理衔接，促进城乡交通和谐发展。其主要是促进城市公共交通和道路客运统一管理、合理分工。客运系统的一体化，主要是指打破城乡分界线，通过对城乡道路客运元素的科学配置，对城乡道路、场站建设、信息网络的构成要素、客运网络、车辆运行管理系统、结合协调，实现高效运行的客运市场，使城乡居民出行更加方便，保障经济社会协调发展。

城乡交通一体化的目标：城市交通和农村交通相互依存、相互促进，成为一个统一的整体，城乡交通差距逐渐缩小直至消除，最终实现交通资源在城乡间的公平配置和使用效能的最大化，推动城乡空间合理布局，加快促进城乡经济一体化进程，最终实现公路交通跨越式发展。

城乡交通一体化的目标可分为以下两个层次：

一是适应性层次。适应性指事物或者系统对外界环境条件的适应，并与之保持一致、协调发展的能力。城乡交通一体化的适应性是指现有的城乡交通体系适应当前外部的社会经济发展环境，及其与之统筹协调发展的能力。

二是引导性层次。交通行业是国民经济基础性、先导性产业之一，它与社会经济的发展相辅相成。我国城市化进程的加快以及统筹城乡协调发展对城乡交通提出了新的要求,因此,应当充分发挥交通对城乡一体化发展的引导性作用,实现城乡一体化发展的根本目标。

城乡交通一体化的内涵如图 2-1 所示。

```
                    ▽ 适应性内涵
                      (第一层次)
```

城乡交通基础设施资源要素配置一体化	城乡交通运输市场一体化	城乡出行条件与出行服务水平趋同
合理配置城乡交通基础设施资源,提高各种交通基础设施资源利用效率。 通过统一进行城乡交通基础设施的规划、建设、运营与管理,使城乡交通基础设施形成功能协调、相互衔接统一的基础设施网络	形成统一的城乡运输市场。实现城乡双方客货运企业无障碍进入对方市场和平等竞争,同时消除城乡之间人流、物流的障碍,减少城乡交通联系的时间成本与交易成本	注重交通公平,使城乡居民公平地享受均等化的运输服务。 使城乡居民对出行条件和出行服务的享受基本一致、拥有基本相同的发展环境与条件

```
                    ▽ 引导性内涵
                      (第二层次)
```

科学引导城乡交通空间布局,交通体系促进城乡建设集约健康发展	带动和引导农村发展,增强农村自我发展能力
在城镇化加快发展的背景下,城乡交通应充分发挥规划对城乡统筹发展的先导作用,引导城乡生产力要素合理配置。 城乡交通一体化的过程也应当是逐步引导城乡空间布局、调整集镇、村庄用地,加快促进城乡建设集约健康发展的过程	乡村交通规划与建设过程中,应充分考虑农村发展的需要,加强交通对农业和农村的扶持力度,积极稳妥地推进农业与农村现代化进程。 加强对乡村的交通规划与建设引导;乡村交通建设中应充分考虑如何保护农民利益、农村利益和农业利益;加快交通公共设施与服务的完善与配套

图 2-1 城乡交通一体化的内涵

首先,从适应性层次来看,城乡交通一体化的目标内涵主要包括以下几个方面:第一,城乡交通基础设施要素资源配置一体化。发挥集成优势,促进城乡交通基础设施资源的统筹优化配置,是推进城乡科学发展的关键环节。因此,为了加快推进城乡交通一体化发展进程,必须对城乡交通基础设施资源加以科学统筹和合理规划建设,通过科学布局和有效整合,实现城乡交通基础设施之间的有机高效衔接，最大限度地发挥城乡交通基础设施的整体效能，逐步降低城乡交通出行时间和物流成本，使城乡居民的出行条件基本趋同，在更高层次、更大范围上带动城乡经济社会协调发展。第二，城乡交通运输市场一体化。城乡交通运输市场一体化的关键是突破传统体制下的城乡运输市场壁垒，使城乡交通运输市场管理政策等软环境建设要素实现对接，即形成城乡内规则统一、资源共享、人便于行、货畅其流的交通运输网络和交通运输市场，最终实现城乡双方客货运企业无障碍进入对方市场和平等竞争，同时消除城乡之间人流、物流的障碍，减少城乡交通联系的时间成本与交易成本，使城乡软环境建设要素有机对接，使城乡居民公平地享受均等化的运输服务，从而加快城乡间生产要素自由流动。第三，城乡出行条件与出行服务水平趋同。城乡交通一体化除了强调城乡之间的交通要素配置效率最大化、运输市场相互融合与统一之外，还要注重交通公平，缩小城乡交通之间的发展差距，使城乡居民公平地享受均等化的运输服务，包括对出行条件和出行服务的享受基本一致、拥有基本相同的发展环境与条件。

其次，从引导性层次上来看，引导性层次是指城乡交通应从城乡整体经济利益出发，从主动性、预见性、前瞻性的角度出发，实施城乡交通一体化战略。其内涵主要包括以下几个方面：第一，科学引导城乡交通空间布局，促进城乡交通体系建设集约健康发展。交通与城乡空间利用是一个有机的整体，寻根探源，交通"流"的"源"就是土地空间的利用。土地利用的功能、布局与规模深刻影响着交通需求的性质、数量与分布以及基础设施的规模和等级。因此，城乡空间发展变化必将影响交通的发展。第二，带动和引导农村发展，增强农村自我发展能力。贯彻工业"反哺"农业、城市支持农村的原则，促进农业产业化和农村经济发展，是建设社会主义新农村、坚持统筹城乡经济社会发展基本方略的核心。基于农村发展落后、自我发展能力不足的现状，需要借助城市带动农村发展和增强农村自我发展能力。交通运输的服务本质决定了其在引导农村、统筹城乡发展中将发挥重要作用。城乡交通一体化应充分考虑农村发展的需要，加强交通对农业和农村的扶持力度，稳妥推进农业与农村现代化进程，加速乡村由传统社会向现代社会转型，实现城乡社会一体化。

第四节 城乡交通一体化的基本内涵

本书中的城乡交通一体化的内涵主要包括两大构成要素、四大软支撑系统和五大目标。城乡交通一体化的支撑系统由体制保障、政策保障、规划保障和法律保障四大软支撑组成。各支持系统的关系如 2-2 图所示。

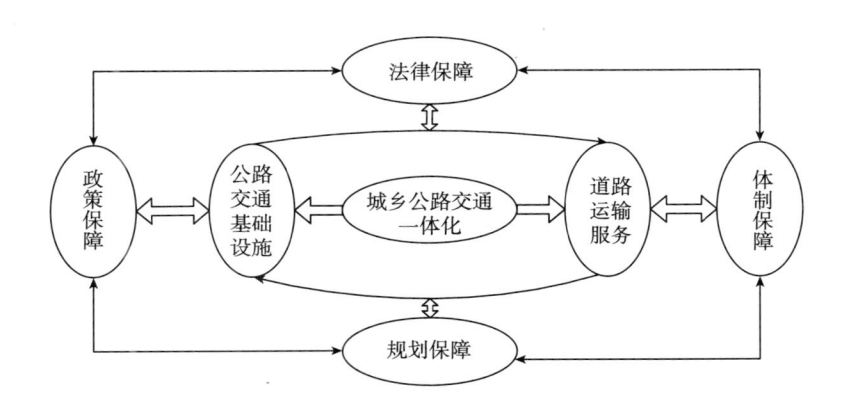

图 2-2 城乡交通一体化四大软支撑系统

从实践来看，其基本内涵如下：以推进城乡道路客运基本公共服务均等化为目标，以构建城乡一体的客运基础设施体系和服务保障体系为重点，推动道路客运资源在区域、城乡间的统筹合理配置，形成布局合理、衔接高效、全方位高速发展体系，提供安全、便捷、经济、高效的出行服务。

从三个层次进一步诠释城乡道路客运一体化的内涵。

1. 目标层次：城乡道路客运服务均等化是其终极目标

围绕城乡道路客运服务供给与服务保障两个体系建设，以科学发展观为指导，因地制宜，扎实推进。强调城乡道路客运快速发展、协调发展、融合发展。通过统筹城乡道路客运协调发展，实现城市公共交通系统、农村客运系统与城际客运系统的协同化运营，将城乡道路客运服务网络从中心城市向边远农村延伸，基本实现行政村全面覆盖；通过城乡道路客运的协调发展，使城乡道路客运服务的广度和深度逐步提升，服务质量显著改善；通过统筹城乡道路客运协调发展，培养健全城乡道路客运服务的保障体系，使城乡道路客运的政策、法律法规体系更健全，市场监管更加有效，逐步引导城乡道路客运发展走上科学发展道路。城市公共交通系统的建设应以"方便快捷、文明规范、诚信可靠、保障有力"为发展目标，坚决贯彻落实"公交优先"的发展理念，坚持政府主导、普遍服务的基本原则，不同规模的城市，应综合城市自身的特点，选择适宜的城市公共交通发展模式，并建立衔接农村客运系统与城际客运系统的城市公交换乘枢纽体系。

农村客运系统的建设应以"覆盖全面、运行稳定、安全规范、经济便捷"为目标，按照"城乡均等、模式多样"的发展理念，把发展农村客运当成一项公益性事业，在财政补贴、客票定价、市场监管等方面，采取与城市公交同等的保障措施，结合各地农村交通区位、地理环境与个性化出行需求特点，因地制宜，提供各具特色的农村道路客运服务。城际客运系统的建设应以"管理规范、服务优质、衔接顺畅、方便灵活"为目标，综合发挥城际轨道交通大容量、速度快、舒适度高的特点，以及中长途道路客运"门到门"服务的优势，在中心镇建成等级客运站，做好与城市客运系统及农村客运系统的无缝衔接。

2. 方法层次：将城乡道路客运作为一个整体进行统筹协调发展

统筹城乡道路客运协调发展，即将城乡道路客运作为一个整体进行系统性考虑。是对国家统筹城乡一体化发展这一战略要求的积极响应。在政策与法律层面，强调要统筹城乡道路客运的发展规划、政策、法律法规、技术标准规范等环节，促使城乡协调发展，城乡一体化发展；在市场管理层面，构建城市客运与道路班车客运的协同准入机制，优化配置运力资源，优化组合发挥整体优势。

3. 策略层次：重点破解城乡道路客运市场历史遗留的发展"瓶颈"问题

我国各地城市传统的城市客运市场与道路客运市场在发展过程中，自身都普遍存在一些共性的矛盾与问题，随着城乡一体化进程的加快，两个市场之间的矛盾与冲突日益激化。统筹城乡道路客运的协调发展的策略，就是要对两个市场各自存在的问题以及统筹发展中存在的问题进行认真梳理、分析与评估，选择若干个根源性的也是对统筹城乡道路客运协调发展制约最大的核心问题，集中精力解决、创新思路解决，起到破解一个问题、理顺多条关系的效果，加快城乡道路客运统筹发展的步伐。

第三章

城乡交通一体化法律保障的理论基础

城乡交通一体化涉及统筹交通领域的多方面,是一项非常复杂的系统工程,相关研究既需要有坚实的法学、经济学以及管理学的基础理论,还需要综合运用多种理论工具对其进行深入分析,这些理论主要包括:经济法的基础理论:利益与利益机制理论、市场规则理论、宏观调控理论;经济学与管理学的基础理论:效率与公平理论、协同论以及系统论。在立足于实现效率和公平统一的基础上,需要在相关法学基础理论上,通过统筹的方法和协调的思路,将城乡交通看作内在统一的系统进行研究,科学把握其发展规律与内在联系,以便对城乡交通进行合理规划、科学管理和正确引导。

第一节 市场规制理论

一 市场规制概述

"规制"一词的最早译者是日本经济学家,其意思是指有规定的管理或有法律规范的制约,即以法律、规章、政策、制度来约束和规范经济主体的行为。从狭义角度来讲,规制是指"政府对经济行为的管理或制约",如金泽良雄认为,"在市场经济条件下,是政府为了矫正或改善市场机制内在的问题而干预经济主体活动的行为"。在这里,规制被视为一种政府主导行为,是政府通过一定措施施加于经济主体的管控行为。从大范围来说,行为主体根据特定法则,对特定市场参与者进行遏制、支持和维护的活动,包括市场调节和宏观调控两部分,就是规制的意思。市场条例中的"规制"是小范围意义的。其特征涵盖:①规制主体的法定性,即谁有资格作为规制主体,而不是任意的团体或个人都能成为主体。监管归根结底是弥补缺陷。而市场规制中的公共利益理论认为,由于外部性、垄断、信息不对称等引起的市场失灵状况下,合理性是政府规制的特点之一。②政府监管。第一,政府对公共需求必须回应,而不是消费者做出理性的思考,然后政府以达到纠正市场失灵的目的来制定法律和政策,市场在哪里失灵,政府就准备相应的干预政策的方案。第二,调节经济的内容,调控的过程是调整相关的特定市场经济之间的关系,尤其是经济利益之间的关系,所以管制的经济性明显。第三,规制方法的多样性。政府规制所采用的方法多种多样,包括积极鼓励、消极限制,以及以限制为主、辅之鼓励的保护方法。

规制(Regulation)也译成"管制"和"监管",狭义上是指政府对经济行为的管理或制约;广义上包含一切公权组织对私权个人或小团体的激励和约束,有政治上的规制、法治上的规制、道德上的规制等形式。规制是市场经济条件下国家干预经济的重要组成部分,是政府为实现某种公共政策目标,对微观经济主体进行的规范与制约,主要通过规制部门对特定产业和微观经济活动主体的进入、退出、价格、投资,以及涉及环境、安全、生命、健康等行为进行的监督与管理(监管)来实现。交通运输市场规制,是指发生在交通运输领域的、对微观经济主体进行的规范与制约。本书的研究重点聚焦于城乡交通一体化运输服务领域的市场规制。

政府规制的产生是市场经济演进的结果。在18世纪和19世纪的大部分时间里,管得最少的政府被认为是最好的政府。政府甘当"守夜人",采取自由放任的政策,不仅很少干预微观经济活动,而且在宏观上也少有调控总量和结构的政策出台。政府对微观经济主体的有意识干预始于19世纪中后期,并以19世纪末的反垄断政策为标志。

1929—1933年的大危机以后，政府不仅强化了对微观经济主体的规制，而且逐步转向宏观，形成系统的宏观调控政策。整体而言，市场规制理论研究迄今经历了三个发展阶段，即市场规制的公共利益理论、市场规制俘虏理论和新兴市场规制理论。市场规制的公共利益理论认为，市场规制发生的原因是存在市场失灵，包括自然垄断、人为垄断（行政垄断）、外部性、信息不对称等。在这些情况下，政府对市场规制具有经济学上的合理性。经济学家们回顾了自19世纪以来美国经济的市场规制史，发现市场规制和市场失灵之间并没有很强的相关关系；相反，自19世纪以来，市场规制总是对生产厂商有利。这一现象的存在导致了市场规制俘虏理论（Regulatory Capture Theory）的产生。新兴市场规制理论结合近30年来西方国家的经济规制改革，把规制研究的理论背景扩展到福利经济学、公共财政学、不确定条件下决策等经济学领域，吸收多门新兴经济学理论的最新研究成果，形成了包括"寻租"理论、政治企业家职能理论、可竞争市场理论、激励性规制理论和新制度经济学规制理论等新的市场规制理论。市场规制的作用主要有四点：①市场规制是解决垄断问题的需要；②政府规制是促使外部性内部化的需要；③市场规制是解决信息偏差或信息不对称问题的需要；④政府具有解决市场失灵问题的某些独特优势。

  本书所涉及的交通运输市场规制，是广义上的市场规制，是在市场规制经济学的基本理论指导下，结合交通运输领域的具体特点、我国经济社会的发展阶段而产生的市场规制体系。交通运输市场规制的内容可分为直接规制和间接规制。直接规制包括经济规制和社会规制。经济规制的内容包括进入规制、价格规制、激励规制和行政约谈等。社会规制又分为两个方面，即外部性规制与信息优势规制。外部性规制包括经济手段、行政手段和产权手段；信息优势规制包括许可证管理、标准设立、信用规制和监督检查等。间接规制包括反垄断反不正当竞争领域的规制，有法律手段和行政手段。间接规制的另一方面内容是综合的社会规制，包括节能环保、安全应急和信用规制。最后，间接规制的最后一环则是民商法。所有上述规制无法解决的问题都会进入民商法的管辖范围，诉诸司法体系。采用法律手段对市场进

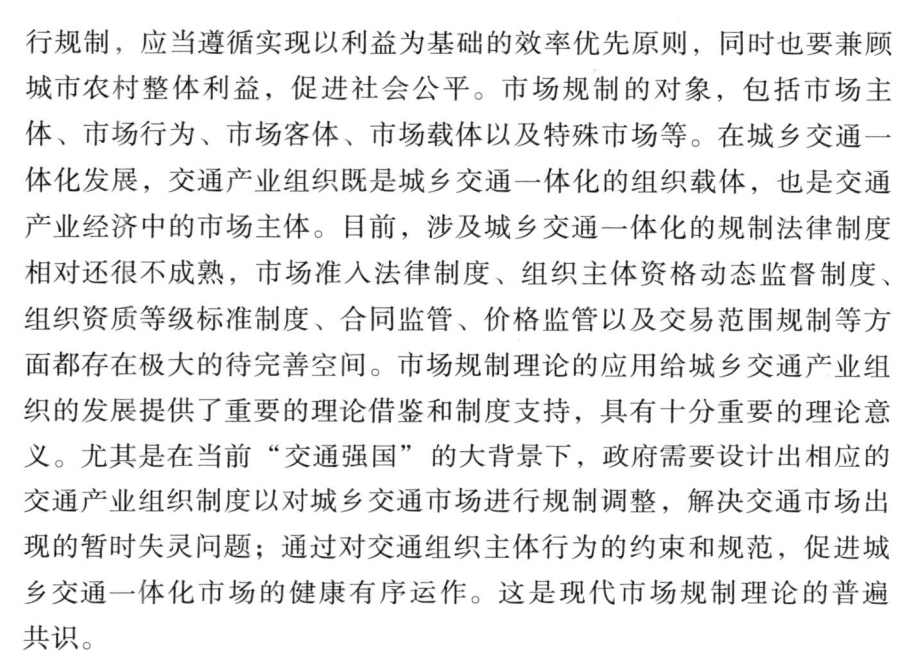

行规制，应当遵循实现以利益为基础的效率优先原则，同时也要兼顾城市农村整体利益，促进社会公平。市场规制的对象，包括市场主体、市场行为、市场客体、市场载体以及特殊市场等。在城乡交通一体化发展，交通产业组织既是城乡交通一体化的组织载体，也是交通产业经济中的市场主体。目前，涉及城乡交通一体化的规制法律制度相对还很不成熟，市场准入法律制度、组织主体资格动态监督制度、组织资质等级标准制度、合同监管、价格监管以及交易范围规制等方面都存在极大的待完善空间。市场规制理论的应用给城乡交通产业组织的发展提供了重要的理论借鉴和制度支持，具有十分重要的理论意义。尤其是在当前"交通强国"的大背景下，政府需要设计出相应的交通产业组织制度以对城乡交通市场进行规制调整，解决交通市场出现的暂时失灵问题；通过对交通组织主体行为的约束和规范，促进城乡交通一体化市场的健康有序运作。这是现代市场规制理论的普遍共识。

二 交通运输市场规制的主体及法律法规体系

鉴于交通运输中的海运和航空具有很强的国际属性，在上述广义市场规制的框架中，增加国际规制的内容。交通运输市场规制的主体及相应的法律法规体系可以分为国际规制、直接规制、间接规制三个方面，它们具有相互关联性。交通运输行业主管部门在面对国际规制的时候，既要履约，又要双向互动。交通运输行业主管部门在面对间接规制的时候，要与其他行业主管部门充分互动协同。

1. 国际规制

它由国际组织所主导的一系列国际公约和民间规则构成。在海运领域，有国际海事组织所主导的一系列国际公约，包括《SOLAS 公约》《MARPOL 公约》《海牙—维斯比规则》《汉堡规则》。在航空领域，有国际民用航空组织所主导的国际公约，包括《华沙公约》《海牙议定书》《蒙特利尔公约》《瓜达拉哈拉公约》。在道路运输领域，有国际道路运输联盟所主导的国际公约，包括《国际公路货物运输合同公约》《国际公路车辆运输公约》。在铁路领域，有国际铁路运输政府间组织所主导的国际公约，包括《国际铁路货物联运协定》《铁路货物运输国际公约》。在多式联运领域，有联合国贸发会、国际商会等所主导的国际公约或民间规则，比如《鹿特丹规则》是由国际海事委员会发起并由联合国国际贸易法委员会批准的；在此领域，还有国际商会所主导的《联运单证统一规则》和联合国贸发会主导的《多式联运单证规则》。

2. 直接规制

这是行业主管部门的职责，分为两部分内容：经济规制和社会规制。经济规制主要包括行政法规、地方法规、部门规章、标准规范、规范性文件等。社会规制包括相关业务司局在节能环保领域的规则制定和执法，如海事局、安监司和搜救中心等在安全应急领域的规则制定和执法，业务司局在人身安全领域的规则制定和执法。

3. 间接规制

在反垄断反不正当竞争领域，国家市场监管总局是行业主管部门，一方面要将案件导入《反垄断法》和《反不正当竞争法》的管辖范围，另一方面要采取行政约谈的方式进行市场规制。如社会规制的节能环保领域，是生态环境部和自然资源部的职责范围；社会规制的安全应急领域，是应急管理部的职责范围；社会信用体系建设领域，是国家发展和改革委员会的职责范围。此外，间接规制的另一方面内容是借助民商法内容，通过《中华人民共和国合同法》《中华人民共和国海商法》《中华人民共和国铁路法》（部分内容）、《中华人民共和国民用航空法》（部分内容）、多式联运法（酝酿中）等法律以及相应的司法体系来实现规制。

三　交通运输市场规制存在的主要问题

虽然交通运输各领域的市场规制基本建立，但由于受经济社会发展和交通运输发展阶段所限，还存在很多问题。

1. 对交通运输市场规制的认识有待提升

西方理论对市场运行的基础有一定的洞察力，但其生存的土壤与我国相去甚远，在西方行之有效的市场规制方法，在我国就可能失效。西方市场规制的"政府之手"较为强势，通常是以国家安全和经济安全为基础，同时通过长期磨合形成了完整的制度体系。而我国市场规制中"政府之手"的强弱往往不好掌控,因此可能造成政府"缺位、失位、越位"等。

2. 市场规制的法律法规体系存在"短板"

受经济社会发展所限,交通运输市场规制的法律法规体系存在"短板",主要体现在以下几个方面:各种运输方式的法律位阶存在差异;由于缺乏上位法的顶层设计,国家和地方的法制缺失;综合运输领域的法律法规尚待出台;与事中事后监管相匹配的法律法规需要补充补齐;市场规制需要兼容新技术、新模式;事中监管事后相匹配的法律法规需进一步加强和规范。

3. 交通运输市场规制的管理机制没有理顺

从上层监管来看,运输企业的发展依赖国家财政税收体制,用税收手段对交通运输企业的试点行为进行规制的权力并不在行业主管部门手中;从行业内部来看,部分地区整合港口资源后,以高质量发展和港口协同发展为导向完善港口管理体制,推动区域港口航道、锚地等公共资源的共享共用,但相应的法律法规未能匹配铁路长期实行的"政企合一、政监合一"体制,使铁路市场规制体系的建立几乎处于空白状态。

4. 市场规制的执法体系尚不匹配

交通运输综合行政执法改革正在进行中,面临诸多的不适应。目前的交通运输综合行政执法在全国范围内逐步实现,但在人员安置、经费保障等方面面临的问题仍然很多。

四 交通运输市场规制的发展趋势

随着社会经济的发展,世界各国社会规制的需求呈现出不断增长的趋势。过去20多年来,在西方发达国家盛行的自然垄断产业进行的政府规制改革,作为政府与市场关系转变的一个重要部分,取得了显著成效。这场放松规制的运动实质上反映出某些领域政府干预的减弱和市场力量的增强。综观各国放松规制的主要原因及实践,可以得出结论:效率是规制改革的根本准则。美国的自由主义市场经济,其市场规制的最后,往往把利益纠纷的决断引向司法程序。我国的市场规制往往以行政力量为主导,行业监管需要配备众多监管人员,同时还可能存在营私舞弊的情况，这同样需要花费社会成本。因此，不能得出欧美国家的市场规制体系优于我国市场规制体系的结论。看似自由的市场，其背后都有一整套管制的逻辑，而这依赖国家的治理模式。正所谓"自由"本不是"随心所欲"，而是"随心所欲不逾矩"，那么"自由市场"也是在市场规则的范围内"随心所欲不逾矩"，而不存在没有政府规制的市场。"规矩"由政府制定，规则的保障和执行需要政府的强制力。市场的良性运行，需要国家或政府信用，而这是昂贵的公共产品。新时代交通运输的市场规制，在考虑政府与市场之间的关系时，应对"自由的市场经济"抱有一颗怀疑之心，并要充分理解政府在市场中的作用。要充分认识到，市场本身就是"昂贵的公共产品"，是背后政府亲力亲为的结果，而不存在一个不需要政府作为的纯粹的"自由市场"。在交通强国战略中，交通运输市场规制的着力点应该发生转变。交通运输主战场发生变化，综合交通运输体系被提上日程、交通运输"走出去"践行"一带一路"倡议，这些都需要市场规制的理论完善和手段多样化。

第二节　公共服务均等化理论

一　交通运输基本公共服务概述

交通运输基本公共服务是指由政府主导提供的、与经济社会发展水平和阶段相适应，保障全体公民出行基本需求的公共服务。与国家基本公共服务"学有所教、劳有所得、病有所医、老有所养、住有所居、困有所帮、残有所助等"相对应，交通运输基本公共服务的目标是实现"交通可达"，即实现"出门有路、上路有车、传递有邮"，并为实现其他基本公共服务提供支撑和服务。交通运输具有基础性、先导性、服务性和战略性的特点。交通运输基本公共服务是满足公民对交通公共资源最低需求的公共服务，其特点是保障基本出行需求、与发展阶段相适应、由政府主导。

二 交通运输基本公共服务的范围、特点与成就

交通运输基本公共服务范围的确定原则是：根据当前经济社会发展阶段，把人民群众最期盼解决的、可量化、有明确发展规划和资金预算的相关项目纳入交通运输基本公共服务事项；随着经济社会发展和人民需求变化，逐步扩大交通运输基本公共服务的范围。根据国家基本公共服务体系"十二五"规划及"十三五"规划，与交通运输相关的基本公共服务包括建制村通公路和客车，城市建成区公共交通全覆盖，邮政服务做到乡乡设所、村村通邮等内容。围绕对交通运输基本公共服务的认识和对我国建设现代化交通强国目标的判断，围绕"行有所乘"的基本交通需求，以"扩面、加项、提标"为主要方向，以2020年实现"三通三覆盖"的交通运输基本公共服务为起点，根据经济社会发展和人民需求变化，逐步提高交通运输基本公共服务的范围，适时提出政府应提供交通运输基本公共服务的清单。具体包括通村组公路、通村组客运、通村组邮政、通岛屿航运、城市公共交通的覆盖、无障碍设施的覆盖。

交通运输具有基础性、先导性、服务性和社会性的特点，但相对于其他领域，其专业性、系统性的特点也比较突出。这些特点决定了在现阶段推进城乡交通一体化需要由行业主管部门作为主要责任承担部门，主动承担构建交通运输基本公共服务体系的任务。交通运输部门作为同级政府组成部门，贯彻执行政府基本公共服务体系总体安排，加强与政府相关组成部门之间协作，加强部省协作，是推进城乡交通一体化的必然途径。随着事权改革进一步深入推进，积极争取交通运输基本公共服务纳入国家基本公共服务体系，将城乡交通一体化由行业行为向政府行为转变。着力推进城乡交通一体化，实现政策普惠，促进机会均等，缩小供给差距，促进结果均等，实现公平与效率的有机结合、平等与发展的和谐统一，让交通运输基本公共服务覆盖到全体城乡居民，使人民群众共享交通运输改革发展成果。

近年来，交通运输行业坚持民生优先，提升基本公共服务水平，在保障和改善民生方面取得了重要进展与成就。

1. 覆盖范围不断扩大

农村公路通达深度不断提高,截至2018年年底,全国约有99.64%的乡镇和99.47%的建制村通沥青路、水泥路,农村公路建设不断向贫困地区和偏远地区延伸和覆盖。农村客运网络不断完善,全国共有55.7万个建制村通了客运车辆,全国建制村通客车率达到96.5%,农民群众候车难、乘车难的问题得到有效缓解。城市公共交通服务保障取得新进展,城市轨道交通、城市快速公共交通系统、公交专用车道、城市公共交通场站等基础设施建设全面有序推进,城市公共交通运输保障能力得到大幅提升。村村通邮深入推进,覆盖城乡、惠及全民、水平适度、可持续发展的邮政普遍服务体系基本建成,全国乡镇和建制村直接通邮率分别达100%和98.9%,"乡乡设所、村村通邮"工程已提前完成。

2. 服务水平不断提升

农村公路路面水平和等级结构不断提高,截至2018年年底,全国农村公路总里程已达到405万千米,占公路网总里程的83%,比2006年增加217万千米,为农村运输发展提供了良好条件。农村客运服务更加便民,各地积极推进农村道路客运发展,农村客运规模不断壮大,农村客运通达率和服务水平明显提高。深入推进公交优先发展战略,各地积极加快城市公交线网优化和设施建设,一体化的公共交通服务体系基本形成,公交出行分担率稳步提升。邮政普遍服务能力显著提升,城乡邮政局所和邮筒(箱)设置密度、邮政普遍服务的营业时间、邮件投递频次和投递深度等指标均达到国家规定的标准;普遍服务业务处理信息化水平明显提高。

3. 政府投入持续加大

近年来,政府对交通运输基本公共服务领域的投入力度不断增强,对经济社会发展发挥了重要的支撑引领作用。国家财政对交通运输领域的投入逐年提升。交通运输作为公共服务产品,与民生密切相关,在交通运输财政投入中,基本公共服务领域占重要内容。中央财政性资金加大了对集中连片特困地区的支持力度,保障基本公共服务供给的资金需求,有效提升了西部地区、贫困地区等欠发达地区的交

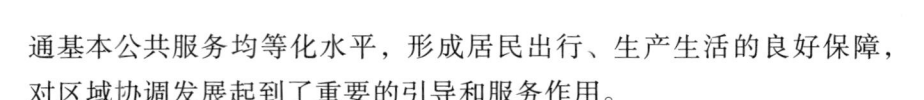

通基本公共服务均等化水平，形成居民出行、生产生活的良好保障，对区域协调发展起到了重要的引导和服务作用。

4. 制度体系逐步完善

相继建立多项重要的交通运输基本公共服务的制度及工作机制。陆续出台了《农村公路建设规划》《农村公路建设管理办法》《国务院关于城市优先发展公共交通的指导意见》《邮政普遍服务"十二五"规划》等专项规划及管理办法，建立体制机制保障。会同有关部委出台城市公交站场免征城镇土地使用税、新购置公交车辆免征车购税等财政支持政策，减轻城市公交企业运营成本压力。完善考核机制，将城乡客运出行服务要求纳入《全面建成小康社会交通运输发展目标和指标体系》，印发了《交通运输部关于开展城乡客运一体化发展水平考核评价工作的通知》（交运发〔2014〕259号），对全国各县级行政区城乡客运一体化发展水平开展评价工作，推动基本公共服务高效、有序发展。

三 我国交通服务均等化存在的问题

（1）交通运输基本公共服务体系尚未建立，服务内容和范围尚不明确。由于内容范围及标准不明确，各种运输方式、各级交通运输管理部门对交通运输基本公共服务的认识也存在差异，同时受到发展思路、管理体制、财政保障等因素影响，各地各部门在提供交通运输基本公共服务的实践中差距较大。

（2）交通运输基本公共服务总体供给水平不高。从覆盖区域看，"老少边穷"等特定区域的交通运输基础设施建设仍有待完善。截至2018年年底，全国尚有128个乡镇和3094万多个建制村未通硬化路，仍有相当数量的农村居民聚居点未实现交通设施连通。从城乡差异看，农村交通运输服务与交通均等化要求仍有一定差距；从覆盖人群看，"老、幼、病、残、孕"等特定人群的便民交通设施配备仍有待加强；从服务保障看，政府用于提供交通运输基本公共服务的人力、财力资源仍十分有限。

（3）交通运输基本公共服务存在区域间、城乡间发展不均衡的问题。从实践来看，不仅存在"供给不足"的问题，也突出存在"享受不均"的问题,设施、资源、技术、财力等占有失衡。公众实际享有的交通运输基本公共服务,由于长期的政策和制度"剪刀差"造成城乡之间基本公共服务存在较大差距,不均衡或不均等问题突出。

(4)政府在基本公共服务领域投入偏低,社会资金参与领域较少、渠道窄、方式少、效率低。政府财力负担越来越重,转移支付制度不够规范合理,基层政府提供基本公共服务财力不足、投入效率不高的问题日益凸显。

四 我国交通服务均等化面临的形势

(1)全面建成小康社会为推进城乡交通一体化奠定新基础。我国农业现代化和社会主义新农村建设取得显著成效,总体实现基本公共服务均等化,收入分配差距进一步缩小,区域协调发展机制基本形成。全面建成小康社会已经进入决胜期,目前全国约有99.64%的乡镇和99.47%的建制村通硬化路、99.12%的乡镇和96.5%的建制村通客车、98.9%的建制村通邮,到2020年,具备条件的建制村通硬化路、通客车、通邮比例将均达到100%,为初步实现城乡交通一体化奠定了良好基础。

(2)经济社会发展进入新阶段,对推进城乡交通一体化提出新要求。随着生活水平持续提高和消费结构持续升级,城乡居民中等收入群体规模不断扩大,人民群众提高生活水平和改善生活质量的愿望更加强烈,消费需求更加多样化、多层次,提高交通运输基本公共服务供给质量和服务水平的要求更加紧迫。交通运输需求规模将保持持续旺盛,对交通运输基本公共服务能力的要求不断提高。交通运输需求结构加速升级,对交通运输基本公共服务质量标准的要求不断提高。综合交通体系建设加速推进,要求进一步丰富交通运输基本公共服务的内涵。

(3)新一轮科技革命和产业变革为推进城乡交通一体化提供新动能。人工智能等新一轮科技革命和产业变革正在兴起,智能交通、绿色交通、共享交通等新技术、新模式快速发展,推动交通运输基本公共服务新业态不断发展、供给方式不断创新、服务模式更加丰富。一方面,要主动适应新技术带来的人民群众对交通运输基本公共服务提供方式和服务内容的新的需求变化，如要求服务产品信息化、及时化、精准化、普及化；另一方面，要充分利用移动互联网、大数据、云计算、物联网等现代信息技术，借力"互联网＋"推动交通运输基本公共服务变革与创新，创新服务提供方式和服务模式，积极探索技术创新、管理创新，提升服务效率和均等化，使人民群众的获得感更强。

（4）推进社会治理体系和治理能力现代化，为推进交通运输基本公共服务均等化提供先进思路。我国持续推进社会治理体系和治理能力现代化，要求不断深化交通运输重点领域改革，建立起各级政府明晰的权责关系，优化资源配置方式、创新服务提供模式，在合理扩大交通运输基本公共服务供给总量的同时，进一步优化基本公共服务供给体系的质量和效率，实现更有质量、更具效率的基本公共服务供给。

第三节 政府治理现代化理论

根据全球治理委员会研究报告的权威定义："治理是各种公共的或私人的机构管理其共同事务的诸多方式的总和。它是使相互冲突的或不同的利益得以调和并且采取联合行动的持续的过程。"国家治理是以国家为范围、以公共秩序为准则、以增进公共利益为目的、以国家政权的各种利益相关者为主体对社会公共事务进行合作管理的活动或过程。国家治理包括政府治理、市场治理和社会治理。政府治理是指政府建立的具有强制性的有关管理经济、政治、文化、社会等的制度，包括法律法规、体制机制等。这些法律法规、体制机制构成的制度体系就是政府治理体系。政府治理是国家治理的一个重要组成部分，在国家治理中占有主导地位。政府治理是指在市场经济条件下政府对社会公共事务的管理，通过行使公共权力解决公共问题，实现社会公共意志和公共利益最大化。政府作为治理的主体之一，通过与其他主体合作互动，共同解决公共问题。政府治理不同于市场治理和社会治理,市场治理主要依靠竞争机制,社会治理主要依靠社会组织确立的规则、制度等。国家治理体系是在党领导下管理国家的制度体系,包括经济、政治、文化、社会、生态文明和党的建设等各领域体制机制、法律法规安排,是一整套紧密相连、相互协调的国家制度。

一 交通运输政府治理体系

交通运输是国民经济的基础产业,也是现代服务业的重要组成部分。从行业属性来看,交通运输具有基础性、战略性、先导性与服务性的属性,其中,服务性是贯穿四者的核心。因此,从内涵来讲,我国交通运输政府治理体系是指在中国共产党领导下,以人民根本利益为出发点,在交通运输领域建立的交通运输管理体制机制、法律法规等具有强制性的一系列制度体系。具体内容主要包括设置交通运输管理机构和配置职能、制定交通运输的法律规范、交通运输发展战略和规划、制定交通运输产业政策、制定区域交通运输发展政策、对交通运输建设与运行的市场主体及其行为的监督管理、协调交通运输领域中的利益关系以及对交通运输环境保护事务的管理等活动,以促进交通运输的发展与国民经济的发展相适应。从体系构架来看,交通运输政府治理体系包括治理理念、职能体系、法规体系、治理机制四部分。

二 交通运输政府治理的现状及问题

1. 综合交通运输管理体制机制基本形成

(1) 国家层面"一部三局"大部门体制基本建立,已形成由交通运输部负责管理国家铁路局、中国民用航空局、国家邮政局的大部门管理架构格局。

(2) 地方综合交通运输管理体制改革正在积极推进。目前,天津、河北、上海、江苏、重庆等省市基本建立起综合交通运输大部门管理体制,一半以上省份已经或正在建立综合交通运输协调机制,为有效推进地方综合交通运输体系建设奠定了良好的制度基础。按照国家和交通运输行业事业单位改革要求,广东、江苏、宁夏、安徽等地积极推进承担行政职能的事业单位改革工作,目前已基本改革到位。

(3) 交通运输各子领域体制机制改革稳步推进。铁路、水运、民航、邮政领域的改革积极稳妥推进，成效突出。

2. 法治政府部门建设持续深化

交通运输部门按照深入推进依法行政、加快建设法治政府的要求，整体谋划，全力推进，不断加强法制建设、规范决策程序、强化行业管理，法治政府部门建设取得明显成效。

（1）法治政府部门建设顶层设计完成，出台了《关于全面深化交通运输法治政府部门建设的意见》《关于贯彻实施〈法治政府建设实施纲要（2015—2020年）〉的通知》等政策文件，全面推进交通运输法治政府部门建设。

（2）行业法治意识不断增强，加强交通运输部门工作人员学法用法，探索将依法行政纳入干部考核机制，在普法宣传教育机制、普法形式、普法责任制等方面取得创新性突破。

（3）综合交通运输法规体系初步形成。发布了《交通运输部关于完善综合交通运输法规体系的实施意见》，初步完成综合交通运输立法顶层设计；综合交通运输法规体系不断完善，交通运输领域基本实现有法可依。

（4）综合行政执法改革稳步推进，体制机制不断完善。

3. 行业"放管服"改革成效突出

（1）简政放权力度不断加大。行政审批事项大幅精简，持续深入推进"放管服"改革，先后分10批取消和下放了40项行改审批事项，占总审批事项的61.5%，取消全部非行政许可审批事项，取消10项中央指定地方实施管批事项。铁路部门将原铁道部25项行政审批减少至6项，审批产品目录从148项减少至40项；民航部门自2013年以来取消和下放管理层级的行政审批项目达13项；邮政部门8次调整邮政行政审批事项；地方交通运输部门行政审批事项精简比例普遍超过50%，取消中介服务事项7项，减少职业资格事项15项，将16项工商登记前置审批全部改为后置审批。

（2）事中事后监管逐步加强。监管制度标准不断完善，印发了《交通运输部关于深化交通运输行政审批制度改革加强事中事后监管的意见》，制修订了《快递服务》国家标准等；"双随机"监管机制逐步建立，出台了《交通运输部办公厅推广随机抽查规范事中事后监管的实施方案》《交通运输部关于推行"双随机、一公开"监管工作的实施意见》等政策性文件，公布随机抽查事项清单，制订抽查计划，组织开展"双随机"抽查工作；监管内容不断实化，加强资质动态监管和市场主体行为监管，定期核查许可事项；监管方式不断创新，建立了分级分类监管模式，探索建立"网格化、标准化、痕迹化"监管机制，积极推进交通运输信用体系建设。紧抓安全生产监管不放松，加强安全生产风险防控；深入清理规范交通运输领域行政处罚、行政检查和涉企收费。

（3）交通运输服务日益优化。积极推行权力清单和责任清单制度，制定《交通运输部权力和责任清单》，公布权责清单55项；海事系统梳理形成八大项109小项权责清单；优化"互联网+"政务服务，实现跨省大件运输许可网上办理、并联审批，积极推进全国投资审批在线监管平台建设及应用工作；提高服务规范化、标准化水平，交通运输部规范了审批流程，各级交通运输部门制定并公布行政许可流程图、服务指南，对技术性和专业性强的审批事项制定审查标准规范。

4. 行业社会共治格局不断完善

（1）行业信用体系建设初见实效，主要表现在交通运输行业信用体系建设顶层设计进一步加强、全国交通运输信用信息共享平台建设任务基本完成、"信用交通"网站运营初见成效、交通运输行业联合奖惩工作取得新成效、组织各地制定"信用交通省"创建实施方案等方面。

（2）部管社团改革持续深入，实现部与部管行业协会在机构、职能、资产财务、人员、党建五个方面的脱钩。

（3）积极发挥人大代表、政协委员作用，接受监督。

（4）交通治理国际影响力不断扩大，主要表现为：中国标准、中国方案数量日益增多，交通领域189项中国标准成为世界标准，实现了从跟随到引领的跨越；组织参加IMO等多边框架下的会议谈判20余次，提出提案73份；依托"一带一路"倡议，提升国际影响力；全面参与交通运输领域具有全球影响力的30个国际组织，连续14次当选国际海事组织（IMO）A 类理事国，第五次连任国际民航组织（ICAO）一类理事国。

5. 交通运输政府治理存在的问题

（1）治理理念有待进一步提升，从践行以人民为中心的发展思想审视，交通运输治理理念还存在"短板"，把人民满意作为评价的根本标准贯穿于交通运输体系建设、管理、运营、服务全过程还不够。

（2）管理机构设置和职能配置还不够科学，交通运输大部制管理体制尚需健全，铁路和民航等重点领域体制改革还需进一步深化。

（3）法律法规体系建设还不能满足需要，综合交通运输法规尚属空白，相关领域法律法规迫切需要修改完善。

（4）治理的运行机制尚需完善，政府职能转变还需要持续深化，简政放权需持续深入推进，有些地方对下放审批事项承接能力不足。

6. 交通政府治理的发展趋势

（1）随着经济发展进入新时代，国家治理体系和治理能力现代化成为全面深化改革总目标，并纳入"两个一百年"奋斗目标，要求加快实现交通运输政府治理体系和治理能力现代化。

（2）交通强国建设迫切要求加快构建系统完备、科学规范、运行有效的制度体系，进一步转变政府职能，全面推进以良法善治为核心、共治共享的现代交通运输治理体系建设。

（3）新一轮科技革命和产业变革要求交通运输政府治理理念、模式和手段发生根本性变革，全面提升交通运输政府治理的智能化水平。

（4）参与全球治理体系的建设要求交通运输进一步扩大开放合作，全面提升治理的全球化水平，贡献更多中国智慧、中国方案，提升我国交通运输的国际影响力和话语权。

第四节 其他相关理论

一 交通权理论

交通权作为人们的基本权利，在 20 世纪 80 年代的法国已经通过立法明确提出，日本和韩国在其交通法的制定中学习借鉴法国经验并提出了移动权。交通权或移动权提出的目的是保障居民享有出行的基本权利，这与我国目前正在推进的基本公共服务在交通领域要实现均等化的目标是一致的。城乡一体化，基本公共服务均等化关系国计民生，旨在确保基本公共服务这一公共产品能够惠及全民，改革发展的成果可以人人共享。这里的交通基本公共服务与法国20世纪所提出的"交通权"的基本理念是相一致的。

二　利益和利益机制理论

马克思认为，人们奋斗所争取的一切，都同他们的利益有关。也就是说，人类所有经济活动的直接和最终目的都是指向经济利益的。由于具有较强的指向性和激发性，人类经济活动是所有其他一切社会活动的中心。经济利益的作用无处不在，贯穿于任何人类社会活动中，尤其是经济活动。经济利益的作用机制成为利益机制。利益机制一般包括经济利益的主体、客体和中介三部分，由其相互作用而形成。法律制度所安排利益机制的系统性与科学性或者好坏与否，会直接影响权利主体的利益保护状况。同样的道理，城乡一体化农民交通权益的实现直接受相关经济法律制度所形成机制的制约。在某种程度而言，经济法具有宏观调控的功能，能最大限度地调节相关主体的利益，通过利益和利益机制的平衡，形成良好的社会秩序。因此，必须通过确立合理的法律制度从源头上保证利益机制的完善健全，才能有效地约束和规范相关利益主体的具体行为，引导其实施正确的行为。

三　宏观调控理论

作为一种严格意义上的经济管理行为，政府的宏观调控行为体现的是这种行为的最高形式，同时也是现代国家对经济进行干预的基本形式。"宏观"开始的定义，指的是一个国家或地区的经济生活总量问题。"调控"顾名思义，即调节和控制。宏观调控是以协调与失衡、平衡与不平衡、匹配与排斥、总量与秩序、反差关系为基础的调控，最终实现经济增长、结构优化、充分就业、经济稳定与总量平衡的根本目的。经济法律中明确规定，基于社会整体利益的考虑，国家以及获得授权的宏观经济管理部门被赋予相关法律的制定及执行权力，以保障社会总供给和总需求的平衡与总体结构的优化。这种宏观调控具有宏观性、整体性和全局性，涉及社会经济发展中的社会经济关系、财政税收关系、货币信贷关系、投资经济关系等方面。虽然市场机制在市场经济的资源配置过程中一直发挥着基础性的作用，但在应对市场失灵和经济总量的非均衡这一问题方面，政府的宏观经济政策调控是不可替代的。

政府实施宏观调控的方法主要包括引导、规制和监督三种类型。通过制定价格、利率、税率等经济利益的诱导对农业产业组织的经济活动进行调节，同时结合计划指导方式，对经济行为产生直接的作用。在这里尤其要强调的是，在宏观调控过程中，必须对政府主体行为实施有效的监督，既要加强财税监督、税收监督、银行监督等监督政策的效力发挥，也应该加强监管和经济行为。特别是对城乡一体化交通运输行业的监管机构，对是否有偏差的行为必须调查及思考，并执行必要的、及时的修正措施，防止背离目标。

产业组织与产业政策法是宏观调控法律体系的主干，在国民经济宏观调控中占有十分重要的地位。因为是社会分工精细化所产生的衍生品，交通运输行业组织需要加强相关法律法规建设，为城市和农村交通运输业和组织结构优化调整的主体之间的公平竞争创造有利的外部环境。此外，还可以与财政、税法、物价法、外汇法、金融法等不同职能的综合性法律配合，因为城乡运输产业组织的发展具有阶段性和针对性的特点。为了增强法律的适应性，根据法律规范的特点，应及时调整，在城市和农村交通运输业和行业组织要不断改进和完善政策体系的监督和评价发展过程的同时，正确引导交通组织的主要机构，朝着城市和农村发展的产业方向迈进。

四 效率与公平理论

效率是指在一定的投入和技术条件下，经济资源完全发挥效力而没有被浪费的程度，或者对经济资源做了能带来最大限度满足的利用。公平是指与经济活动相关联的规则、权利、机会和结果等方面的平等和合理。它在调节社会关系和财富分配关系时发挥着重要的规范作用，包含公民参与经济、政治和社会其他生活的权利公平、机会公平、规则公平、过程公平和结果分配公平。党的十七大报告指出关于效率与公平关系的新提法和原则"要将效率和公平结合起来……初次分配和再分配都要处理好效率和公平的关系，再分配更加注重公平"，为统筹城乡发展进一步指明了方向。

制定城市交通政策和举措的重要原则是交通公平性。交通公平性有两种截然不同的分类。学者徐康明（2020）提出，横向公平性是指城市交通资源分配不考虑公民的任何个性化区别，每个公民的待遇都是一致的。横向公平性通常不考虑公民的年龄、性别、收入、身体状况等个性化区别，每个公民能够获取均等的资源分配。纵向公平性是指城市交通资源分配考虑公民的个性化区别，政策和举措制定根据设定的标准，差异化地分配资源。纵向公平性通常考虑公民的年龄、性别、收入、身体状况等个性化区别，每个公民能够获取不均等的资源分配。举例来讲，一些交通政策将交通资源和财政资金用以补贴低收入、老年人、儿童和学生等人群的公共交通出行费用，这就是以年龄和收入作为标准对这些人群实施以纵向公平性为原则的差异化资源分配；公共交通系统为残疾人提供的专项服务就是考虑公民身体状况的差异化服务，也是采用纵向分配原则。对个人机动小汽车尾号限行就是采用横向公平性原则的交通管理举措。有些学者通常也把以纵向公平性为原则的政策称为"积极政策"，相反，把横向公平性为原则的政策称为"消极政策"。绝大多数的交通政策通常都是以纵向公平性为原则的。此外，以横向公平性为原则的一些政策也不一定就是"消极政策"，特别是一些交通管理方面的政策。

五 协同理论

统筹城乡发展是以协同理论为基础提出来的。"协同"的含义是"配合适当、步调一致"。所谓的协同发展，即促进所指对象系统达到均衡和协调，在发挥单个要素优势和潜能的同时，促使每个发展要素均能够满足其他发展要素的要求，激发整体功能的积极发挥，实现经济社会的持续、均衡和健康发展。协同论强调"1+1>2"的整体效应，具体来讲就是指各子系统通过一定的协同行为，在复杂的大系统内部产生的作用和效果超越了各要素自身单独产生的作用和效果，从而形成系统整体的统一作用和联合作用。

六 社会治理理论

城乡交通一体化属于社会治理的范畴。社会治理的一般性定义，是旨在建立一种国家与社会、政府与非政府组织、公共机构与私人机构等多元主体协调互动的治理状态，是在科学规范的规章制度的指引下，强调各行为主体主动参与的社会发展过程。在我国，社会治理是指在执政党领导下，由政府主导，吸纳社会组织等多方面治理主体参与，对社会公共事务进行的治理活动，是以实现和维护群众利益为核心，发挥多元治理主体的作用，针对国家治理中的社会问题，完善社会福利、保障改善民生、化解社会矛盾、促进社会公平、推动社会有序和谐发展的过程。党的十九大报告中指出，要加强社会治理制度建设，完善党委领导、政府负责、社会协同、公众参与、法治保障的社会治理体制，提高社会治理社会化、法治化、智能化、专业化水平。这为当前和今后一个时期推进社会治理现代化提供了科学的行动指南。

国家治理通常是指统治者的"治国理政"，其基本含义是统治者治理国家和处理政务。我国国家治理的主体是人民，执政党代表全体人民实施治理国家的活动。根据改革开放和21世纪以来中国共产党的"国家治理"理论运用和政治实践可知，我国国家治理的含义是指在中国特色社会主义道路的既定方向上，在中国特色社会主义理论的话语语境和话语系统中，在中国特色社会主义制度的完善和发展的改革意义上，中国共产党领导人民科学、民主、依法和有效地治国理政。在掌握规律的基础上，确定国家发展的方向和道路，制定国家发展和治理的战略方针，决定治理国家的政策和法律，构成国家治理的主体内容。

政府治理是指政府行政系统作为治理主体，依托各级政府行政机构展开的对社会公共事务的治理活动。政府治理的主体是指狭义的政府，即行政权力体系意义上的政府。就其治理对象和基本内容而言，包含着政府对自身、对市场及对社会实施的公共管理活动。在中国共产党治国理政的话语和理论意义上，"政府治理"是指在中国共产党领导下，国家行政体制和治权体系遵循人民民主专政的国体规定性，基于党和人民根本利益一致性，维护社会秩序和安全，供给多种制度规则和基本公共服务，实现和发展公共利益。按照这一基本含义，我国政府治理通常包含三个方面的内容：一是政府通过对自身的内部管理，优化政府组织结构，改进政府运行方式和流程，强化政府的治理能力，从而使政府全面正确履行职能，提高政府行政管理的科学性、民主性和有效性。根据党的十八届三中全会的《中共中央关于全面深化改革若干重大问题的决定》（以下简称《决定》），在新的历史时期，政府自身的治理优化，就是要建设法治政府与服务型政府。二是政府作为市场经济中"有形之手"，通过转变政府职能、健全宏观调控对市场经济健康运行，更好地发挥政府的作用，进行经济和市场治理活动。由此可见，政府对经济活动和市场活动的治理，是政府治理的重要内容。三是政府作为社会管理主体，在党委领导、政府负责、社会协同、公众参与和法治保障的基本格局下，对社会公共事务进行的管理活动。

实现交通强国战略目标，交通运输行业治理现代化是一个重要的切入点与突破口。交通运输社会治理，是交通运输行业治理（包括行业社会治理、行业政府治理和行业市场治理）的重要组成部分。行业社会治理现代化主要包括治理体系的现代化和治理能力的现代化。行业社会治理体系的现代化，需要完善交通运输法规标准体系、监管体系、信用体系等；治理能力的现代化，要借助互联网、大数据、云计算等现代信息技术手段，实现治理的精细化和科技化。加快推进交通运输行业社会治理体系和治理能力现代化，是适应国家治理体系和治理能力现代化进程的需要，也是构建我国"政府、市场、社会等多方共建共治共享"的社会治理格局的重要组成部分；是创新行业社会治理在顶层设计、体系构建、技术支撑、队伍建设、资源整合等领域，紧密围绕中国特色社会主义社会治理体系建设总目标，紧扣交通强国战略对行业社会治理体系建设的总要求，有效支撑一系列强国战略推进实施的重要一环。

第四章

我国城乡交通一体化发展现状评估

第一节 我国城乡交通一体化发展的轨迹

我国城乡交通一体化，随着交通运输基本公共服务均等化进程，形成不断提升的轨迹。交通运输部贯彻中央统筹城乡协调发展战略、落实中央"三农"政策，加快转变城乡道路发展方式，提升行业可持续发展能力，贯彻落实党中央、国务院关于统筹城乡协调发展、加快社会主义新农村建设和推进城乡基本公共服务均等化的有关精神和战略部署，积极推进城乡道路客运一体化发展，将城乡交通一体化作为联系城乡、服务居民出行的重要纽带，作为城乡经济社会一体化发展的重要基础，作为与人民群众生产生活息息相关的重要内容，推进城乡道路资源共享、政策协调、衔接顺畅、布局合理、结构优化、服务优质，逐步推进城乡交通基本公共服务均等化。

2008年年底，全国农村公路里程为321万千米，全国乡镇通沥青（水泥）路率达88.7%，东部、中部地区行政村通沥青（水泥）路率分别达89.7%、79%，西部地区行政村通公路率达78.1%。农村公路的规模不断扩大，通达深度逐步提高，布局日趋合理，技术状况逐年改善，总体服务水平明显提高。

2011年，交通运输部制定了《关于积极推进城乡道路客运一体化发展的意见》，推进城乡客运一体化发展进程，把农村客运网络化作为推进交通运输城乡一体化的重要措施。2016年又印发了《关于稳步推进城乡交通运输一体化，提升公共服务水平的指导意见》，不断加强城乡交通运输一体化的顶层设计。各地交通运输主管部门和交通运输企业以运营机制创新为基础，因地制宜、积极探索多样化、差异化的城乡客运经营模式，城乡交通站点效率有效提高，城乡客运服务网络覆盖面进一步扩大，城乡客运便利化水平显著提升。2014年年底，交通运输部启动了城乡道路客运一体化发展水平评价工作。从评价结果来看，2016年3A级以上市县占比到达91.6%，城乡客运一体化发展成效显著。2017年年底，全国共有农村客运线路9.3万条，比十年前增长了27.4%，平均日发班次达到96.49万班次。全国共有3.44万个乡镇开通了客运线路，乡镇通车率达到99%；55.65万个建制村开通了客运线路，建制村通车率达到95.85%。全国22个省、市、自治区的建制村通客车率超过了90%，其中北京、河北、辽宁、吉林、黑龙江的农村客运实现了建制村全覆盖，上海实现全域公交覆盖；内蒙古自治区、江苏、安徽、福建、山东、河南、湖北、宁夏回族自治区的建制村通客车率超过98%；山西、浙江、湖南、新疆维吾尔自治区4省区建制村通客车率达到95%以上；天津、江西、广东、陕西建制村通客车率到达90%以上。2018年年底，我国农村公路总里程已经达到405万千米，有99.64%的乡镇都通了硬化路，有99.47%的建制村通了硬化路。2009—2018年，我国公路总里程呈稳步上升态势。2018年年末，我国公路总里程为484.65万千米，比2017年增加7.31万千米，同比增长1.53%。2018年年末，全国四级及以上等级公路里程446.59万千米，占公路总里程的92.1%；二级及以上等级公路里程64.78万千米，占公路总里程的13.4%；高速公路里程14.26万千米，占公路总里程的2.9%。2009—2018年全国农村公路里程构成情况如图4-1所示。

2019年年末，全国公路总里程501.25万千米，比上年增加16.60万千米；公路密度52.21千米/百平方千米，增加1.73千米/百平方千米；公路养护里程 495.31 万千米，占公路总里程的 98.8%。

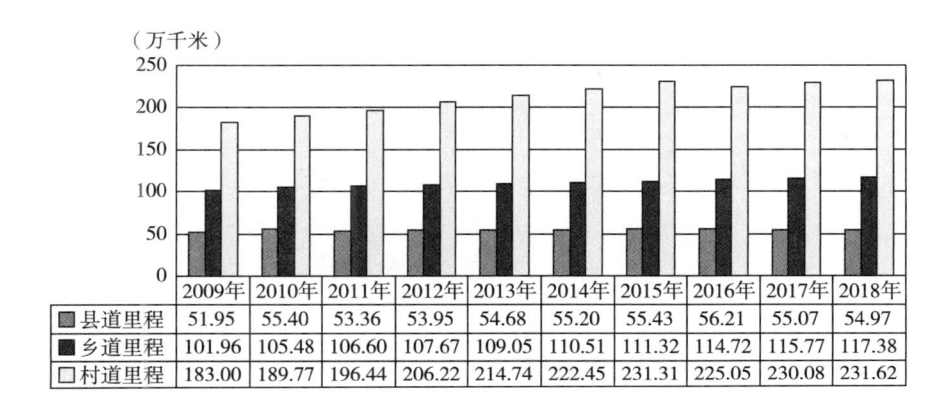

（万千米）	2009年	2010年	2011年	2012年	2013年	2014年	2015年	2016年	2017年	2018年
■ 县道里程	51.95	55.40	53.36	53.95	54.68	55.20	55.43	56.21	55.07	54.97
■ 乡道里程	101.96	105.48	106.60	107.67	109.05	110.51	111.32	114.72	115.77	117.38
□ 村道里程	183.00	189.77	196.44	206.22	214.74	222.45	231.31	225.05	230.08	231.62

图 4-1　2009—2018 年全国农村公路里程构成情况

资料来源：交通运输部。

全国四级及以上等级公路里程 469.87 万千米，比上年增加 23.29 万千米，占公路总里程的 93.7%，提高 1.6 个百分点；二级及以上等级公路里程 67.20 万千米，增加 2.42 万千米，占公路总里程的 13.4%，占比与上年基本持平。

高速公路里程 14.96 万千米，增加 0.70 万千米；高速公路车道里程 66.94 万千米，增加 3.61 万千米；国家高速公路里程 10.86 万千米，增加 0.31 万千米。

国道里程 36.61 万千米，省道里程 37.48 万千米；农村公路里程 420.05 万千米，其中县道里程 58.03 万千米，乡道里程 119.82 万千米，村道里程 242.20 万千米。

全国公路桥梁 87.83 万座、6063.46 万米，比上年增加 2.68 万座、494.86 万米，其中特大桥梁 5716 座、1033.23 万米，大桥 108344 座、2923.75 万米。全国公路隧道 19067 处、1896.66 万米，比上年增加 1329 处、173.05 万米，其中特长隧道 1175 处、521.75 万米，长隧道 4784 处、826.31 万米。

2019 年全国农村公路里程构成情况如图 4-2 所示。

2015—2019年全国公路、高速公路及农村公路里程

单位：万千米

年份	公路里程	高速公路里程	农村公路里程
2015年	457.73	12.35	398.06
2016年	469.52	13.00	395.98
2017年	477.35	13.64	400.93
2018年	484.65	14.26	403.97
2019年	501.25	14.96	420.05

2019年全国公路里程分技术等级构成

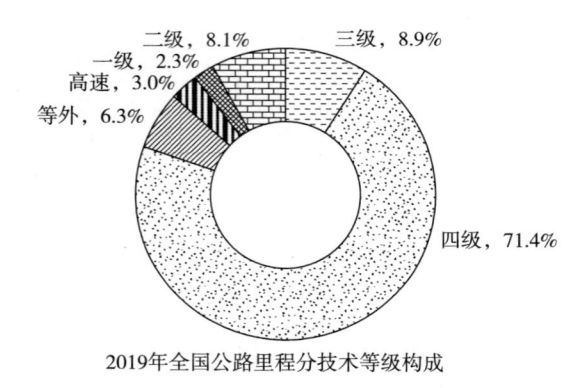

二级，8.1%
一级，2.3%
高速，3.0%
等外，6.3%
三级，8.9%
四级，71.4%

图4-2 2019年全国农村公路里程构成情况

到2020年，我国城市建成区平均路网密度提高到8千米/平方千米，道路面积率达到15%。道路面积率达标率是指在城市一定地区内，城市道路用地总面积所占该地区总面积的比例。它是反映城市建成区城市道路拥有量的重要经济指标。以华中地区湖北省省会城市武汉为例，2019年建成区道路总里程2147千米，城市建成区面积372平方千里，中心城区建城区道路网密度为5.77千米/平方千米。

汽车客运站与城市公交换乘衔接作为城乡交通衔接体系中的重要组成部分，其服务质量将直接影响城市交通管理水平。随着经济社会发展、人民生活水平提高，旅客出行需求向更安全、更快速、更便捷、更舒适的方向发展。国内各县级市交通运输主管部门为适应地区经济发展要求，加大汽车客运站投入和建设力度，为改善民生、促进地方经济发展起到了积极作用。随着居民出行需求层次的不断提高和

运输服务意识的加强，新建的客运站基本上考虑并实现了与城市公交的衔接，客运站都配有公交汽车站；同时对原有交通组织混乱、衔接不畅的客运站进行改造，推动客路运输与城市交通的一体化协调发展。

加强交通运输干线与城市道路有效衔接，是实现城市内外交通顺畅衔接的迫切需要，是提升区域路网整体运行效率的有效途径，也是优化运输结构、实现绿色发展的客观要求，对方便广大人民群众出行具有重要意义。近年来，随着我国城镇化快速发展，高速公路、普通国省干线公路临近城市及乡镇路段，在承担对外交通的同时，越来越多地承担起城市乡镇交通功能，各种交通流相互交织。交通运输干线与城乡地区的衔接即交通与区域交通的衔接，能促进实现城乡交通一体化、乡村振兴战略、交通扶贫、新农村建设、特色小镇建设，将城市与农村的交通运输有机地结合在一起，建立完整的城乡交通一体化体系。

城乡交通一体化对我国公路维护提出了新课题。2019年8月29日，交通运输部对外发布了2018年全国收费公路统计公报。公报显示，2018年年末，全国收费公路里程达16.81万千米，占公路总里程484.65万千米的3.5%。其中，高速公路13.79万千米，一级公路1.96万千米，二级公路0.97万千米，独立桥梁及隧道951千米，占比分别为82.0%、11.7%、5.8%和0.6%。在支出总额中，偿还债务本金5066.7亿元，偿还债务利息2647.9亿元，养护支出589.3亿元，公路及附属设施改扩建工程支出191.4亿元，运营管理支出707.2亿元，税费支出377.3亿元，其他支出41.9亿元，占比分别为52.7%、27.5%、6.1%、2.0%、7.3%、3.9%和0.4%。公路养护里程467.46万千米，占公路总里程的97.9%。同年年末国道35.84万千米，省道33.38万千米；农村公路里程400.93万千米，其中县道55.07万千米，乡道115.77万千米，村道230.08万千米。近年来，农村公路有了很大改善，然而，农村公路的"养护"令人担忧。一些农村公路修建时厚度、宽度不达标，材料配备比例不合格，个别地方甚至出现了去年修的路，今年路面就出现裂缝、"起渣"等现象。

"三分修，七分养"，农村公路的养护和修建同样重要。截至2015年年底，全国农村公路列养率达到97.3%，优良中等路率达到80.6%，基本实现了"有路必养"。2019年2月国务院办公厅印发了《关于深化农村公路管理养护体制改革的意见》（以下简称《意见》），明确到2022年，基本建立权责清晰、齐抓共管的农村公路管理养护体制机制。农村公路列养率达到100%，年均养护工程比例不低于5%，中等及以上农村公路占比不低于75%。

乡镇和建制村通客车是城乡交通一体化的内容之一。交通运输部要求，具备条件的乡镇和建制村通客车，并将此要求列入脱贫攻坚的兜底性任务中，成为交通运输行业向全社会做出的庄严承诺。目前，剩余具备条件的乡镇和建制村通客车难度很大，农村客运长效发展机制尚不完善，乡镇和建制村通客车成果有待巩固，新冠肺炎疫情又带来新的挑战。除西藏外，剩余13个具备条件的乡镇、1077个具备条件的建制村未通客车，其分布在山西、江西、山东、广西、重庆、四川、云南7个省份；西藏还剩余16个具备条件的乡镇、69个具备条件的建制村未通客车。8个省份交通运输主管部门要将通客车任务作为今年工作的重中之重，详细排查，对剩余通客车任务实行精细化管理，实施"一村（乡）一策"，因地制宜地采取公交、班线、区域经营、预约响应等多种形式，全力推进乡镇和建制村通客车工作。

城乡交通运输一体化不仅仅是基础设施一体化，同时也是交通运输服务跨业融合发展。交通运输部、国家邮政局、中国邮政集团公司联合印发了《关于深化交通运输与邮政快递融合 推进农村物流高质量发展的意见》（2019年），将城乡物流发展一体化作为贯彻落实党中央、国务院关于打赢脱贫攻坚战的工作部署，健全完善贫困地区农村物流服务体系，推动交通运输与邮政快递在农村地区加强合作，提高农村物流服务覆盖率，支撑农村经济发展。城乡物流一体化化、城乡交通与邮政发展一体化符合大交通、大发展、大融合的时代要求，具有提供公共服务的使命，致力于保障和改善基本公共服务供给，满足社会广大用户的基本公共服务需求，具有重要的战略意义，有利于实现交通运输与邮政业基本公共服务均等化，有利于实现低碳、集约化发展，有利于提高服务效率，降低社会共同成本，符合交通强国战略理念和发展方向。

表 4-1   1981—2020 年全国交通工作会议关于城乡交通一体化的精神

1981 年	1. 积极进行体制改革工作。 2. 狠抓地方交通工作。 3. 积极稳妥地改革交通运输管理体制：改革长江航运（简称长航）管理体制。长江航运跨六省一市，长航与省市、干线与支线、政与企矛盾很多，关系复杂，航政管理混乱，改革势在必行。长航是一条完整的水运干线，不宜实行"切鳝鱼"的办法，切段分散管理。长航体制首先是政企分开问题。"政"实行全线统一管理；"企"实行全线统一经营，干支线搞好协作、联合，港口对长航和地方船舶一视同仁。对这个问题要继续调查研究，提出可行的改革方案，进行改革
1982 年	1. 调动各方面发展交通运输的积极性，既要发挥交通部门现有企业潜力，又要重视各种社会力量对发展交通运输事业的积极作用。 2. 中央与地方相结合，改革港口管理体制。贯彻大、中、小并举，中央与地方相结合的原则。 3. 依靠地方政府和群众力量，积极修建县、社公路，改善农村交通条件。 4. 当前公路建设方针应该是全面规划，加强养护，积极改善，重点发展，科学管理，保证畅通。要积极建设 10 万千米的干线公路网
1983 年	1. 外贸运输、能源运输、农村运输、旅客运输都还不能适应客观需要。交通作为城乡、工业之间联系的纽带，必须从实际出发，研究出改革的路子来，以利于全局的发展。交通运输结构是多层次、多形式、多渠道的，既有部直属的，又有地方的；既有国营的现代运输，又有集体的个体的运输。 2. 交通部门的管理方式，存在着偏重管直属，当直属船队长、直属公司经理的思想；在管理上是政企不分、重企轻政。 3. 放宽搞活，调动各方面的积极性。从我国交通运输结构是多层次、多形式、多渠道这一实际情况出发，放宽政策，调动各方面的积极性，把交通运输搞通、搞活、搞上去。 4. 要促进运输企业之间的联运和联合经营。在省、地、县、社普遍建立联运公司的经验，逐步形成联运服务网，广泛开展公公、水水、水公铁以至与民航的联运业务，做到就地托运、送货上门、一票到底，方便货主，节省运输费用

续表

1984年	1. 进一步加强公路建设，适应城乡商品经济发展的要求。 2. 全国广大农村的个体运输和专业运输户有了很大的发展。缓和了客、货运输紧张状况，加速了城乡物资交流，促进了农村商品经济发展，使我国交通运输开始向着以全民所有制运输企业为主导、集体所有制运输企业为辅助、个体运输业为补充的多层次的、适应性比较强的运输结构发展。 3. 公铁分流有新的发展，初步形成了华东和华北两大分流运输网。 4. 继续进行交通运输管理体制的改革，保护农村个体和联户运输业的发展。对个体和联户运输业，要在业务技术上、经营管理上、驾驶员技术培训上，以及车、船维修上，给予具体帮助
1985年	1. 在交通运输的基础设施建设上，继续实行"谁建、谁用、谁受益"的政策和"民办公助、民工建勤"的方针。 2. 运输生产转向放宽搞活，实行多家经营，鼓励竞争。 3. 交通运输基础设施主要靠交通部门一家建设，转向调动各方面的积极性，一起干，一起上。 4. 运输企业正在逐步由单一生产型向生产经营型转变。 5. 工农业的发展，有力地推动和促进了交通运输事业的发展
1986年	1. 积极发展交通运输的横向联系。发展多种形式的客货联营和联运，打破地区界限，开展直达运输和合理运输。发展汽车零担货运和夜宿农村班车，方便农民进城。 2. 在国家统一政策下，进一步改革劳动工资制度，逐步扩大不同形式的工资含量包干和工资总额与经济效益挂钩的试点范围，进一步推行合同工制度和农民轮换工制度，在固定职工中实行劳动组合制和聘任制。 3. 坚持实行中央和地方并举的方针，调动各方面积极性，多渠道集资建港。 4. 积极利用外资，引进先进技术。支持帮助地方政府，发挥开放城市和经济特区的优势，多利用外资建港。 5. 贯彻"民办公助、民工建勤"的方针。公路建设主要依靠地方、依靠群众兴办。 6. 搞好规划布局。公路建设规划，要坚持以提高、改造为主的方针，以经济发达地区为中心向外辐射，注意与其他各种运输方式相配合，形成综合运输网络
1987年	1. 全国交通运输行业"多家经营、鼓励竞争"和"各地区、各部门、各企业一起干；国营、集体、个人一起干"的局面已经初步形成。 2. 运输生产全面完成了国家计划。全社会水路客、货运输量完成3.3亿人、180.3亿人·千米、7.4亿吨、8473.2亿吨·千米，城乡个体（联户）完成8000万人、9.9亿人·千米、2.2亿吨、118亿吨·千米，分别比上年也有较大增长。 3. 深化体制改革，除个别专业性很强外，全部下放给地方，实行"双重领导、以市为主"的管理体制。 4. 加强精神文明建设。学习中央的有关文件，学习中央领导同志的重要讲话，提高认识，统一思想，端正方向，明辨是非。要对党员、职工和青年学生进行以宪法为核心的法制教育，增强法制观念和公民意识，使广大职工在坚持改革、开放、搞活的同时，更好地坚持四项基本原则，自觉地维护安定团结的政治局面。要针对

续表

1987年	交通职工具有流动分散、点多线长、分布面广的特点和港口职工处于开放前沿、远洋船员常年航行在国外的特殊环境，采取有效的教育方式，切实搞好反对资产阶级自由化的下面教育工作。各级领导干部要克服官僚主义，改进工作，密切联系群众，倾听群众意见，关心群众生活，及时解决各种实际问题。 5. 加强职业道德建设。要加强政工队伍的建设，保持政工队伍的相对稳定。政工队伍本身要有良好的作风，以身作则，密切联系群众，振作精神，增加信心，积极主动地开展工作。 6. 采取有力措施，进一步加强监督管理。4月上旬在天津召开的全国道路内河交通交通现场会提出了相应的措施和要求。一是要求各级地方政府，特别是县、乡人民政府，加强对乡镇客渡船安全工作的领导。凡有一定数量乡镇船舶的区、乡，要有一位领导分管和负责安全工作。二是建立健全港航监督管理机构，在水网地带和船舶密度较大的县，健全港航监督管理机构。在乡镇船舶较多的区、乡，设置乡镇船舶监督管理员；严禁无证无照无保险的船舶经营客货运输；严禁违章超载。三是明确和严格各级责任制。今后发生事故除对肇事者以责论处外，对重大恶性事故还应根据情节，追究直接领导者和有关领导的责任。四是采取各种措施，严格执行各项安全法规制度，开展水上安全知识宣传教育，切实把安全管理工作抓紧抓好。五是会同地方政府和有关部门，在船舶建造质量上把关，并有计划地逐步淘汰老、旧、破客渡船，确保其技术状况良好。强化组织力量组织力量，帮助各地尽快落实，抓出成效，尽快把事故数量大幅度降下来
1988年	1. 交通扶贫工作取得了新成绩，深入多个贫困地区进行公路运输的修建。 2. 一是改变交通运输单一的公有制形式，发展个体运输；二是打破"三统"模式，消除部门分割和地区分割，发展多种经营，鼓励竞争；三是在交通基础设施建设上，改变主要依靠国家投资的格局，调动各方面积极因素"一起干，一起上"，共同兴建。 3. 交通运输的技术构成有了一定程度的提高，全封闭的高速公路从无到有，开始进入试验阶段。 4. 现代交通运输是一个相互联系的有机整体。只有加强各种运输方式的相互配合、相互补充、扬长避短、协调发展，形成综合运输体系，才能提高运输经济的综合效益，适应和满足社会经济发展的需要
1989年	1. 实行"广开渠道、民间办站、因地制宜、社会共用"的原则，并界定全市公路客运统一政令，由交通部门管理，公安局配合，交通公安联合颁发通告。 2. 建设公路主干线系统。水运干支直达、江海相通、水陆联运的航运体系。港站在中心城市，重点建设客货集散枢纽和服务中心，形成设施配套的转换系统
1990年	1. 加强交通建设前期工作，抓机构建设、人员配备和筹措基金，开展对全国公路主骨架、水运主通道和港站主枢纽规划的研究与论证。制订了全国公路、水运交通"八五"计划要点及"八五"计划初期新开工重点项目前期工作计划。

续表

1990年	2. 必须发挥中央和地方两方面积极性。交通运输行业的社会性强、涉及面广，改革和建设中的许多问题，只靠交通部门是难以解决的，一定要依靠各级政府的支持和协调。 3. 进一步落实县、乡政府抓安全的责任，巩固安全情况开始好转的局面。对地方航运企业和乡镇运输船舶安全工作的整顿，做到领导重视、组织保证。公路运输企业，要加强内部安全工作，对地方渡船、乡镇运输船舶的安全工作，部主要抓省市交通厅局。 4. 交通部门在稳定大局方面也有双重任务：一方面，要稳定交通部门职工队伍；另一方面，要搞好"一支三保"，为国家的经济稳定、政治稳定、人民群众生活的稳定做出贡献
1991年	1. 各级地方政府认真落实中央对交通的倾斜政策，对交通工作进一步加强领导，给予多方面的关怀和支持，采取了一系列行之有效的政策，如多方筹集建设资金，返还一部分返还养路费中、一部分用于还贷、新建工程的资本金及各种工程基金，完善民工建勤、实施办法，健全民办公助相关制度、民办公助办法，并在征地、拆迁方面实行优惠等。 2. "八五"交通事业的发展目标和指导思想确定了我国社会主义四化建设第二步战略目标，到20世纪末，实现国民生产总值再翻一番，人民生活达到小康水平，综合国力大大增强。同时提出了一系列重要的指导方针。 3. 坚定不移地贯彻改革开放的方针，继续推进交通体制改革，进一步健全、完善五级交通行政管理体制，尤其要加强乡镇交管站建设，以强化行业管理的基础工作，坚持以公有制为主体、各种运输力量协调发展的方针。 4. 在完成国家重点项目的同时，要注意处理好重点和一般的关系，对省、市交通发展具有重要意义的、资金落实的、前期工作具备条件的急需项目要做出安排；对农村交通建设、扶贫交通建设和公路、航道养护要同时兼顾。 5. 必须重视和加强为发展农村经济服务的县乡公路建设，在建设中要充分依靠当地政府和人民群众，在增加通车里程的同时，提高县乡公路的技术等级和网络化程度。同时，要在当地政府的统筹规划下，结合农田水利和水电建设，搞好内河航运建设
1992年	1. 在加强重点工程建设的同时，重视扶贫交通建设，促进老少边穷地区的经济发展，进一步落实县、乡政府对乡镇运输船舶的管理责任和中小航运企业安全规章制度的建立。 2. 交通运输是发展农村经济、搞活农村商品流通、推进农业现代化的重要基础，各级交通部门要认真贯彻落实中央决定中对交通运输提出的要求，进一步加强支农物资运输和农村交通基础设施的建设，为开创农业和农村工作新局面做出贡献。 3. 坚持"一支三保"的方针，保证各项支农运输任务的完成。增强交通干线的防洪自保能力。抓好县乡公路的建设，做好交通扶贫工作。 4. 加强乡（镇）交管站（所）建设。各地交管站（所）的建设要统筹规划、合理布局。明确交管站（所）的职能，充分发挥交管站（所）的作用。加强对交管站（所）的领导

续表

年份	内容
1993年	1. 1992年，多位中央领导先后对交通工作做了许多重要指示，鲜明地提出：当前，制约国民经济加速发展的最主要的薄弱环节之一是交通；交通运输必须先行和超前发展；交通等基础设施要摆在优先发展的战略地位；经济越是加速发展，交通越要发展得更快；交通工作要深化改革，扩大开放，依靠地方，服务群众；今后三年，要大搞交通基础设施建设。 2. 继续贯彻民办公助、民工建勤、以工代赈的方针，抓好县乡公路和扶贫公路建设。 3. 形成全国统一的、开放的运输市场，不受地区、部门的约束和限制。 4. 进一步扩大交通运输的对外开放。逐步形成我国公路、水路交通运输多层次、多渠道和全方位的开放格局
1994年	1. 抓好交通运输生产建设，在内河航运发展规划和组织实施方面取得新进展。 2. 培育和发展交通运输市场，在组建运输交易市场和组织合同运输方面要有新突破。 3. 搞好交通企业经营机制的转换，积极探索建立现代企业制度的新路子。 4. 抓住宏观经济体制改革的有利时机，逐步建立交通运输计划、投资管理的新机制。 5. 加强精神文明建设，在主旋律教育和纠正行业不正之风方面取得新成效
1995年	1. 抓住机遇，加快发展，运输生产和基础设施建设取得新的成就。 2. 深化改革，扩大开放，交通各项改革稳步推进。 3. 坚持"两手抓、两手都要硬"的方针，加强交通行业精神文明建设，为做好交通工作和维护社会稳定提供保证
1996年	1. 狠抓"交通基础设施建设工程"，实现交通基础设施建设上新台阶的目标，使交通运输的紧张状况有明显缓解，对国民经济的制约状况有明显改善。 2. 初步建立起统一、开放、竞争、有序的交通运输市场，为国民经济提供安全、优质、及时的运输保障。 3. 进一步转换交通企业经营机制，国有大中型交通企业基本建立起现代企业制度。 4. 全面实施科教兴交战略，抓好"交通人才工程"，使交通事业的发展转移到依靠科技进步和提高劳动者素质的轨道上来。 5. 加快交通法制建设步伐，理顺交通行业管理体制。 6. 加强思想政治工作，搞好"两班建设"，实现"两个提高"，使交通行业精神文明建设达到新水平
1997年	1. 抓好运输生产和安全工作。 2. 搞好国有企业。 3. 抓好交通基础设施建设。 4. 抓好交通运输市场的管理和建设。 5. 抓好科技教育工作。 6. 创建文明行业，搞好廉政建设。 7. 改进领导作风，加强调查研究，提高政治、业务素质

续表

1998年	1. 抓好基础设施建设和运输生产。 2. 把推进国有交通企业改革作为重中之重。 3. 加快交通运输市场培育，加强交通行业管理。 4. 做好交通科技教育工作。 5. 扎实推进行业精神文明建设
1999年	1. 切实转变政府职能，全面加强交通行业管理。 2. 继续加快交通基础设施建设，确保工程建设质量。 3. 组织协调好公路水路运输，加强交通安全生产管理。 4. 积极促进国有交通企业改革，不断完善交通管理体制。 5. 坚持科教兴交战略，提高交通科技教育水平。 6. 加强行业精神文明建设，在交通改革和发展中保持稳定的大局
2000年	1. 搞好交通运输信息统计，为行业管理和企业经营提供及时准确的信息；同时指导国有交通企业苦练内功，提高经营管理水平。 2. 研究制定交通发展战略和发展规划；起草制定交通运输法律、法规和产业政策；对交通运输市场实施监督、管理和调控；组织实施交通基础设施的建设、改造和养护；制定交通行业技术标准、技术规范和有关定额；负责行业安全生产的监督和管理；及时向社会发布各类交通信息；抓好行业精神文明建设和职工队伍建设。 3. 依法对交通运输市场实施监督管理。 4. 提高公路水路交通运输整体水平、服务能力和综合效益的高度，通过推进两种运输方式的内部结构调整和技术进步，实现产业结构的优化和升级。 5. 支持保障系统，要加强交通信息网、交通运输EDI信息网、客货运输信息服务网、交通科技信息网、水上安全监督信息网以及救助打捞体系建设，不断提高和完善支持保障能力和水平，并在环境保护、节约能源等方面取得较大进展
2001年	1. 加快实施"三主一支持"长远发展规划，建立和完善统一开放、公平竞争、规范有序的交通运输市场，不断提高公路水路交通发展的质量和效益，为国民经济和社会发展做出新的贡献。 2. 加强交通基础设施建设，调整交通运输结构，整顿和规范交通市场秩序，狠抓水上交通安全，加快交通科技创新步伐，加强行业文明建设。 3. 提高交通运输和交通建设市场开放度的同时，加大整顿和规范市场秩序的力度。 4. 消除影响交通运输生产力发展的体制性障碍取得实质性突破；交通法制建设有新的推进；交通科技创新能力提高到一个新的水平。 5. 支持保障系统，进一步完善布局，注重技术创新，提高管理水平，重点建设交通运输信息网，建成海事信息系统工程。 6. 优化交通运输产业布局和行业结构，进行整体性、系统性、战略性的调整，实现由传统产业向现代产业转变

续表

2002年	1. 继续加快交通基础设施建设，力争保持较高的投资规模，为扩大内需，保持国民经济持续、快速、健康发展做出贡献。 2. 治理整顿交通运输、建设市场秩序整顿和规范市场秩序是建立和完善社会主义市场经济体制的基础性工作。 3. 根据交通运输、建设市场开放承诺的进程和步骤，清理、修订和完善有关法律、法规和规章。凡是不符合世贸组织规则和国际惯例的法律、法规和规章，要抓紧予以修改和废止。 4. 各级交通部门要充分发挥政府职能，尤其是按照经济调节、市场监管、社会管理和公共事业管理的要求，改变管理内容和管理方式，创造良好的体制环境，建立和完善全国统一、公平竞争、规范有序的交通运输市场。 5. 实现全国所有公路机关真正成为廉政勤政的表率
2003年	1. 坚持"三主一支持"长远发展规划与阶段性目标相结合，分步组织实施，不断提高交通运输的适应能力。 2. 发展社会主义市场经济、走新型工业化道路、繁荣农村经济和加快城镇化进程、推进区域经济协调发展、参与国际经济技术合作和竞争、提高人民生活水平等都对交通运输提出了新的更高的要求。 3. 建立完善的市场准入、竞争、监督、退出机制和信息、规划、投资等宏观调控措施，健全与社会主义市场经济相适应的交通法规体系，综合运用经济的、法律的和必要的行政手段，高效率、高质量优化配置交通资源，形成统一、开放、竞争、有序的交通运输市场。 4. 加快行业技术标准规范、公路水路数据库、智能交通运输系统、现代物流技术的开发研究和推广应用。 5. 加大交通人才资源开发和教育培训力度，实施21世纪十百千人才工程，调整人才结构，优化人才成长环境，建设具有持续创新能力的交通人才队伍
2004年	1. 着力提高交通发展的质量和水平，为国民经济持续快速协调健康发展和社会全面进步提供交通运输保障。 2. 在实际工作中，注意从经济社会发展中看交通运输需求，从发达国家交通现代化中看我国交通运输差距，从服务对象的愿望和要求中看本行业存在的问题，根据新情况、新特点、新变化，深化和更新管理理念、管理方式、管理内容和管理手段。 3. 认真贯彻落实好中央经济工作会议的部署和要求，解决经济周期上升阶段出现的交通运输"瓶颈"制约。立足当前，着眼长远，保持交通持续快速健康发展。 4. 要历史地、辩证地看交通的适应和超前问题，解决交通运输能力滞后将是一个长期问题。要始终把加快发展作为交通工作的第一要务，紧紧抓住重要战略机遇期，聚精会神搞建设，一心一意谋发展。 5. 围绕以加快交通运输发展这个中心，重点加强交通基础设施建设，着力提高交通公共服务和交通市场监管两个能力。 6. 提高公路水路交通运输服务能力

续表

2005年	1. 以科学发展观为统领，加强行政能力建设，促进交通运输全面协调可持续发展。 2. 各级交通部门要高度重视，进一步增强责任感和紧迫感，采取切实措施认真加以解决。 3. 加强党的执政能力建设的要求，树立和落实科学发展观，提高政府交通部门的行政能力，是加强党的执政能力建设在政府交通部门的实际体现，也是各级交通部门面临的新课题。部党组在深入调研、广泛听取意见和认真研究的基础上，提出交通部门必须着力提高五个方面的能力： （1）着力提高交通运输适应经济社会发展需求的能力。 （2）着力提高交通运输统筹规划和协调发展的能力。 （3）着力提高交通运输公共服务和组织保障的能力。 （4）着力提高交通运输和建设市场依法监管的能力。 （5）着力提高交通安全管理和重大突发事件应急处置的能力。 4. 抓紧做好我国加入世界贸易组织过渡期后，交通运输、建设市场开放和管理的各项工作
2006年	1. 交通运输和建设市场监管取得重大进展。 2. 不断提高交通发展的全面性、协调性和可持续性，推进交通改革，建设便捷、通畅、高效、安全的公路水路交通运输体系，促进经济社会全面协调可持续发展。 3. 依靠科技进步，节约土地，保护环境，促进交通的可持续发展；在交通发展规划上，要注重合理布局，做好各种运输方式的相互衔接，发挥组合效率和整体优势，推进形成便捷、通畅、高效、安全的综合交通运输体系。 4. 重点推进交通运输动态信息采集和监控、交通信息资源整合和开发利用、交通综合运行分析辅助决策和交通信息服务、海事业务信息及应急指挥辅助决策等信息化建设。抓好交通电子政务建设。 5. 继续扩大交通对外交流合作
2007年	1. 交通运输保障能力又得到新的提高。 2. 在科技创新方面，加强了公路桥梁隧道建设关键技术、大型深水港口建设关键技术、智能交通技术等的研究。 3. 把农村公路建设作为交通工作的重中之重。 4. 做好"三个服务"，必须深化对交通运输本质属性的认识。 5. 建设综合交通运输体系成为交通发展的迫切要求，探索积极促进建立完善综合交通运输体系的有效途径。 6. 促进综合交通运输体系的完善，为经济社会健康有序运行，提供畅通有效的运输服务。 7. 建立统一开放、竞争有序的交通运输市场的要求，进一步规范市场秩序，提高运输保障能力

续表

2010年	1. 全面完成"十一五"目标任务，加快发展现代交通运输业，为经济社会平稳较快发展做出新贡献。 2. 农村交通运输发展持续推进。继续加大农村公路建设中央投资比重，并向中部、西部地区倾斜，加大对"少边穷"地区扶持力度，实施第三批农村公路示范工程。 3. 认真落实国务院物流业调整和振兴规划，履行好"三定"规定赋予交通运输部门的相关职责。 4. 积极落实扩大内需、促进经济发展"一揽子"计划和政策措施，按照中央提出的投资重点用于项目续建和收尾的要求，组织实施好国家高速公路网规划的项目建设，重点推进"断头路"建设。 5. 继续推进交通运输行业节能减排监测考核体系试点，推广节能减排监测考核工作。 6. 认真落实中央提出做好"十二五"规划纲要编制工作的要求，在科学合理确定发展思路的基础上，抓紧组织编制"十二五"时期交通运输发展规划
2011年	1. 顺应人民群众安全便捷出行的新需求、新期待，统筹区域、城乡交通运输协调发展，逐步推进城乡交通运输基本公共服务均等化，使广大人民群众共享发展成果。 2. 统筹城乡交通运输发展，农村交通运输事业成效显著。按照中央部署要求，部省联手推进农村公路建设，加大对中西部地区和老少边穷地区的倾斜力度。 3. 谋划好"十二五"时期交通运输改革发展，加深对重要战略机遇期的认识，加深对转变发展方式紧迫性的认识。 4. 落实"十二五"时期交通运输发展总体要求。 5. 继续抓好玉树、舟曲等灾区的公路恢复重建，做好汶川交通运输设施灾后重建的收尾工作，全力做好部分省份水毁公路、桥梁等设施的恢复重建
2012年	1. 加快建设国家公路运输枢纽站场，重点推进综合客运枢纽建设，继续推进农村客运站场建设。落实城市公交优先发展战略，推进国家"公交都市"建设和城市客运智能化示范工程。 2. 研究建立养护市场管理制度，加强养护作业市场管理。建立完善从业人员职业资格制度，规范从业行为。 3. 完善综合运输法规体系框架。积极配合加快出台了《航道法》《国内水路运输管理条例》《城市公共交通条例》，继续推进《海上人命搜救条例》《潜水条例》等立法进程。 4. 完善制度，加强政务公开。坚持以人为本，用群众工作统揽交通运输信访工作
2013年	1. 推进交通运输大部门制改革，政府职能转变取得重要进展。贯彻落实国务院机构改革和职能转变方案，交通运输大部门制改革取得新的重要进展。 2. 加强顶层设计和政策创新，交通运输转型升级迈出新步伐。 3. 积极应对重大突发事件，安全监管和应急搜救能力不断提高。深化"平安交通"创建活动，组织开展"百日安全生产大检查"和"安全生产月"等活动。 4. 实施创新驱动战略，科技创新和绿色循环低碳交通建设取得新成效。 5. 服务国家外交大局，对外交流合作不断深化拓展

续表

2014年	1. 全面深化改革、加快发展"四个交通"。 2. 深化交通投融资体制改革。要按照事权和支出责任相匹配的原则，围绕理顺中央与地方事权，深化交通运输行业财税体制配套改革促进城乡交通基本公共服务均等化，加快推进农村交通基础设施建管养体制改革，加快推进城乡公共交通一体化。 3. 2014年是全面贯彻落实党的十八大和十八届二中、三中全会精神的重要一年，是完成"十二五"规划目标任务的关键一年，做好交通运输工作意义重大。 4. 坚持绿色循环低碳发展，增强交通运输可持续发展能力。适应加快生态文明建设的新要求，推进资源节约型、环境友好型交通运输行业建设。 5. 推进宣传思想文化建设，加强行业文明和反腐倡廉建设。深入推进行业核心价值体系、惩治和预防腐败体系建设，保持交通运输行业清正、清廉、清明
2015年	1. 狠抓改革攻坚，不断增强交通运输发展活力。把深化改革贯穿于加快"四个交通"发展全过程，推动改革顶层设计和基层探索良性互动、有机结合，力争在重点领域和关键环节取得实质性进展。 2. 突出创新驱动，推动智慧交通发展。培育交通运输新的增长动力和竞争优势，根本出路在创新。以促进交通运输转型升级为重点，开展重大基础性、前瞻性、关键性技术研发，深化科技体制改革，完善科技成果转化和产业化机制，推进科技服务业发展，鼓励科研机构、高等院校、大型骨干企业协同创新，提升行业整体技术创新能力。 3. 坚持走绿色低碳循环发展之路，促进交通运输可持续发展。更加注重走资源节约型环境友好型发展道路，促进交通运输向集约发展转变。 4. 不断扩大合作交流，开创交通运输对外开放新格局。 5. 探索用好新媒体传播手段，壮大主流舆论阵地，完善新闻发言人制度，讲好交通故事，传播交通好声音
2016年	1. 铁路、民航、邮政和武警交通事业都取得重大成就。 2. 我国交通运输发展处于重要战略机遇期的内涵正在发生深刻变化，面临的风险和挑战日益增多。 3. 交通运输是连接生产和消费的重要环节，交通运输供给的优劣会传导到经济供给侧，进而影响经济发展质量和效益。 4. 坚持绿色发展，探索交通运输可持续发展的新模式。绿色是人民对美好生活追求的重要体现，注重解决人与自然的和谐问题。 5. 坚持共享发展，让人民群众共享交通运输发展的新成果。 6. 全面推进交通运输安全体系建设，持续开展"6+1"平安交通专项行动、"安全生产月"和"道路运输平安年"以及危险货物港口作业安全治理等活动

第四章 我国城乡交通一体化发展现状评估

续表

2017年	1. 加大工作力度，既要全面落实"三去一降一补"五大任务中交通运输行业所承担的各项任务，也要结合行业实际，全面推进交通运输供给侧结构性各项改革工作。 2. 深化交通运输综合行政执法改革，扩大试点范围。推进公路管理体制改革、养护市场化改革。推进中俄界河航运管理体制改革，深化港口价格形成机制改革。推进部属事业单位分类改革、培训疗养机构改革、行业协会脱钩改革等工作。 3. 加快完善综合交通运输法规体系。做好《铁路法》《海上交通安全法》《民用航空法》《收费公路管理条例》《城市公共交通管理条例》《快递条例》法律法规制修订工作，组织开展《综合交通运输促进法》立法研究。 4. 加快推进智慧交通和绿色交通发展。创新是经济社会发展的不竭动力，智慧交通和绿色交通发展必须依靠创新驱动。 5. 坚持绿色发展理念，按照建设美丽中国的要求，积极推进交通运输节能减排和污染综合防治。制定绿色交通发展制度体系框架
2018年	1. 交通基础设施建设规模保持高位运行，供给侧结构性改革取得明显成效。 2. 行业供给侧结构性改革向纵深推进。 3. "十三五"时期现代综合交通运输体系规划中期评估有序开展，主要指标、任务与工程进展顺利。规范行业举债行为，稳步推进交通融资平台转型升级，探索将交通基础设施与土地开发、资源开发等有机结合，统筹用好行业内外存量资产，有效提升融资能力。 4. 交通运输新动能不断增强。高铁、高速公路、民航等出行服务持续增加，邮轮运输保持稳定增长。 5. 扶贫模式不断拓展。"交通+特色产业""交通+生态旅游""交通+农村电商"等扶贫模式迅速发展。 6. 交通运输服务国家重大战略作用更加凸显
2019年	1. 交通运输处于基础设施发展、服务水平提高和转型发展的黄金时期，仍将保持总体平稳、稳中有进的态势，发展中面临新的机遇。 2. 提升科技创新能力、抓住新一轮技术革命和产业变革机遇，为交通运输发展赋予新动能。 3. 加快绿色发展、推进生态文明建设，为绿色交通发展带来新机遇。 4. 紧紧抓住并全面用好重要战略机遇期，落实"巩固、增强、提升、畅通"八字方针总要求，着力提高综合交通运输网络效率，降低物流成本，确保安全稳定，推动科技创新，继续打好三大攻坚战，为服务全面建成小康社会收官打下决定性基础，加快推进现代化综合交通运输体系建设，推动交通强国建设谋好篇、布好局。 5. 完成交通脱贫攻坚建设任务。加强贫困地区，特别是"三区三州"等深度贫困地区国家铁路网、国家高速公路网等对外骨干通道建设，强化内部通道连接。 6. 深化交通运输供给侧结构性改革

续表

2020 年	1. 着力发挥市场供给灵活性优势，推动交通运输生产性服务业向专业化和价值链高端延伸、生活性服务业向高品质和多样化升级。 2. 编制好"十四五"时期综合交通运输发展规划及专项规划。 3. 坚决打好交通污染防治攻坚战。 4. 进一步深化交通运输供给侧结构性改革，深入贯彻落实新发展理念，推动交通运输高质量发展。 5. 开创交通运输开放合作新局面。高质量推进"一带一路"交通互连互通。 6. 推进交通运输新型智库建设。 7. 保障民生底线，进一步加大快速化、个性化、多样化运输服务供给

第二节　我国城乡交通一体化发展的实践

城乡交通一体化一直是我国城乡发展研究中的热点和难点。特别是进入 21 世纪以来，城乡差距不断扩大、城乡矛盾日益突出等问题，引起了党中央、国务院的高度重视。自 2000 年以来，国家连续多年发布以解决"三农"问题为主题的中央一号文件，并在党的十六大、十七大以及党的十八大的报告中提出高度重视城乡统筹、构建城乡经济社会发展一体化的新格局；党的十九大报告提出建设交通强国，城乡交通一体化也成为题中之义。

各地不断加大城乡客运统筹力度，积极创新城乡客运管理和服务模式，提高城乡交通运输一体化服务水平。北京、上海、深圳等地推进城市公交向城市周边延伸服务，实现行政区域城市公交全覆盖。安徽舒城推行"财政兜底、一元普惠、城乡一体"的民生公交模式，财政每年出资 2800 万元支持全域公交改造。河北保定、浙江嘉兴、山东莱芜、河南新乡等地因地制宜，统筹规划建设城乡客运服务设施，创新推进"市—镇—村"三级城乡客运服务网络发展，农村居民一次出行直达乡镇，一次换乘可达市区。石家庄、青岛等地通过公交延伸、班线公交化改造、客运资源整合等形式，全面实现城乡客运一体化。宁波市五年累计投入农村客运公交化改造资金 14.85 亿元，实现了村村通公交。

内蒙古自治区交通运输厅积极培育以城乡一体化为主体的赤峰经验，推动城乡班线和农村客运的公交化改造，初步实现了城乡客运基本公共服务均等化。全区行政村通客车率达98.3%，人民群众出行由"走得了"向"走得好"升级发展。

辽宁省交通运输厅为城乡交通一体化基础设施建设、养护管理提供重要技术支撑；在运输管理和服务方面，陆续编制发布了《经营性道路运输驾驶员职业健康评价规范》《城市公共汽（电）车客运服务规范》《道路旅客运输服务规范》《城乡一体化运营客车类型划分及等级评定》等，进一步促进城乡交通一体化管理与服务规范化，发布《交通地理信息电子地图数据分类》《交通地理信息电子地图要素》《交通云环境 第1部分：Web应用安全技术规范》《交通云环境 第2部分：信息安全保护技术规范》等，为城乡交通一体化提供大数据等技术支撑。

福建省印发了《福建省加快农村客运发展指导意见》（2010年），明确农村客运的发展目标和推进措施，逐步形成公共财政补助、土地划拨、税费减免、车辆保险等优惠政策保障机制，有力扶持农村客运快速发展。2011年年底，全省县级人民政府全部出台了扶持农村客运发展的政策文件，为城乡交通一体化提供有力的政策保障。统筹城市、乡镇、农村之间公路客运与城市公交的线网布局和运营状况，在有条件地区稳步推进城市公交延伸发展和农村客运公交化运营。福建省县（市、区）城乡道路客运一体化水平100%达到3A级以上等级，18个县（市、区）实现全区域公交化运行，占全省85个县（市、区）的21.2%。厦门、莆田、平潭等市县已基本实现中心城市至各县（区、市）短途客运公交化运营。

江西省对创新市场监管模式实行城乡交通一体化，江西省颁布了《江西省道路运输条例》（2010年），对成立线路公司或者实行区域经营的班线经营者，在运力投放、班次增减和停靠站点变更等方面，由原先的审批制改为备案制；同时，鼓励班线、包车利用"互联网+"开展定制客运，为乘客提供专业化、个性化服务；推动"运游"结合，鼓励开通旅游专线、旅游直通车，支持客运站拓展旅游集散功能，助力旅游强省建设。客运企业不断优化运输组织方式和经营模式。通过兼并、合并，创新公司化经营模式，全省道路旅客运输经营业户中企业占 87.5%，集约化水平进一步提高。江西九江长途汽车运输集团有限公司率先在全省开展"定制客运"试点（2016年），选择九江—昌北机场线路进行改造，在营运车辆符合相关规定的前提下，自行确定停靠站点、日发班次、车型、车辆数及行驶路线，分别上报市级、省级道路运输管理机构备案后执行，车辆使用"九江—昌北机场"定制客运线路牌。在九江成功试点的基础上，江西新世纪汽运集团选择在赣州市内的县际班线进行试点（2018年），向社会提供灵活、快速、小批量的定制服务，充分发挥道路客运"门到门"的优势，加速推进城乡交通一体化发展。

河南省交通运输厅通过发展新业态促进城乡交通运输一体化发展。上蔡县、禹州市成为全国首批城乡交通运输一体化试点，"城城相连、城乡相融、城农均等、城乡一体"的创建目标基本实现。在郑州—新乡、济源—郑州线路上开展的定制客运试点成效显著，"景区直通车"等新业态快速发展。新农巴士基本普及，群众出行难的状况有了极大提升。

海南省交通运输厅与国家交通运输物流公共信息平台实现实时对接，加快推进城乡物流一体化基础设施建设，农村物流配送体系不断完善，全省2610个行政村村邮站全面建成并投入运营使用，实现"乡乡设所、村村建站"。村邮站便民综合服务功能不断完善，交邮合作、客货同网等新型经营模式得到推广应用，构建"干线+配送"（邮政、快递及落地配公司）的网络体系。海汽集团与海南邮政合作（2015年），在干线运输、汽车服务、便民综合服务、金融业务等方面展开合作，实现海汽"大动脉"和海南邮政"毛细血管"的有机结合，共同推动全省城乡共同配送一体化，完善末端配送体系，打通农村邮政服务"最后一公里"。海汽物流公司开通首条海口至三亚干线运输物流班车（2016年），物流班车采取定点、定线、定班、定时、定价的"五定模式"，借助"田"字形高速公路网，依托海汽遍布全省的运营网路和客运站点,开通西线、中线的物流班车,实现海汽物流班车和营业网点遍布全省,构建全省城乡一体化的物流网,降低了运输成本,实现了资源共享。

四川省交通运输行业以提高运输效率为目标,加快城乡交通一体化服务升级。物流企业进一步向集约化、专业化、规模化方向发展。全省建制货运企业调整为1万家,货运车辆中专用汽车、厢式车、集装箱车、冷藏运输车四类车型占比达33%,货车平均吨位5.1吨。发展趋势向融合化转变,甩挂运输联盟抱团发展,不断提升自身竞争力。货运企业主动与邮政、供销及商贸、制造业等企业合作发展,依托邮政网点、乡镇客运站点,发展以城带乡、城乡一体的农村物流,推广县至乡镇、沿途行政村的双向货物运输配送服务,提高农村物资运输的时效性和便捷性。全省(2018年)汽车货运经营从业人员81万余人,国家一级货运站12个、二级货运站1个、三级货运站1个、四级货运站3个。

福建省厦门市通过完善公交场站布局推动城乡交通一体化。加快综合客运枢纽建设,全市各区至少规划建设一个综合客运枢纽,以实现常规公交与高铁、长途客运、出租客运等运输方式的无缝衔接,并通过客运枢纽的综合开发,增强公交发展后劲。建设快速公交(BRT),BRT快线线网总长度66.6千米,采用独立路权的封闭车道,其中岛内约25千米、岛外约10千米繁华路段采用高架专用道,岛外其他部分为硬隔离的地面专用道,全线不受地面信号灯影响;BRT全线共有42个车站(高架站26个、地面站16个),采用地铁售票模式,保证了乘坐的快速、准点、舒适。

珠江三角洲城市群已经成为全国城镇密度最高、经济最发达、最具发展潜力的地区之一,是我国重要的区域经济中心和改革开放的先行地区,工业化和城市化已基本实现,迈入了发达经济阶段。城市群国土面积约2.4万平方千米,常住人口约为0.58亿人。珠三角城市群的主要中心城市及重点城镇基本沿珠江东西两岸分布,并呈内外圈层形态。城市群各市功能多样,已形成城乡一体、类型多元的多层次城镇体系及广佛肇、深莞惠、珠中江三大经济圈。

乡镇和建制村通客车是保障广大农民"行有所乘"的民生服务，具有明显的公益性。各地交通运输主管部门要借鉴安徽省舒城县全域公交、河南省潢川县公助民营、黑龙江省富裕县城乡客运公交化改造、湖北省竹山县客货运统筹等农村客运发展经验，积极争取地方政府部门支持，通过政府购买服务、建立运营补助机制等方式，保障农村客运开通并可持续稳定运营。各省级交通运输主管部门积极协调省级财政部门，将农村客运油价补助资金优先用于建制村通客车，特别是贫困地区建制村通客车。鼓励按照"公开透明、保额科学、费率合理、服务优质"的原则，建立承运人责任险统保和财政保障机制，减轻农村客运经营者负担。

第三节　我国城乡交通一体化发展的成就

改革开放以来，随着我国经济社会飞速发展和城镇化水平的不断提高，城乡交通均得到快速发展，区域间和城乡间经济一体化发展趋势日益显著，有效地推动了城乡交通一体化发展。全国各地均不同程度地展开了城乡交通一体化的实践，并取得了实质性的进展。总体上看，我国城乡交通一体化发展正面临两大转变：一是城乡交通管理体制由二元分割逐步向城乡交通统一管理转变，城乡交通资源加快优化与整合步伐；二是农村公路交通发展水平迅猛提高，自我发展能力得以增强，城乡交通差距进一步缩小。

1. 城乡交通管理体制由二元分割逐步向统一管理转变，城乡交通一体化资源整合加快

为适应城乡经济一体化发展的需要，我国部分中心城市，如北京、沈阳、武汉、深圳等城市针对传统的城市公交、农村客运原分属交通与建设两个部门管理的交通管理体制进行了改革，初步建立了城乡道路运输一体化管理体制和"一城一交"的综合交通管理体制，加快了城乡交通资源的统筹与整合，实现了城乡交通基础设施资源共享和客运站点及线路统筹规划，城乡交通一体化进程迈出了重要一步。

通过理顺管理体制，加大财政投入，实行公交一体化运营、基础设施规划一体化、一体化管理等形式，实现了城乡交通资源统一规划和配置，城市公交线路向近郊和乡镇延伸，使多种不同的运输形式相互衔接，逐步建立了城乡客运一体化的运营体系，提高了城乡客运服务质量，促进了城乡之间和不同运输方式之间的协调发展，更好地适应现代综合运输体系发展的要求，提高了城乡交通运输的整体服务水平，方便了人民群众出行。①城乡路网一体化。部分地市，如成都、重庆、青岛等地按照城乡交通资源共享的思路，按照"立足需求、合理布局、协调发展"的原则，提出城乡路网一体化的具体发展目标，力争缩短区（市、县）与中心城区的时间距离，构筑总体规模适应、路网布局合理、交通衔接顺畅的现代化交通网络。②城乡客运站点资源共享。一些城市，如宁波、嘉兴、绍兴等地在规划建设公路客运站时，充分考虑城乡交通的衔接，在客运站设置公交首末站和停车场；开通城乡公交绿色通道，站内不售票，乘客上车买票，同时取消站务费；合理配置乡镇客运站、道路停靠站、招呼站、统一形象和标志等。③城乡客运线路资源统筹配置、相互衔接。部分城市市区公交站点实现了城乡客运站点共享，并按照"衔接为主、并轨为辅、合理配置、方便换乘"的原则对城乡公交线路进行优化调整，使其相互衔接，实行"零距离"换乘。嘉兴市通过采取行政手段配置城乡公交线路资源，对城乡公交企业实行统一的市场准入的政府特许经营方式，同时鼓励多种所有制在公交市场中适度竞争。以上举措为城乡居民创造了更为便捷的出行条件，降低了城乡居民出行时间和成本，方便了农民进城返乡。

2. 农村公路交通发展水平迅猛提高，城乡交通一体化压力减小

中央及地方各级政府对农村公路基础设施加大投入力度，农村公路交通基础设施发展迅速。交通运输部从2003年起，较大幅度地提高农村公路建设投资规模，增加导向性资金调动地方各级政府建设农村公路的积极性。各省、市把握有利时机，纷纷采取相应配套措施，把发展农村公路作为今后工作重点之一，加大资金投入。在农村道路运输场站设施方面，交通部已从2004年起将农村客运站纳入交通基

本建设规划，每年从车购税中拿出约5亿元用于农村客运站建设专项补贴，对东部、中部、西部地区的农村乡镇客运站建设分别予以10万元、15万元、20万元的专项补助。各地也进一步拓宽投资渠道，采取国家投资、地方筹资、社会集资、市场融资等多元化投融资政策，加大投入，加快建设，保证了客运场站的快速发展。经过几年的发展，初步改善了农村道路基础设施条件，农村公路总体规模不断扩大，通达深度逐步提高。截至2012年，全国新建改建农村公路127.5万千米，99.24%的乡镇和98.34%的建制村通上了沥青路、水泥路，乡镇和建制村通客车率分别达到99.1%和96.5%以上，城乡运输一体化水平接近80%。农村"出行难"问题得到有效解决，交通扶贫精准化水平不断提高，农村物流网络不断完善，广大农民群众得到了实实在在的获得感、幸福感。

通过路运并举发展战略，提高了农村客运班车的通达率和覆盖面。随着交通部提出"让农民兄弟走上油路和水泥路，发展农村客运，切实解决广大农民群众出行难"的目标和实行农村客运网络化试点工作以来，各级交通部门加强了各职能机构在农村交通发展工作上的相互配合，重点是加强农村客运与农村公路建设的协调配合，对新建或改扩建农村公路做到"四同一共"，即同步规划、同步设计、同步施工、同步验收、共同使用建设资金。近年来，在全国范围内推行以城市、城际、城乡、乡村公交网络为主的城乡客运一体化建设。截至目前，有些城市化水平高的地方，如浙江省嘉兴市、绍兴市等地的农村客运甚至实现了"五定"（定线路、定班次、定时间、定票价、定站点），几乎与城市公交无异。全国很多地方则较为普遍地实现了农村客运的"三定"（定线路、定站点、定班次）模式。而在某些自然条件差、客流稀少且分散的地区，不仅允许经营者开行定线日班车，也允许视情况开行隔日班、周班、赶集班，并采取滚动发车、定线循环运行和预约叫车等多种经营方式。这些积极举措使农村客运班车的通达率和覆盖面逐步提高，在有力地促进了农村客运基础设施的改善的同时，也提升了农村客运服务的质量。农村居民充分享受到全社会经济发展的文明成果，出行真正实现了方便、实惠，进一步缩小了城乡居民在出行条件与出行服务水平方面的差距。

加大对农村客运的政策扶持力度，加强农村交通自我发展能力。为加快城乡交通一体化发展，鼓励发展农村客运，近年来政府加大了对农村交通的政策扶持力度。①深化运输审批制度改革，进一步扩大对客运市场的开放，加强农村交通自我发展能力。只要有利于方便群众，又不违背政策规定，且无安全隐患的，都要全面放开。对申请开通农村客运线路的，进行优先审批，优先办理相关证照，积极进行相关扶持。②根据农村客运运营里程短，客流小且分散，公路通行能力差、运价低，经济效益较差等特点，积极争取上级政府和相关部门在交通规费、工商管理费、营业税等税费缴纳上给予减免及补贴政策。

第四节　我国城乡交通一体化发展的机遇

1. 党中央高度重视农村公路基础设施的建设为农村公路发展提供了政策机遇

2015年5月，交通运输部印发了《关于推进"四好农村路"建设的意见》（以下简称《意见》）。《意见》提出，到2020年，全国乡镇和建制村全部通硬化路，养护经费全部纳入财政预算，具备条件的建制村全部通客车，基本建成覆盖县、乡、村三级农村物流网络，实现"建好、管好、护好、运营好"农村公路的总目标。交通运输部将通过采取加强组织领导、夯实工作责任、开展示范县创建活动、加强监督考核、加强资金保障等有效措施，确保到2020年实现乡镇和建制村通硬化路率达到100%，县、乡道安全隐患治理率基本达到100%，县、乡级农村公路管理机构设置率达到100%，具备条件的建制村通客车比例达到100%"四好农村路"建设目标。党的十八大以来，习近平总书记多次就农村公路发展做出重要指示，在充分肯定农村公路建设成绩的同时，要求农村公路建设因地制宜、以人为本，与优化村镇布局、农村经济发展和广大农民安全便捷出行相适应，要进一步把农村公路建好、管好、护好、运营好，逐步消除制约农村发展的交通"瓶颈",为广大农民脱贫致富奔小康提供更好的保障。在加大投资、加快农村公路交通基础设施发展的同时,党中央下发了《关于推进"四好农村路"建设的意见》《全面建成小康社会交通运输发展目标和指标体系》等文件,各级地方政府也针对区域内特点出台了相关管理办法。这些管理政策的出台为农村公路规范、有序发展创造了条件。

2. 交通强国战略为统筹城乡交通发展提供了有力支撑

为适应交通强国战略,各地在国家交通运输大部制改革的基础上开展综合运输体制改革,为城乡交通资源的合理配置与统筹发展提供了有利契机。有的地方同步推行和深化包括财税体制改革、投融资体制改革以及农村经济体制改革等一系列内容在内的经济体制改革,将不断完善我国现有的经济体制和行政体制,为理顺包括农村公路交通基础设施在内的农村公共产品供给关系、建立稳定的资金筹措渠道和健全的管养机制和规范的农村公共财政体制提供了可能。

国家交通强国战略,提出优先发展城市公共交通的战略将加快形成城乡公共交通资源相互衔接、方便快捷的客运网络。我国是一个人口大国,土地、能源等资源十分有限,发展公共交通是国家交通发展的战略选择。温家宝总理对城市公共交通做出了"优先发展城市公共交通是符合中国实际的城市发展和交通发展的正确战略思想"的重要批示。2005年,国务院办公厅转发了《关于优先发展城市公共交通意见的通知》(国办发〔2005〕46号),这是新中国成立以来有关发展公共交通的第一个全面系统的文件。通知中明确确立了公共交通在城市交通中的优先地位,并指出"要采取有效措施积极扶持城乡之间的公共交通发展,引导城市公共交通向农村延伸服务,方便农村客运与城市公共交通的接驳换乘,解决农民出行难的问题"。2012年10月,国务院总理温家宝主持召开国务院常务会议,研究部署在城市优先发展公共交通。此后,在国家优先发展城市公共交通的决策部署指引下,各级地方政府结合当地实际,出台了优先发展城市公共交通的政策措施,不断加大对公共交通发展的关注程度和投入力度,公交优先的战略思想深入人心,得到了社会公众的拥护和支持,有力地促进了城市公共交通事业的发展。随着城市公共客运指导职能移交到交通运输部，优先发展城市公交战略的进一步推进将加快形成以运促农、以城带乡的城乡客运交通政策体系和措施机制的改革步伐，促进交通公共设施向农村延伸、交通公共服务向农民覆盖，缩小城乡交通服务差距。

第五节　我国城乡交通一体化发展的阶段

根据我国目前和未来城镇化发展阶段以及农村经济和交通发展趋势等因素，我国城乡交通一体化基本可以划分为三个发展阶段。

第一阶段为城乡交通二元发展阶段。城乡经济处于二元发展状态，城镇化发展较为缓慢。城乡交通无论是道路交通基础设施还是客运管理体制，均处于较为落后的状态中，城乡出行条件和服务水平差距很大，农村地区交通发展尤其滞后，道路的通达和通畅条件均较差。由于城乡经济和交通差异尤为突出，使城乡交通处于二元发展阶段。我国中西部地区基本处于这一阶段。

第二阶段为城乡交通整合发展阶段。随着城乡经济一体化的发展、城镇化水平和道路交通基础设施条件的提高，城乡交通差距日益缩小，逐渐将交通网络、站点设施和道路旅客运输线路等进行资源整合，城乡交通管理体制、政策、法规和标准体系等逐步由二元分割转向相互对接与融合。大部制改革后，将城市客运体制归口到交通部门管理，使城乡客运实现统一、协调组织和管理，加速城乡交通向一体化阶段发展。

第三阶段为城乡交通一体化发展阶段。在城乡交通一体化管理体制、城乡交通基础设施已经较为完备的基础上，通过制定一系列法规、政策和标准体系，理顺城乡交通基础设施和道路运输的规划、建设与管理关系，为统筹城乡社会经济发展创造条件。具体体现在以下几个方面：①城乡一体的道路交通基础设施规划体系。在道路交通基础设施规划方面，不是城乡规划的简单叠加，而是在更深层次上，结合城乡空间布局、社会经济和人口发展的实际需求，在时空上实现城乡优势互补和协同发展，科学引导城乡空间布局，避免重复建设，资源浪费；在综合交通层面上实现城乡各种运输方式的有机衔接与互补。②城乡一体的法规、政策与标准体系。突破目前管理体制壁垒分割造成的束缚，在交通政策和法规上消除不平等对待，在标准上相互融合，在道路交通的建设管理、运营管理、养护管理和运输管理政策等方面加强对接，促进城乡交通管理的协调与统筹发展。③城乡一体的道路客运市场体系。按照"统一、竞争、开放、有序"的原则建立城乡一体的交通运输市场环境；建立统一的道路客运市场准入、监管与退出机制，为城乡居民提供优质的均等化服务。

由于我国各地经济发展水平差异较大，特别是掺杂着城乡差距，因此以上三个发展阶段在时空上是并存的，落后地区依然处在第一阶段，发达地区特别是珠三角和长三角的部分城市已经处于第三阶段。但就综合水平来看，我国城乡交通一体化发展仍处在第一阶段向第二阶段过渡期。

第六节 我国城乡交通一体化发展的趋势

1. "新基建"政策催生城乡交通一体化基础设施建设新机遇

2018年年底召开的中央经济工作会议，提出5G、人工智能、工业互联网等"新型基础设施建设"的定位。2020年年初全球新冠肺炎疫情暴发，国家政策与理论研究对新基建的重视程度显著提升。2020年2月14日，中央全面深化改革委员会第十二次会议指出，基础设施是经济社会发展的重要支撑，要以整体优化、协同融合为导向，统筹存量和增量、传统和新型基础设施发展，打造集约高效、经济适用、智能绿色、安全可靠的现代化基础设施体系。当前，"新基建"主要包括七大领域，即5G基建、特高压、城际高速铁路和城市轨道交通、新能源汽车充电桩、大数据中心、人工智能和工业互联网。"新基建"着眼于前沿科技发展、经济高质量发展、提升人们生活幸福感,"新基建"政策将保持稳定发力态势,有利于传统基础设施与新型基础设施交叉融合,是实现高质量发展的需要;从技术上将支撑城乡交通一体化的数字化、网络化、智能化管理与服务,促进交通治理体系和治理能力现代化。

2. 新技术新业态加速推动城乡交通一体化发展

随着大数据、区块链和人工智能等技术应用于交通行业,我国经济社会的快速发展,社会公众的消费理念、消费内容和消费层次不断升级,人民群众的出行结构、出行需求和出行方式也在发生深刻变化。在互联网技术广泛应用的背景下,各种新的服务模式不断涌现。国内各城市近年来开辟定制公交、大站快车、微循环公交等多元化的公共汽电车线路,加速了城乡交通一体化发展进程,满足了人们个性化、高品质的出行需求。

定制公交是通过互联网平台,聚合乘客需求,将线上乘客需求和线下公交服务有机结合起来的一种公交服务模式。乘客通过定制公交平台提出个人出行需求,当对公交线路和时间设置的需求人数达到一定规模后,公交企业将根据约定的时间、地点和线路开行。定制公交可以走公交专用道,具备优先通行的优势,采用一人一座、一站直达、优质优价的服务方式;使用配备空调和车载 WiFi 的公交车,为广大乘客提供安全、快捷、舒适、环保的公交出行服务。

快速直达专线是在早晚高峰期间采取直达或大站快车的运营方式,使用配备空调的公交车,可以走公交专用道,具备优先通行的优势。与定制公交不同,乘客无须进行预订,只需到指定的站点在指定的时间乘车即可。截至 2017 年年底,有 55 个公交都市创建城市提供了基于互联网的定制公交服务。

此外,微循环公交也在越来越多的城市投入运行。随着城市规模的不断扩大,老城区拥挤的道路和新城区新建的大型社区,都使"最后一公里"问题日益凸显。为了解决这一难题,线路短、站点少、车型小的微循环公交应运而生,提出了"常规公交送到站,微型公交送到家"的服务理念。微循环公交作为常规公共汽电车或轨道交通的接驳线路,负担起将客流从主要客流走廊分散至出行终点的任务,提升了市民出行效率和便捷性，成为城市公共交通系统的重要组成部分。

3. 城乡空间和人口重构要求城乡交通提供一体化的有力支撑

随着城市化进程加快推进，城乡空间结构和人口结构发生巨大变化，这将对城乡交通一体化发展提出新的要求。首先，从人口结构上看，农村经济迅速发展将使城市化进程明显加快，现阶段农业人口集中涌入大中城市的模式将有所改变，中小城镇和卫星城市将大规模发展，届时，大中小城市之间交通运输的需求更加旺盛，对公路交通的需求也将大量增加。郊区化将成为城乡一体化发展到一定阶段的必然现象。随着城市人口的增加，城市的范围不断扩展，大城市郊区出现卫星城，居民由城市中心向卫星城转移，这是世界各国城乡空间发展的必然趋势。城市郊区化导致市区与郊区之间的客流与货流不仅流量增加，而且时间更趋于集中，要求城乡之间建立一个协调、高效的运输系统与之相适应，要求发展城市对外快速道路系统，把城市中心区与周边卫星城镇连接为一个有机整体，城市周边地带也将对公共交通系统的效率提出更高要求。其次，随着城市化进程的深入，城市用地将向外围扩张。城市用地形态的扩张过程，既是城市自身不断延展的过程，也是对周边乡村聚落的直接侵蚀与吞并过程。原有部分乡村聚落直接成为城市发展区的一部分，这将对城市交通与对外交通节点的合理布局、城市形态与公路基础设施（主要在城市以外）配置的协调关系、城市型基础设施的合理延伸与有序发展提出更高的要求。

4. 我国城镇化发展为城乡交通一体化带来需求压力与发展契机

随着我国城镇化进程的加快，小城镇经济日益繁荣和发展，农村公路建设快速推进，农村运输网络向深层次延伸，客观要求城乡交通在满足基本出行和运输需求的基础上，建立城乡之间安全、高效、经济、协调的一体化交通运输体系，以满足日益扩大的城乡运输需求。随着收入的增加和生活水平的不断提高，农民对城乡交通服务的要求也越来越高，城乡交通应加快建立适应性强、快捷便利、服务优质的交通服务系统，确保城乡交通持续、稳定、协调、快速发展。

5. 立体综合交通运输一体化发展要求构建城乡交通一体化网络

交通强国建设的基础是现代综合交通运输体系，充分发挥各种运输方式的组合效率和整体优势，是新时期交通运输发展的重要任务。长期以来，城市道路、市政工程、轨道交通、普通公路、高速公路分别属于不同的管理部门管辖，各职能部门相互独立，没有很好地协调，导致基础设施建设缺乏统筹，管理效率相对低下。公路客运与城市公交分离，旅客出行换乘不变。国内外交通发展的成功经验表明，综合交通一体化发展是交通行业发展的必然趋势。为防止城乡交通发展中出现新的"瓶颈"，交通基础设施规划与布局要高度重视交通运输发展中的服务性、通畅性、动态性等特点。未来城乡交通一体化要求交通各相关部门加强协同运作，共享信息资源，对城市内外交通的规划、投资、建设、运营和收费等进行综合协调，实现高效管理。

6. 资源与环境的压力要求城乡交通一体化可持续发展

按照交通强国战略要求，城乡交通一体化要走节约资源、保护环境、提高效率、保障安全的可持续发展道路，要与资源、人口、环境保持协调，实现交通运输可持续发展。城市化的快速发展使城乡交通增长迅猛，这要求在加快建设城市与乡村快速通道的同时，城市交通与农村交通进行综合协调、系统规划，以尽量减少对国土资源的利用和建设环境负担。在城乡交通各种运输方式中，以公路规划部分肩负的城乡各类资源保护的职责最为繁重。当公路数量较少、密度较低时，公众对公路通达的需求远高于对土地资源的关注，公路占用土地没有成为一个被关注的焦点，局部矛盾仅仅存在于供地的单价问题，这是一个易于解决的一般矛盾。而当路网基本形成，通达问题初步解决后，再修建公路设施时，公路带来的边际效益相对递减，与农民对土地的珍视程度及其他方式占用土地的效益差异形成矛盾，希望从这些稀缺而不可再生的资源中获取利益的单位和个人越来越多，征用土地的难度迅速增加。公路的建设用地属于工程建设项目里用地较多的一类，因此，如何处理好城乡公路网建设用地与节约土地及环境保护之间的矛盾，最大限度地节约土地资源，利用好有限的土地资源，是迫切需要解决的问题。

7. 《城乡规划法》对城乡交通一体化规划提出新的要求

一直以来，我国大多数城市对城市总体规划、区县规划以及乡域规划，在规划时间、衔接方式上并没有形成很好的协调统一。一方面，城市规划只在规划区内有效，城市规划只能就"市"论"市"，割裂了城乡一体化发展，使城乡接合部的村庄成为规划的薄弱地带。由于缺乏详细规划，造成土地功能模糊，城乡接合部道路等级及服务对象常与沿线功能不协调、不适应，最终导致道路重复建设、资源浪费以及投资分散与效率低下等问题。另一方面，以往的城乡规划普遍存在重城轻乡的问题，把农村地区仅仅作为城市的背景，对农村地区的发展几乎没有涉及，造成城市规划既缺少市域规划的依据，也缺少对村镇规划的指导，难以适应城乡统筹发展的需要，导致区县和乡域规划落后，农村公路交通基础设施规划缺乏上层规划层面的指导。

《城乡规划法》的出台有利于正确处理近期建设和长远发展、局部利益与整体利益、经济发展与环境保护、现代化建设与历史文化保护等关系，促进合理布局，节约资源，保护环境，体现特色，充分发挥城乡规划在引导城镇化健康发展、促进城乡经济社会可持续发展中的统筹协调和综合调控作用。根据最新《城乡规划法》，未来作为城乡规划中的专项之一——交通规划也将逐步趋向于与全部城乡规划同步和一体化规划。这些城乡规划包括城镇体系规划、城市规划、镇规划、乡规划和村庄规划，所有规划将统一纳入一个法律管理。农村公路交通规划则要求必须与村庄规划、城镇规划等紧密结合。

第五章

境外典型国家城乡交通一体化法律保障经验

本章对国外典型国家城乡道路客运一体化发展模式、保障制度以及相关研究情况进行系统阐述,从中得到有益的经验启示。境外许多国家在城乡交通一体化发展过程中,都极为重视交通法治建设。依法管理已成为国外交通运输管理中的一个鲜明特征,无论是国家的运输政策和规划,还是管理机构的设置和变更、权利与义务的划分以及资金来源与分配,都以立法形式予以规定。根据不同时期交通运输发展的特点和问题,制定了一系列的交通运输法律法规,逐步建立和完善各自的交通运输法律体系,把城乡交通一体化发展纳入法治的轨道,从而保证交通运输的健康发展。这些国家在城乡交通一体化法律保障机制上的经验值得借鉴。

第一节 境外典型国家城乡交通一体化法律实践

19世纪中叶后,随着主要发达国家工业革命相继完成,加上各国政府对农业采取保护性政策的影响,这些国家的农业生产条件和农村生活条件得到大幅度改善。20世纪70年代,全世界范围内的主要发达国家基本完成了工业化、城市化和农业现代化进程,城乡之间差距大大缩小，城乡发展趋向平衡。目前，发达国家和地区已经进入后现代社会，出现了逆城市化进程，大量城市人口向郊区和小城镇迁移，农村经济在城镇化、工业化的同时实现农业现代化，城乡差别已相对缩小，几乎不存在所谓的二元结构问题。当前发达国家的城乡客运更多的是城际间以及城乡间的公共交通。

国外客运方式与国内有所区别，主要是小汽车、轨道交通加汽车交通、快速公交和传统公交方式。根据汽车数量及人口密度，发达国家分为：农村人口密度趋于饱和、机动车拥有率高的地区，还没有车的人，以及弱势群体，为他们提供更好的公共交通服务，如西欧国家和日本；人口密度比较高，但是汽车保有量相对较低的地区，主要依靠农村公共交通实现长距离旅行，如英国；人口密度低，私家车主要用于长距离出行，公交服务薄弱，如美国、加拿大、澳大利亚、新西兰。有的国家在城市的发展中，大部分城市规划直接通过连接郊区的道路，吸引人们居住，从而形成城市郊区或新的卫星城镇，根据土地利用规划、城镇体系规划、规划建设等同步或试点的交通基础设施。

一 美国模式

在美国，一般依据区域人口数量的多少，将少于5万人的区域划定为乡村。在欧美等西方国家，家庭小汽车拥有率普遍高于世界其他国家和地区。相比于欧洲，美国的家庭小汽车拥有率甚至还要更高，尤其值得注意的是，乡村地区的家庭小汽车拥有率普遍超过全国平均水平。美国政府和学术界关于农村地区的旅客运输和可达性问题的研究于1970—1985年达到巅峰。研究者一度推断乡村交通问题会随着小汽车拥有量的快速增长而逐渐消失。20世纪80年代，美国在一段时期内放松了对公交巴士的市场管制，致使客运线路经营冷热现象非常明显：巴士服务向效益高的城区集中，效益低的农村地区几乎见不到巴士的身影。这给农村地区的公共交通带来相当大的负面影响。90年代后，随着农村人口数量的剧增，乡村交通面临着更为突出的运输供给与需求矛盾问题。与家庭小汽车拥有率相反，美国农村地区的公共交通运输比较欠缺。到了2002年，乡村交通问题受到有关方面重点关注。主要研究方向聚焦在农村公共交通模式对社会、经济和人文关怀的重要性、实现农村公共交通的途径以及相关的交通理论研究。政府及社会团体使用了资金、技术支持等手段，改善农村居民的公共交通环境。为方便服务生活在此的老人、残疾人等弱势群体，认为农村需要更方便的交通方式。政府一直鼓励居民采取拼车的方式解决交通问题，只是农村地区的实际情况不允许，人口少、出行距离远，拼车很困难，那些低收入者或弱势群体的出行问题仍需解决。由于公共交通运输在促进农村地区经济效率提高、增加社会公平性上发挥着巨大的作用，公共交通运输发展受到重视。美国乡镇公共客运系统的主管部门为联邦公交管理局（FTA）和联邦公路局（FHWA）。虽然仅在若干中心城镇存在农村客运服务，美国政府仍然为城乡客运的发展制定了完善的规划体系及保障措施。乡镇公共客运规划主要分为三级规划体系，即战略及策略规划、功能规划、线路设计。每一级规划都同相应的交通实施机构相协调，以确保规划切实可行。各级规划中，战略及策略规划主要从公交服务于土地利用的角度决定应选用的公交服务类型；功能规划确定了包括客流走廊、预测的线路服务水平、车辆大小、车辆载客量、服务时间、主要换乘点和特定服务点线路的详细信息；而路线设计主要针对关于线路的详细信息，如中途停靠站点、车辆、劳工分配、客流枢纽、公交时刻表及驾驶员信息等，以保障乡镇公共客运的正常运营。

美国交通部门分配 5311 法案规定给予公交经营者财政补助。在实践中，41 个州的经营者需要提前申请，根据绩效评定标准排名情况分配款项，其余 9 个州按公式奖励补贴。各州对农村运输服务目标非常相似，但是批予不同经营者的款项数额明显不同。例如，利用华盛顿交通管理部门提出的三种离散公交需求预测模型，对农村低密度地区的公共交通需求进行预测。第一种模型是总运输总需求模型（TTD），采用平均值来预测客流预测区域交通系统在华盛顿州的人口群体的客流；第二种模型是交通总需求定价模型，考虑旅客票价和票价补贴对客运量的影响，建立了收费模型；第三种模型是分类运输需求模型（DTD），采用独立的公式来反映县域的不同特点。它将客流分为未成年人、成年人、贫困线以下的老年人、老年人和流动人口有限的人，分别预测客流。它反映了一个地区的个人特点和农村地区的交通方式。

美国还提出了区域客运专线多县联合组织的方法，分别从组织和体制、资金、管理、运行策略四个方面组织和提出方案建议。在组织和体制方面，国家交通部继续向联邦和州提供补助金，另外增加的资金可用于区域交通系统；或者国家交通部利用交通运输系统中的关键变化，以鼓励这些系统进行与一个或多个毗邻过境系统的整合过程，另外统一服务机构的程序。

在资金方面，首先提供过渡资金，保障系统融合所需的规划、行政和营运资金；其次为多县联运的系统提供资金奖励，保障系统融合方案的资金。在管理方面，调整公共运输公司的结构，建议雇用或训练区域协调员。在运行中，根据各区县的实际情况，提供操作培训和技术支持，合理选择分布式或集中运行模式。为了估计农村客运服务的水平，美国提出了区域的社会经济条件和基于数据的内部管理指标的适用性，评价经营者的业绩。选取的指标包括区域比例、每个单位距离的人数、潜在的客运需求、覆盖现有的60岁及以上的乘客比例、管理费用占营业费用总额的比例、车辆使用时长。

美国城乡交通一体化发展的法制保障。自近代以来，随着科学技术的不断革新和发展，交通运输得到了极大发展，美国政府通过颁布大量的法律法规，逐步加强对交通运输的管理，实现了交通运输管理的法治化。比如，在航运方面，有1916年颁布的《航运法》、1984年颁布的《航运法》、1998年颁布的《航运改革法》等；在民航方面，有1926年颁布的《航空商务法》、1938年颁布的《民用航空法》、1976年颁布的《航空货邮放松规制法》、1978年颁布的《航空公司放松规制法》、1977年修正的《联邦航空法》；在公路方面，有1956年颁布的《联邦公路资助法案》、1962年颁布的《联邦支持高速公路法》（FAHA-1962）；在道路运输方面，有1980年颁布的《汽车承运人法》、1994年颁布的《汽车货运规制改革法》。在公共交通方面，有1964年颁布的《城市公共交通法》（UMTA1964；在铁路方面，1976年颁布的《铁路复兴与规制改革法》《铁路运输改良法》

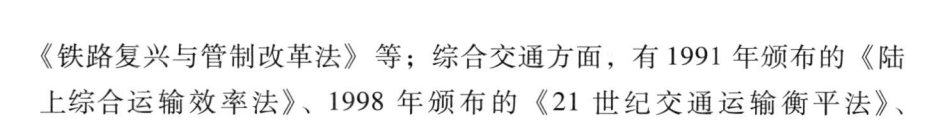

《铁路复兴与管制改革法》等；综合交通方面，有1991年颁布的《陆上综合运输效率法》、1998年颁布的《21世纪交通运输衡平法》、2005年颁布的《露茶法案》等。

二 英国模式

英国各大城市的郊区客运主要依靠国家铁路运输，并辅以小汽车或公共汽车，形成多方式一体化综合交通运输体系。比如，在伦敦，城市的通勤交通主要取决于长长的支线铁路。市郊铁路（国家铁路）总长度有788千米，地铁线路与其共同组成高密度的轨道交通网络。国家铁路在郊区承担了大量长途通勤旅行。在地铁、轻轨交通和市郊轨道交通等轨道交通上，承载了大量的郊区客流，汽车交通也承载了大量客流。伦敦郊区空间广阔，道路系统也十分发达，为汽车交通的发展提供了广阔的空间。伦敦市中心采取高拥堵费政策，因此小汽车出行常见于郊区。

三 日本模式

在长达500多年的时间内，从初期到中期到如今，日本经济社会发展实现了阶段性的逐步提升，充分展示了日本经济社会的发展历程。初期的日本城市和农村之间各个方面均存在较大的差距；中期时城乡差距大大减小，基本实现城乡一体化；再到如今农村生活追求更高层次的享受、谋求可持续发展。在日本，城市化战略的选择在极大促进城市化发展的同时，更注重城乡之间的协调。在城市功能的设置方面，不局限于城市内部，也将周边农村纳入其中，从而呈现出辐射状的形态，严格按照辐射圈的大小来设计城市内部的商业和娱乐业的设置空间和建设规模。

日本的城乡交通一体化法制保障机制主要包括法律法规体系建立、管理体制构建、执法、权力监督等方面的内容。在法律法规体系建立方面，国土交通省对日本交通实施管理的过程中，法律的制定和完善是交通政策得以实施的重要保证，也是日本政府对交通运输业实行积极管理的重要措施。近50年来，日本针对交通运输领域做出了细致的划分，而针对每个领域也颁布了相应的法律、法规，包括《道路运输法》《海上运输法》《日本国有铁路法》《港湾法》《航空法》

《仓库业法》等；而针对交通运输安全生产工作，日本政府高度重视，先后颁布了《交通安全法》《道路整备紧急措置法》《有关交通安全紧急措置法》等，为交通运输安全应急提供了上位法依据；针对相关政策的出台规程。2013年颁布了《交通政策基本法》，为交通运输政策的起草与颁布明确了相应的原则，强化了政策与法规的兼容性。

四　德国模式

区域客运一体化最先在德国开始实施。以1965年汉堡交通联盟的成立为标志，包括公共短途客运公司在内的区域客运一体化雏形出现。在汉堡地区，乘客们能够十分方便地到达该联盟覆盖区域内的目标地点。如今，德国共建成城市公共交通联盟57个，另外还有3个正在计划当中。在所有的公共交通联盟中，莱茵—鲁尔交通联盟在整个欧洲规模名列第一，参加的城市和地区有24个，联合经营单位有28家，服务范围为5000平方千米、服务覆盖居民730万人。

在德国，实行社会市场经济，国家对包括交通运输在内的经济活动干预较多。作为一个法治国家，德国高度重视城乡交通一体化法制保障机制，重视对交通运输领域中的公共权力的规范和限制，通过科学立法、严格执法等，实现了交通运输管理的法治化。德国的交通运输法律法规非常完备。无论是在调整涉及运输市场的纵向社会关系方面，包括政府在宏观方面对交通运输市场的宏观调控，在微观方面对运输经营者的各项管理，还是在调整横向社会关系方面，包括运输经营者与货主、旅客之间的关系等，都制定了详细法律。例如，在公路方面，有1953年颁布的《联邦干线公路法》、1955年颁布的《交通财政法》、1960年颁布的《公路建设财政法》等；在道路运输方面，1969年修订了《机动车货运法》；在道路交通方面，1909年颁布了《德国机动车交通法》，1952年修改为《德国道路交通法》，其后又陆续进行了若干次修改；在水路交通方面，先后颁布了《联邦航道法》《水法》《内河航运法》等法律规范，共同保护航道资源的综合开发利用；在铁路运输方面，制定的法律主要包括1938年的《铁路交通法》、1993年的《德国通用铁路法》和1993年的《联邦铁路线路改扩建法》，以及1998年7月1日实施的《德国运输法改革法案》；在航空运输方面,主要的法律包括《联邦航空法》和《联邦民航管理法》等,此外,还有相关的法律、法规、规章,欧盟的法规和指令,以及《欧洲航空条例》中适合德国的规定;在综合交通方面,主要有1967年颁布的《乡镇交通筹资法》、1971年颁布的《地方交通改善法》、1999年颁布的《推进生态学税收改革法》等。

五 巴西模式

在巴西,以库里蒂巴市的客运发展模式最为典型。该市采用公共汽车路线在管理和运营上的一致性,通过单独统一的收费系统,允许乘客向各个方向免费换乘。在该综合公共交通系统中,根据服务特征将线路划分为快速线、驳运线、区际线等。快速线具有专用车道,专线专用,速度可超过20千米/时;驳运线为传统公共汽车运营线路,连通邻近地区与一体化交通系统的终点站;区际线连接外围地区,无须穿越市中心。

该综合公共交通系统内共建有三种类型的车站,分别为管式车站、大型公交站和传统车站。管式车站不仅给乘客提供了相对稳定的候车空间,而且水平登车以及进站口自动升降装置等较为人性化设计极大地方便了老年人和残疾人,当然其最大的优点在于可以促进乘客快速上下车。大型公交站一般处于该体系的轴线位置,可分为中转式和终端式两种类型。大型公交站的特点在于具有完善的基础配套设施,而基础配套设施的优化配建,更加方便乘客在不同线路间换乘。该市在公交专用道线路两旁共建成一体化枢纽站15个,实现不同线路间票价一体化。随着公交网络的建设与发展进程不断朝前推进,枢纽站无论是数量、规模还是服务质量等都处于不断完善和提升中。巴西综合公交系统的成功,不仅得益于系统本身的固有的特性,还得益于交通规划与城市土地利用规划的一体化、运营管理机制的有效性、建设举措的灵活性等几个方面因素的共同作用。

六 澳大利亚模式

在南澳大利亚州,为了更好地满足乡村地区人们的出行需求,该州旅客运输委员会(Passenger Transport Board)与当地社区通过合作的方式,以整合运输资源、服务为要点,执行区域客运一体化计划。

在该计划中，着重强调地区参与。其一体化实施过程包括：对出行需求与所需运输资源和服务的客观确定，现有客运资源与所能提供服务的确认，以满足需求为基础的资源优化整合与配置，由当地的客运管理委员会开展的运行现状即时评价以及相应对策的调整建议。南澳大利亚州在推行客运一体化计划过程当中的主要经验包括以下五个方面。

1. 着眼于地区居民的出行需求

南澳大利亚州一体化运输计划的成功归功于该计划以地区居民的出行需求为出发点和落脚点。为了达到满足地区居民出行需求的目的，他们通过发现问题、分析问题、解决问题的逻辑思路，对南澳大利亚州居民出行这一难题给出了一份满意的回答。该模式以关注对象的需求为出发点进行服务设计，最终达到满足对象需求的目标。

2. 强调地方的所有权和领导权

在传统的运输规划模式下，区域的客观出行需求与实际的出行供给很有可能会出现不平衡的情况。但是，如果在地方所有、领导的模式下，这种情况就会大大减少。因为该项计划能给地方带来更多的益处，在这一问题上，各地方议会都给予坚决支持。与此同时，为适应社会需求的不断改变，与地方保持继续合作进而继续开展服务是很重要的。

3. 从提供运输工具到提供服务的转变

客运建设是一个系统工程，其复杂程度不是单单用运输工具就能解释清楚的。客运建设的根本目的在于为居民提供交通服务，而不能停留于运输工具的供给，深入挖掘人们所需的服务特征以及满足方式才是更为重要的。

4. 整合不同的需求和资源进入一个可行的服务体系

区域客运一体化的根本在于对区域内的需求和资源进行高效整合，使其成为一个结构合理、功能完善的新的客运系统。客运一体化在整个区域实施后，当地居民的客运需求得到了更好地满足。除此之外，某些新的客运需求也得到了挖掘。

第五章 境外典型国家城乡交通一体化法律保障经验

5. 服务的扩展

经营者，尤其是某些可以提供租车服务的公司机构，可以实现用一种交通工具达到有效提供综合服务的目的，这不仅有利于满足地区居民多样化的出行需求，而且也能增加经营收入。当前，方便、快捷的综合客运系统在南澳大利亚州已经初步形成，这种成功的模式开始向该州其他地区推广。

第二节 境外典型国家城乡交通一体化发展法律保障借鉴

境外典型国家城乡交通一体化发展法律保障的借鉴，首先是注重综合交通运输立法。例如，日本2013年颁布了《交通政策基本法》，明确了国家、地方政府、交通企业和普通国民的相关责任与义务。其中，国家负有制定综合交通政策措施和推进实施的责任义务，地方政府负有制定与本地区自然经济社会条件相适应的政策措施并实施的责任义务。交通企业和交通设施管理者在基本理念实现过程中也负有重要责任，在实施自身业务的同时，必须对国家以及地方政府所实施的交通政策措施给予协作。国民则要对国家及地方政府实施的性格政策措施给予协作。其次，注重强化对国民生活的保障作用。日本交通运输相关政策及法律法规，突出强调了交通运输对国民生活的保障作用。以《交通政策基本法》为例，其要求在保障国民日常生活运输基础上，尽可能实现人民必不可少的通勤、通学、就医及其他人与货物的顺畅交通，采取必要的政策措施确保交通条件落实，并提出针对老年人、残障人士、孕妇等特殊群体，应实现顺畅的交通，推进相关设施的改善和优化，同时提出提高交通便利性与便捷性，包括准时性、速达性、舒适性、顺畅性及交通节点机能集约化和合理化。再次，重视建立交通运输财政资助制度。如美国的财政资助是联邦政府推进其发展战略规划等实施的基本手段，通过立法，确立发展战略规划，规定推动其实施的资助方案。交通运输部根据制度对各州提出的项目进行系统评估，决定是否对各州项目进行财政支持，从而推动其发展战略规划的实施。最后，注重利用科技手段实施交通运输执法。如德国联邦政府设立货运管理局，负责对公路运输市场的运输行为和执行法律的情况进行检查、监督。联邦货运管理局主要采取定点、机动检查相结合以及与其他监督部门联合检查的方式。例如，所有的危险货物运输车辆都安装了行驶记录仪和卫星定位系统。行驶记录仪详细记载了车辆出发时间、行驶时间和停顿时间，记录保留2年。执法人员可随时抽检驾驶员的行驶记录仪，一旦查出驾驶员违反相关规定，会被记分，达到一定程度就会受相应的处罚。同时，注重交通运输行政执法监督。如日本设立了行政层级监督体系，主要包括对各级交通运输行政机关的监督、对交通运输执法人员的监督、对行政行为的监督等内容，包括执法人员的考核等。日本还在中央及地方均设立行政评价局、公平贸易委员会、人事院等机构，形成了较为完备的行政监察制度，旨在对行政机关及其工作人员进行多方位的监督。

一 "立体式"的立法体系保障

在美国，道路客运立法的主要方针是对公共交通进行资助，优化交通结构。20世纪60年代以来，美国政府先后通过了《城市公共交通法》《城市公共交通扶持法》《综合地面交通效率法》《国家能源政策法》以及《21世纪交通运输衡平法》等法规。实践证明，这些政策的实施均得到了令人满意的回报，比如公共交通的客运流量已经开始回升，而且新的公共交通项目、智能交通系统以及高满载率车辆的专用道正在美国很多地区积极投资建设。美国5531法案规定各级政府都必须为其发展提供财政援助，以保证美国农村公共客运的正常运行。公共交通是一种环保节能的公益性服务，一方面，能缓解交通拥挤，使消费者享受到方便；另一方面，也有助于保护资源环境和发展经济。

在法国，道路客运立法的主要方针是交通规划先行，公共交通优先。发展公共交通对环境保护的作用是众所周知的。从这一点看，法国一直秉承优先发展公共交通的政策。1995—2001年，法国颁布了许多相关法律，《清洁法》和《国家城市振兴协作法》是其中重要的法规,充分体现了政府政策在公共交通发展方面的指导作用。

德国道路客运立法的主要方针是资助城市市郊客运公共交通。为了高效完成公共市郊客运任务,组织和资助公共市郊客运被列为联邦政府的立法目标。20世纪70年代初期颁布并实施《客运交通经济法》,《公共客运法》紧跟其后。公共市郊客运是德国现代城市规划中不可缺少的一个重要组成部分。在德国,不管在任何地方,如果开发活动与交通密切相关,那么它必须与该地区同一时期内争取达到的发展目标相互协调。这是城市规划的基本原则中所强调的。除此之外,在人口较为密集的地区,实现城市规划目标的重要手段之一就是改善交通状况。公共市郊客运基础设施的规划与区域规划、地方规划以及城市建设规划存在密切的相关性。联邦政府和各个州政府都会为公共市郊客运基础设施建设提供一定的资助,并对其税收给予减免,甚至在当其执行公共管理方面的任务导致经营亏损时,还会提供一定的经济补偿。

二 "全程式"的财政补贴制度保障

国外对公共交通的财政补贴分为两种:一种是直接补贴,另一种是间接补贴。在对公交的扶植方式上主要采取的是直接的财政补贴,也就是拿出一部分国家财政或税金用于弥补公交企业经营过程中的亏损,支持其进行公交基础设施的建设。美国通过立法的手段来对公共交通进行补贴,《城市公共交通法》《城市公共交通扶持法》以及《21世纪交通运输衡平法》都是确保公共交通财政补贴的法律依据。美国对公共交通补贴的最大比率能达到公交运营成本的70%。法国中央和地方政府始终高度重视公共交通的发展,将公共交通的优先发展摆在重要的战略位置上,并作为长期的目标通过法律形式给予保证。法国1982年颁布的《国家内部交通组织方针法》明确指出,每个人都享有交通权。这使公共交通作为社会公益服务的根本属性得到进一步明确。法国《公共交通法》中,对公共交通税的缴纳做了相应规定,要求凡职工人数在9人以上的企业需缴纳公共交通税,所缴纳费用占工资总额的1.2%—2%。这为公共交通发展拥有可靠的资金来源提供了法律保证。在巴黎市区,交通税率为2.4%。征收的交通税由巴黎交通管理委员会按月定期分配给公交总公司、国铁等交通企业，这是巴黎公交总公司弥补亏损的重要来源。此外，法国政府还规定企业要对员工在公共交通月票上的花费给予50%补贴。以上政策的实施，保证了公交公司每年的实际亏损都得到了政府的足额补贴。

德国的《客运交通经济法》《有关公共客运法》等法规中明确规定，经营者必须得到批准方能采用有轨电车、无轨电车或公共汽车从事公交运营；公交企业必须持有政府交通主管部门颁发的某一地区交通运输经营批准令才能扩大规模、进行基本建设改造。法规中还对申请者的经营资格进行了限定。经营者或委托经营者必须有经营能力、充分的可靠性并能保障经营过程中的安全；申请者和经营人员必须是具有相关知识和技能而且通过相关部门考核验证的专业技术人员；车辆及其配套设施必须符合安全要求条件，运营方式不得对公共交通利益构成损害。

在巴西库里蒂巴市，政府针对不同类型的公民采取不同方式给予公共交通财政补贴。对符合规定年龄的老人和小孩予以全额免费；对工资收入较低的市民，给予一定的财政补贴，保证其在公共交通上的花费不超过全部可支配收入的6%；对贫民区的穷人，则可以通过提供劳动服务的方式来换取公共汽车车票。

三 统一交通管理协调机制

区域间交通一体化的顺利发展需要确立统一的交通协调机构，而区域内各地之间由于发展利益不同，在交通发展上基于地方保护主义的立场，经常会出现多头管理和相互扯皮的现象。通过建立跨越行政界限的交通合作组织，能够进行充分的沟通，提高协调管理区域交通事务的能力，建立共同遵守的交通管理体制。

完备的管理机制是保证跨区域交通系统运转有序的前提条件，纵观国外区域交通管理的经验，绝大多数国家都采取中央政府和地方政府两级管理体制。① 中央政府主要从宏观方面制定国家交通发展战略，各地方政府中的交通管理机构分别从交通规划、基础设施建设、道路

---

① 胡子祥、吴文化：《城市交通管理机制及其发展》，《综合运输》2001年第7期。

管理、公共交通管理等各具体方面指导本地交通发展。在区域内部建立交通管理协调机制，明确各地方交通部门自身职责，能够更加方便快捷地在跨地区的部门之间进行沟通协商，保证交通管理的统一性，使交通管理措施更加高效。

四　科学的交通发展规划

统一科学的区域交通规划对区域交通一体化发展有着重要的意义。例如，京津冀交通一体化规划应从整体优化的全局观出发，对区域内交通基础设施建设、不同交通运输方式衔接以及区域利益平衡等问题进行协调统一，优化交通资源的利用与配置，使交通规划的指导作用充分发挥。目前，京津冀地区的各项规划正在逐步完善之中，需要进行综合交通规划以配合地区发展，而且市场经济也极容易发生波动，要求交通规划结合现实情况的变化及时做出调整。[①] 因此，交通规划还需定期根据实际需求进行修编，对不利于交通一体化实施的条文重新修订，更有针对性地指导区域交通一体化建设。

城乡交通一体化规划可以借鉴3C原则，保证交通规划的持续性、综合性、合作性，通过沟通和协商，使各地出台的交通规划能够有效地衔接起来。城乡交通规划必须突破行政区划的限制，处理好区域内交通规划制定机构与其他行政机构之间的关系[②]，从而确保交通一体化得到各部门的支持和配合。

五　推动交通服务均等化

从国内外实践经验来看，提升基本公共服务供给能力和水平，促进基本公共服务均等化，主要有以下几点启示。

（1）要建立科学合理的基本公共服务体系，明确基本公共服务的内容、类型、标准和供给责任，明确政府保障底线与实施路径。例如，我国《"十三五"推进基本公共服务均等化规划》明确了国家基本公共服务制度框架，建立基本公共服务清单制，确定了公共教育、

---

① 孙洪涛：《东京都市圈轨道交通对京津冀城际铁路规划的启示》，《中国铁路》2015年第7期。
② 程楠、荣朝和：《美国交通规划体制中的大都市区规划组织》，《中国城市规划》2015年第5期。

劳动就业创业、社会保险等8个领域的81个服务项目，以及每个项目的具体服务对象、服务指导标准、支出责任、牵头负责单位等，作为政府履行职责和公民享有相应权利的依据。

（2）要科学划分各级政府之间的事权和支出责任，形成各级政府之间公共财政支出与其职能和责任密切对应的关系，使各级地方政府都有能力来提供大致均等的基本公共服务。例如，德国《基本法》明确规定，"为了普遍的利益必须统一进行处理的事务"应该由联邦政府来负责，其他事务对应地由各州和地方政府来负责，同时根据基本公共服务的性质和特点，确定一些项目由两级以上政府共同承担。

（3）要建立合理的财政转移支付制度，充分发挥中央政府强有力的公共财政支出能力和调节能力，确保各级政府拥有与提供的基本公共服务相匹配的财力。例如，德国《基本法》明确规定，政府要确保全体公民在全国范围内应当享有大体均等的生活水平，各级地方政府都应当为其所辖区内的公民提供水平大致相同的基本公共服务，为此应通过合理的财政转移支付制度实现公共财政收入的均等化，这样才能保证各级政府提供基本公共服务的能力差距不会特别悬殊。

（4）要注重建立和健全基本公共服务均等化的法律体系，从立法上确保将基本公共服务的供给作为政府法定的职能或责任。例如，澳大利亚联邦议会在1902年、1922年和1999年分别通过和实施了三部《公共服务法》，确立了澳大利亚政府实现基本公共服务均等化的职能和责任，在立法上为基本公共服务均等化提供了可靠的制度保障和法律支撑。

第六章

我国城乡交通一体化法律障碍分析

第一节 我国城乡交通一体化的矛盾

虽然我国在城乡交通一体化方面取得了较大的成绩,但仍然存在较为突出的问题和矛盾。这其中虽有农村交通发展的基础薄弱等客观因素,但更为主要的原因则在于:我国长期形成的城乡割裂的一系列制度,有很多已经被相关法律、法规、标准和管理政策等固化下来,具有很强的稳定性,并持续影响着我国城乡交通一体化的进一步推进。具体来看,当前城乡交通一体化发展中面临的矛盾和问题主要包括以下几个方面:

1. 城乡道路基础设施条件的巨大差距与客运市场特征的显著差别客观上加大了城乡交通一体化的难度

一方面,城乡基础设施建设存在巨大的差距。改革开放以来,我国城市道路和公路均得到了飞速发展。尽管农村公路发展取得了显著成就,然而,相较于快速发展的城市基础设施,农村公路设施建设仍然显得十分滞后,整体上看农村公路网络密度偏低,发展基础薄弱。

目前，我国农村公路主要以四级以下公路为主公路，也占有较大的比重。① 此外，农村公路普遍缺少桥涵构造物和配套防护设施，如边坡防护、排水沟涵等。特别是在地形、气候条件恶劣的山区，由于缺桥少涵、无配套防护设施，农村公路抵抗自然灾害的能力很弱，直接影响公路的常年通畅，运行安全也无保障。农村客运站作为农村客运最主要的基础设施之一，是农村群众出行赖以依托的公益性设施。目前农村客运站点数量总体偏少，农村客运场站及候车设施方面的供给不足，未能形成相对固定的候车、集散及中转客流场所，导致班车组织及运营困难，也是城乡客运体系面临的问题。农民基本是在风吹雨淋的露天环境中候车，享受交通服务的水平极低。

城乡客运市场特征存在显著的差别。与城市公交客运一年中客流相对平稳相比，农村客运存在时空的不均衡性。从时间上看，淡旺季分明，旺季客流剧增，淡季时车辆的实载率明显下降；从空间上看，行政村的实际居住人口较少、分布不均，且大部分处在公路网络的尽头路。上述特征使农村客运发展具有较大的组织难度：一方面，农村地区客源分散，道路条件较差，行车成本相对较高，支线上客源稀少，开通后效益低，班车难以维持长期运行；另一方面，农村客运的运力组织模式需要具有较高的灵活性和弹性，现有运营模式中的客运线路、车型、座位是相对固定的，难以根据农村客运的需求特征进行及时调整。而城市公交客运由于客源充足，因此客运车辆密度大、站点间距短，农村客运一条班线上只有几辆车，甚至只有一辆车，有的自然村不通客车，其便捷性和便利性方面的差距不言自明。

目前，我国地级以上城市基本都建成了一定规模的公交网络，许多大城市不仅有较为完善的地面公交，而且已建或在建各种轨道交通网，并将城市交通网络与长途汽车站、火车站、机场等对外交通枢纽相衔接，为城市居民提供多层次、立体化、方便、快捷的公共交通服

---

① 等外公路，又称简易公路，指达不到最低功能型等级公路标准的公路，即路面级别在四级公路之下。等外公路主要连接乡级及以上级别的行政区，是国家或地方路网的组成部分。

务。与城市相比，我国绝大部分地区的乡村客运网络还远未建立起来，为农村居民提供的客运服务比路网建设更为滞后，这与城市特别是大都市四通八达的公共交通网络和多层次的客运服务供给形成鲜明对比。例如，云南省目前还有 2091 个行政村未通公路，通达率仅为 60%，已开通的农村客运线路中 2/3 都是县至乡、乡至乡的客运班车，县至村、乡至村的客运班车还比较少，部分行政村农民出行难的问题仍然比较突出。

2. 农村客运的属性定位不清及公共政策不到位阻碍了农村交通的加快发展

农村客运与城市公交一样，都是为社会公众提供基本出行服务的公共运输方式，都具有经济效益差、社会效益强的特点。而且与城市公交相比，农村客运服务的范围更广、受益人群更多、运输成本更高、经济效益更差，依靠农民自身购置交通工具解决出行问题的能力更弱，对公共交通的依赖性更强，社会公益性更加明显，客观上要求政府给予财政扶持、提供普遍服务。综观国内农村客运发展成功的地方，普遍突出了农村客运的公共服务性和公益性。目前，由于我国对农村客运的理论认识程度不一，对农村客运发展中政府和市场的作用界定不清晰，从而导致农村客运发展政策摇摆不定、犹豫不决，在一定程度上延缓了农村客运的发展。

从目前的公共政策来看，农村客运在用地划拨、财政补贴、税费减免等方面尚未享受与城市公交相同或相似的政策，直接影响了农村客运的可持续发展。城市公共交通发展被纳入公共财政体系，政府对城市公共基础设施等建设资金的安排进行优先倾斜，而农村客运目前被界定为道路班线客运范畴，基本上没有财政支持，两者的税费政策也不相同。除了交通部门减免企业的规费外，绝大多数城市政府对城乡公交经营企业没有任何财政支持，导致城乡公交尤其是乡村公交基本处于亏损状态，入不敷出，在市场配置资源的情况下，农村客运市场很难发展起来。

3. 现有的农村交通基础设施投入机制不利于进一步缩小城乡交通差距

造成我国城乡交通基础设施发展巨大差别的原因有很多，其中农村交通基础设施投入机制不健全、不合理是阻碍城乡交通差距缩小的根本原因。①地方政府由于普遍存在经费不足客观原因，在投入上过度依赖中央，形成地方投入严重不足，基层财政的财力与事权不相匹配；②在政府投入时，重"大动脉"，轻"毛细血管"，对农村公路中的乡道和村道投入不够；③投资主体结构比较单一，缺乏多元化投资。事实上，在国家财力迅速增强的情况下，已经具备把更多的财政收入投向农村交通领域的经济实力。然而，目前从总体来看，与城市相比，农村交通资源配置在国民收入分配中仍处于不利地位，公共财政对农村交通基础设施和服务领域投入不足，总体覆盖力度不够。

4. 城乡有别的法规标准体系不利于城乡交通统筹协调发展

随着城镇化的快速发展，城市和郊区不断扩张，城乡区域重叠，城乡边界模糊，原城市周边的公路及公路与城市道路的连接线开始承担城市道路的功能，城市公交与城乡客运开始融合。然而，城乡道路规划、建设发展所依据的管理办法、法规和标准不同，导致两者在政策、规划、建设和运营管理等方面存在协调上的滞后和差异，城乡之间资源难以整合，无法实现共享。城市道路和公路采用两种分类标准进行规划与设计，导致城乡接合部道路衔接没有标准可以参照，造成管理真空和安全隐患突出，难以体现"以人为本"的交通服务理念。而在城市客运和农村客运发展方面，由于依据的法律法规不同，导致准入条件不同、管理办法不同、税费不同，从而矛盾不断。统筹城乡交通资源需要在法规标准层面上进行统一，这样才能较为彻底地解决交通领域城乡二元结构，构建一体化城际交通和城市交通体系。

一　城乡交通发展滞后

1. 城市客运发展不到位

在我国，虽然城市公共交通近几年发展不错，但其"拉后腿"的状态并没有得到根本改变。根据城市公共交通的分担率，全国只有36个中心城市，平均公交出行率为20%，中小城市公交出行率不到

10%，与许多发达国家40%—70%的出行率相去甚远。① 城市公共交通总体发展水平低是公交出行分担率低的直接原因。

（1）城市公共交通重复率高，街道涵盖不全面。公交网络覆盖不完善，公交线网密度低，通道公交起步较晚，大部分城市尚未形成结构合理的公交服务网络体系，广泛存在主要线路重复，甚至多达几十条。与此同时，城市外围小区，街道上的公交路线很少，不能面面俱到。

（2）公共交通基础设施有待改善。车站基础设施建设滞后。由于现场场地的缺乏和配套建设资金的缺乏，我国大多数城市的公共交通基础设施建设相对滞后，远远满足不了其发展的需求。①主城区公交停车位不够。北京发达城市的公共汽车仍有近1/3个路边停车场。武汉公共交通面积为104.77万平方米，50%的车辆没有固定停车场。②缺乏公共安全的专属权。公交专用道的缺乏和设置的不合理是制约公交服务水平提高的重要因素。例如，深圳是我国最早建立公交专用道的城市之一。但到目前为止，公交专用道很少，总长度仅占公交网络长度的6%，没有形成规模化。此外，公交线路受社会车辆干扰严重，权利保护不力，阻碍其正常功能的发挥。

（3）敏感问题影响行业稳定。城市公交企业压力很大，行业收益普遍不太高，大部分企业长期处于亏损状态。职工劳动强度大，且拿着与其付出不匹配的收入。在繁华的城市，交通环境复杂，公共汽车驾驶员有时厕所都很难去一次，三餐也不能保证，生理和心理压力都很大，导致精神状态不佳、情绪不稳定，从而很难提高服务质量。另外，公共交通企业职工的收入往往低于当地职工的平均收入水平，导致优秀人才的流失和对高素质人才的迫切需要。外资和私人资本进入城市公共交通行业，可能部分推动了我国城市公交的发展，然而，以外资为主流的各种经济部门并存，使公交行业完全不能体现其公益性，并且对公共交通行业的不利影响也开始显现。由于资本利润率特性的影响，合资及民办企业注重公交公司长期投资资金的安全管理，

---

① 李岳云：《城乡一体化的框架体系与基本思路》，《江苏农村经济》2010年第2期。

而忽视对职工的保护和关心,业务管理不到位、设备年久失修,导致服务水平低、职工离职率高的问题。

2. 农村客运体系亟待提高

随着新农村建设的不断推进,农村道路客运站也取得了巨大成就,但从整体来看,其建设还是比较落后,相较城市交通,差距还是巨大的,尚不能满足基本要求。

(1) 农村客运体系不完善。公路客运可能是大多数农民的主要出行方式,也可能是唯一方式。在我国,还有很多地区,农村客运网络尚不完善,仍然有许多城镇和行政村未能通公交,农村居民出行困难,主要集中在中西部地区。

(2) 农村客运水平较低,运输设备滞后。农村客运设备多为一般公交车,少有中级以上车辆,并且驾驶员专业水准较低,缺乏安全措施,服务设施参差不齐,安全风险大。车站设施落后。随着农村公路网建设的深入,滞后的车站建设与之不匹配。尤其在中西部地区,农村客运落后的现象很严重,还有许多农村客车仍然处于落后的路边发车和户外等待状态。

(3) 发展"瓶颈"日益凸显。①业务主体分散。农村客运市场主体的集约化程度低。虽然农村客运进行了许多领域的改革,但由企业经营转变机制进展缓慢,许多公司仍在挂靠、承包、租赁经营,"一车一主"家族企业仍占很大一部分,效率低和水平差的问题仍突出。②企业很难操作。由于农村住宅占地面积大、相对分散、交通量小、路况差、运输成本高,绝大多数农村公路客运运营商处于亏损状态。① 特别是客运专线,很难盈利。近年来,一些地方政府为了改善农民的出行条件,要求农村道路客运经营者开辟新的航线、新的车辆,提高客运的频率,但由于必要的补贴和政策没有跟进,农村道路客运经营者遭受更严重的损失而难以为继。③操作方式单一。目前,农村客运主要采用固定点、固定时间、固定班和固定线路的运营方式。运行方式单一,路线分布也很单一、不规范。④市场秩序混乱。

---

① 戴全才:《县域公路客运站场规划研究》,硕士学位论文,华东交通大学,2011年。

主营业务存在不符合核定区域、线路运营、超载等违规情况。特别是在一些地区,大量非法社会车辆,如摩托车、农用车、报废汽车等充斥农村客运市场,秩序混乱。

二 交通基础设施结构不均衡

1. 农村客运站使用效率普遍低下

以宁夏回族自治区固原市为例,其5个县的51个乡镇客运站投入使用的不到10%。例如,宁夏固原市隆德县张家庄客运站从建设完成就没有使用过,站房的防盗铁门都已经锈死。又如,甘肃省六盘山地区已建成的1532个农村客运等级站或简易站的使用率也非常低,造成大量基础设施闲置和浪费。导致这种情况的根本原因是建设与使用脱节,农村客运场站建设缺乏统筹规划,仓促上马,缺乏必要的论证,将争取国家补助资金、完成投资计划作为客运站建设的主要目的,导致大量问题。其次是布局选址不合理。一些乡镇地处偏远,客运线路很少,却修建较高等级的场站,有些乡镇场站选址不便于当地居民使用,导致车辆沿线捡客,不进站。最后是场站经营管理的主体不明确。目前乡镇客运站建设资金主要依靠国家和省里补助的40万—50万元,建设用地主要靠乡镇政府或村集体提供,客运站产权不清晰,引发客运站经营和管理责任主体不明确等问题。① 由于农村客运盈利水平较低,运输企业不愿支付客运站使用费用,影响企业经营场站的积极性。

2. 农村公路条件限制农村客运发展

为解决前期农村公路建设经费严重不足条件下通乡村公路的需求,部分地方出台了地方标准,在平曲线最小半径、最大纵坡、弯道加宽等方面相较部颁标准放宽了要求。但由于建设指标偏低、安全设施设置不足,这些农村公路存在巨大的安全隐患,不能满足农村客运通行要求。同时,大量已建农村公路受经费影响,养护严重不足,部分农村公路甚至难以完成日常养护,路面条件退化明显;已建农村公

---

① 邓振:《成都市金牛区城乡一体化实证研究》,硕士学位论文,西南交通大学,2006年。

路安保工程也严重不足，交通安全设施不到位的情况非常普遍。

3. 城乡客运基础设施投入力度仍然不足

我国城乡交通长期以来存在着投资政策导向不力、投资渠道不明确、投资规模不足、历史欠债较多的问题。交通设施的建设存在着重视新建项目、忽视已有设施的维护改造问题。特别是城市郊区道路破损和农村公路损毁的修复等养护资金缺口很大，难以落实。在城乡道路客运一体化，公交一体化改造和农村客运基础设施建设、企业改制重组和取消挂靠等方面要均衡各方利益，缺乏城市各级财政和交通资金的投入。

三 城乡交通发展政策支持力度差距大

（1）交通规费和财政补贴政策不同，导致公交与客运之间票价差距较大。在规费政策的城乡差别方面，以武汉市为例，按照《中华人民共和国道路运输条例》的规定，武汉市从事公路客运的车辆需缴纳客运附加费、运管费、通行费等交通规费。如20座中型客车，每年需缴纳上述费用约3.5万元/车。凡属于公益事业的性质，政府都会进行一定的资金补贴，享受各种免缴城市建设等费用，而且涉及的资金数量庞大，在交通客运的运输成本明显上涨时，政府会在政策上给予一定的支持和鼓励，以帮助公众事业的正常运行。但是道路客运自负盈亏，不享受城市财政补贴。

（2）公交补贴政策不到位，农村客运缺少财政优惠。不少城市政府为落实公交优先发展战略，对公共交通投入大量资金并落实了补贴政策，但有的城市公交补助虽列入计划，有时资金也不足额发放；还有的地方县镇财政金融紧张，对实行一体化公交的企业难以持久支持；多数城市财政没有农村客运补助及来源渠道。除了经济发达的东部地区的部分超大城市对公共交通有较高补贴外，大部分城市公交的财政补贴情况不容乐观。农村客运一直是市场经济为主，地方政府和交通部门除了修建道路、桥梁和部分客运站外，几乎没有客运投入和补贴政策。但是，由于近几年油价上涨、税费增加，规费征收不合理，再加上成本不断上涨，造成农村客运成本加大，企业和业户经营困难的问题，车辆陈旧耗油难以更新，农村的旅客运输亏多盈少、难以为继。以江西省吉安市城乡道路客运政策为例证。①市政府重视程度不同。近年来，由于交通拥堵、环境污染等问题凸显，城市人民政府对公交的发展日益重视，出台了优先发展公交的实施意见，从资金、土地、基础设施建设等方面给予政策支持，制定了一系列可操作性强的措施，且制定了中长期的公交发展专项规划。相比之下，对农村客运的支持力度明显不如城市公交，大多数采取一片（一线）一经营者（公司）模式，冷热线捆绑经营，盈亏经营者自负。虽然农村客运网络日趋完善，出行更为便利，但票价较城市公交高，且缺乏专业的中长期发展规划。②享受的优惠政策不同。城市公交和农村客运均享受中央的燃油补贴，农村客运的补贴标准为公交补贴的80%；市人民政府对公交因执行低票价、社会福利政策、政府指令等产生的亏损，都会给予补贴，部分经济实力较为雄厚的县也会给予补贴，但对农村客运均没有补贴。①

四 城乡交通衔接不畅

（1）通达深度、广度不足。①部分地区道路网络通达深度不够，郊区县和农村等级客运站、停靠站偏少。城市边缘新建区居民和农村的农民乘车难，有的群众必须先走几里地赶到县镇才能乘到公交车，增加了出行难度和时间延误，出行多有不便。②继续提升农村客运通达深度和服务水平难度大。农村客运面临着油价上涨、运行成本高的压力，受道路、客流等客观因素的影响，存在着安全风险大、利润空间小的发展困难。特别是现在未通客运车辆的边远贫困山区行政村，路远、人少、需求分散，在缺乏公共财政扶持的情况下，线路开通困难大，运营困难更大。

（2）城乡居民转车换乘不够便利。①城乡运输网络缺乏有效整合，城乡居民转车换乘的运输枢纽建设不足，运力分配和发展不均衡，导致农村和郊区居民进城难、进城不便（换乘难、候车难）等现象存在。②由于有的城市铁路、公路长途客运站与公交场站的上级主

---

① 罗湖平、朱有志：《城乡一体化进程中的共生机理探讨》，《安徽农业科学》2011年第5期。

管部门存在不同，导致一些客运站在规划、设计和运营过程中与公交车站未能有效衔接、协调运行，群众换乘时必须携带行李步行或绕行很长的距离和时间。加之，由于各条路线客运车辆运行时间配时不合理或缺少接驳运输，给城乡居民转车换乘带来等车时间过长、不得不找"黑车"等不便，民众出行或换乘常会遇到"畅行中间、堵在两头"的无奈经历。③客运枢纽或站场停车场面积小、停车换乘不便，郊区居民为方便办事多开车进城，车辆过多造成拥堵。

（3）各种运输方式之间的相互整合与资源共享平台的建设不足。①售票联网覆盖不足，未形成不同线路、不同运输方式"一票到底"的票制，致使长途出行需要通过多次中转购票验票、费时等候才能到达目的地，而其中还会遇到很多不确定因素。②农村地区信息化平台建设程度不足，城乡客运、物流和邮政之间信息共享不顺畅，导致客货并举、运邮结合的资源信息共享平台整合存在困难。

第二节　城乡交通一体化发展存在的法律问题

我国交通法律体系日臻成熟，然而由于行政区划较多，各地方交通法律制度在全国交通法律体系之下又根据本地社会经济发展情况做出了相应的调整，因此也导致了不同区域之间的交通法律在适用时存在着不同的标准。城乡二元化模式下的城乡交通，在交通机构职能设置、道路交通规则等方面存在着诸多差异，为城乡交通一体化战略的实施增添了障碍。城乡交通一体化法律保障机制需要解决的问题，主要是与交通强国战略实施、交通运输事业持续健康发展的要求、全面推进依法治国的要求、人民群众的期盼相比，还存在一定差距。这主要表现在：①法治政府部门建设的思想认识不到位。在发展和法治的关系上，有的人还存在"发展要上、法治要让"的误区，有的人认为法治建设只是法制工作机构的事，没有从事关交通运输发展的基础性、全局性、长远性工作的高度来认识和推进，有的地方和单位对法

第六章　我国城乡交通一体化法律障碍分析

治政府部门建设的组织领导还比较薄弱，缺乏将法治工作与交通运输改革发展中心工作统筹规划和狠抓落实的能力。②交通运输法律法规体系有待进一步完善。交通运输立法质量还需要继续提高，综合交通运输法规尚属空白，综合交通运输基础设施与枢纽建设，尤其是城乡交通一体化建设法律制度尚未建立，交通运输新业态立法比较滞后。③交通运输行政执法体制没有理顺。基层执法水平亟待提升，执法行为不规范，乱罚款、滥收费、任性检查问题有待进一步解决。执法条件不能满足实际执法需要，执法效能不高。④交通运输行业遵法、守法氛围待形成。普法的载体不多、形式比较单一、缺乏针对性和实效性，行业遵法守法、诚实守信的意识和氛围还有待进一步形成。⑤法治工作队伍正规化、专业化、职业化建设需要进一步加强。法治工作队伍的整体素质能力还不能完全适应当前日益紧重的法治建设任务要求，交通运输行政执法队伍建设的基础还比较薄弱，执法队伍整体素质不高、专业人才匮乏。

一　城乡交通一体化管理体制不完善

国务院大部制交通改革实施以来，原有分散的交通管理部门进行了新的规划整合，交通管理职能更加明确。这有利于推动综合交通运输发展，也会提升综合交通运输的效率。但具体到各省、市、自治区的交通管理机构，仍然会出现管理混乱的问题。城乡交通管理体制政出多门，无法进行高效的管理。从机构设置来看，在职能设置上存在重复管理的现状，城乡在交通管理体制上存在较大的区别。交通一体化需要区域内具备统一的交通管理方式，能够高效快捷地管理各交通部门，然而各地实行不同的交通管理体制，部门之间职能不对接，导致在交通一体化的过程中部门之间很难进行统筹协调。具体体现在以下几个方面。

1. 城乡客运法规衔接度不高

根据法律法规，城市公共交通主要服务于中心城区，法律依据有《城市公共汽车和电车客运管理规定》和《城市道路管理条例》；公路客运主要服务于中心城区以外的道路，法律依据有《中华人民共和国公路法》和《中华人民共和国道路运输条例》。两类客运法律规定的部分准则有很大的不同。由于农村客运和城市客运管理属于不同的标准体系，在统筹城乡客运协调发展的实践中，城市客运向农村地区延伸以及班车客运"公交化"改造，难以避免会面临管理规范不衔接，甚至摩擦冲突所引致的制度障碍。① 农村客运车辆公交化改造缺乏相应的法规依据，管理制度不完善，在车型标准上未能与公安、安监等部门达成一致，农村客运公交化运行的企业和车辆许可、管理还不规范，城乡客运一体化发展面临制度制约。

2. 跨境运输线路开辟遭遇法规、体制"瓶颈"

随着各地积极推进地区间的协同发展，人们对跨境客运线路，甚至跨境公交线路开辟的需求不断增长。但按《中华人民共和国道路运输条例》规定："从事跨省、自治区、直辖市行政区域客运经营的，向所在地的省、自治区、直辖市道路运输管理机构提出申请……（所在地的省、自治区、直辖市道路运输管理机构）应当与运输线路目的地的省、自治区、直辖市道路运输管理机构协商；协商不成的，应当报国务院交通主管部门决定。"由此导致开辟跨境运输线路的申请、协商过程过于烦琐，线路开辟难以满足人民大众的出行需求。加之，各地主管部门出于维护本地区客运行业利益、规避安全责任风险等方面的考虑，往往对跨境线路的开辟消极应对，导致部分跨境运输线路虽然在运营，但却没有得到有关部门的合法认可，不仅严重阻碍了跨境道路旅客运输的健康发展，而且对乘客的生命和财产安全存在巨大的安全隐患。

3. 农村公路管理法律缺位

农村公路管理法规薄弱，不利于农村公路的长期可持续发展。2005年，国务院通过《农村公路建设规划》，计划到2020年，全国农村公路通车里程达到370万千米，初步形成以县道为局域骨干、乡村公路为基础的干支相连、布局合理、具有较高服务水平的农村公路网。然而，从法律法规层面上看，与农村公路发展需求相比，现今国

---

① 张军：《推进我国城乡一体化的制度创新研究》，博士学位论文，东北师范大学，2013年。

内还没有一套全国统一适用的农村公路单行法，实施管理的依据仅仅参照普通公路的法律条款，通用性与完备性远远不够。此外，虽然《中华人民共和国公路法》对县道和乡道公路建设和管理做了原则性规定，但其概念内涵中没有包含村道。在《国务院办公厅关于印发农村公路管理养护体制改革方案的通知》中规定，农村公路的范围定义为县道、乡道和村道，但严格意义上，农村公路的概念仍然较为模糊，只规定到通建制村的公路，村与村之间的连接路以及连通大的自然村的公路；在农村公路建设方面，其建设的责任、资金来源都是政府文件规定的，属临时性规定。《中华人民共和国公路法》和《公路管理条例实施细则》都未提及村道，很大程度上造成了农村公路建、管、养滞后，管理主体不明确、责任不落实，导致建养的问题较为突出。今后，农村公路的建设任务仍然艰巨，没有法律责任的界定，将不利于农村公路的长期可持续发展。

二 城乡交通一体化法律规定不统一

道路客运和城市公交法规体系不统一，影响城乡协调发展。法律法规是维护市场环境、保护消费者权益、打击不法经营者的依据。由于长期的管理体制分割，道路运输法规表现出较强的"部门化"特征，形成了城乡分开的法规体系。由交通部门管理的货物运输、城市间旅客运输、城市外旅客运输遵循《中华人民共和国道路运输条例》《道路旅客运输及客运站管理规定》《道路运输从业人员管理规定》等7部由交通部门出台的规章。而城市内的公交汽车遵守由建设部门出台的《城市公共汽电车客运管理办法》以及地方出台的相关规定。出租汽车目前还没有相关的法律规定。目前仍然没有一个完善的法律法规体系对道路客运和城市公交进行统一的管理。以往由于一部分城市公共汽车、出租汽车和班车客运、旅游客运不归属一个部门管理，交通立法受到牵制，旅客的权益保障不能统一规定。

就相关性而言，在不同的规章制度体系之中，有机关联度较小，表现为差异性强而统一性弱。由于立法体制上的部门利益缺陷，客观上存在较为严重的冲突现象，法规冲突现象也屡见不鲜。法规建设的滞后，已经严重影响城乡交通一体化的进程，政府对行业中存在的违法、违规行为难以实施有效处罚，损害合法经营者利益，影响市场正常运行。

三 城乡交通一体化协调机构缺失

城市交通之间法律法规各自为政，缺乏协调途径。目前，我国城市客运没有高层次的行政法规约束，这种情况会损害城市客运的良性发展，也难以适应当地法规。政策不稳定、随意性强，不利于城乡客运协调发展等方面。① 即使原建设部给出了各项部门章程，但城市公交行业涉及的内容许可证规定、法律责任、执法没有系统的体系机制。由于新形势下城市客运部门还没有建立起最高法律法规，城市客运运营空间和推进机制还没有明确规定，基础设施管理没有规章可依。由于城乡客运管理不在一个体系内，所以很多事务很难通过一条途径去解决。在城市向农村衔接的路线上，总会因为法规相抵而产生矛盾。例如，城市公共交通与客运线路超载的规定不尽相同。城市公共汽车可以允许站票的存在，而客运线路上所有乘客必须坐着，否则将根据超载处罚。

城乡交通之间缺乏法律协调机制。迄今为止，分管城市客运和道路客运的各部门没有明确职责分工，业务交叉严重，延长线和公交客运班线恶性竞争，不仅容易引起两种类型商业实体的矛盾，也损害了乘客的利益。因为缺少统筹协调机制，资源不能互相运用，所以就不能完全发挥客运线的作用。部门间协调和执行机制不足。即使城市通过实践，正在研究一体化相关系统及机制，但几个部门合作、共同实施举措的方式并未得到重视，现实过程中随心所欲的概率比较大，没有相关的体制约束，这导致公交整体利民效果会打折扣。并且，交管部门在管理过程中总是被各机构制约，束手束脚，同时交通体制没有被充分重视，使城市综合交通运输体系可能与城乡交通一体化进程的步伐不相匹配。

四 城乡交通一体化协同服务机制缺失

技术标准缺乏凝聚力。主要体现在道路网连接、基建、车辆型号

---

① 李岳云：《城乡一体化的框架体系与基本思路》，《江苏农村经济》2010年第2期。

的选择等多个方面。目前我国城市道路和城市道路大多属于不同部门，缺乏相应的协调机制，主要是针对城市道路网与公路网上。尤其是在城乡接壤处与高速公路过渡段的技术标准转换中，容易出现安全隐患。同时，公路枢纽与城市客运站的选址与设计存在诸多差异，容易造成现场施工衔接不便、换车难、资源流失等问题。以往意义上的城市公交和道路客运车无论是车型还是车门等方面的标准都风格迥异，在农村和城市公交道路旅客运输过程中有一个现实矛盾点，即乘客的要求与现在的规章制度相冲突，这对城乡交通一体化进程有害无利。

没有合理的标准化规章，没有根据不同地区居民的不同要求予以调整，并且至今也没有合理统一的服务规章。大部分城市公交企业没有进入交管服务考评体系中，所以也比较难以在农村客运评比中脱颖而出。到目前为止，城市公共交通和农村客运都是以公益性服务而为大家所熟知，但从发车率、通行范围、服务人群和乘客人数等方面来看，其两者之间仍存在很大的差别。

除此之外，随着城镇化的快速发展，城市和郊区都在不断扩张，城乡区域重叠，城乡边界模糊，原城市周边的公路及公路与城市道路的连接线开始承担城市道路的功能，城市公交与城乡客运开始融合，然而城乡道路规划、建设发展所依据的管理办法、法规和标准不同，导致两者在政策、规划、建设和运营管理等方面存在协调上的滞后和差异，城乡之间资源难以整合，无法实现共享。城市道路和公路采用两种分类标准进行规划与设计，导致城乡接合部道路衔接没有标准可以参照，造成管理真空和安全隐患突出，难以体现"以人为本"的交通服务理念。而在城市客运和农村客运发展方面，由于依据的法律法规不同，导致准入条件不同、管理办法不同、税费不同，从而矛盾不断。统筹城乡交通资源需要在法规标准层面上进行统一，这样才能较为彻底地解决交通领域城乡二元结构，构建一体化城际交通和城市交通体系。①

五 城乡交通一体化法律监管不到位

由于法律监管不到位，郊区和农村道路运输安全问题突出。①目前部分地区道路客运市场运力过剩，不仅造成道路拥挤，而且争抢客源、乱停乱靠、秩序混乱、事故频发等现象时有发生。②小面的、三轮车和两轮摩的以及无牌无证无照车辆、报废在用车辆违法参与客运经营，不仅严重扰乱了客运市场，而且经常违规行使，带来了极大的安全隐患。③公交客运没有超载限制，在县域公路超载行驶容易出现安全事故；道路客运班车为扭转劣势而恶性超载、多拉快跑，必然增加安全隐患。④对在县域道路上的公交车辆与道路客运班车采取不同的双重管理标准，公安、交通部门难以管理。⑤候车亭、停靠站和招呼站等基础设施不足，客运班车车辆乱停乱靠，影响交通安全。农村客运安全管理仍需加强。目前，大多数县级交通运输部门和道路运输管理机构人员有限，乡镇行业管理力量严重不足，难以对点多面广、经营分散的农村客运实施全面、有效的监管。一些农村客运企业经营管理不规范，缺少专业管理人员，对承包车辆以收费代管理，安全生产主体责任落实不到位，农村客运安全管理工作仍需进一步加强。

第三节 我国城乡交通一体化面临法律障碍原因分析

一 城乡二元体制的束缚

对城乡客运管理体制的影响，先要对城乡客运管理体制问题进行回顾，更准确地说应是对当前管理体制现状的审视。长期以来，交通部门与城市建设部门分割管理城乡交通，形成了我国多数城市的二元

---

① 马书红、周伟：《城乡一体化与县域公路交通发展的思考》，《交通标准化》2004年第9期。

城乡管理体制。"城市内"公共汽车和部分城市的出租汽车归属城市建设部门管理,其他营运车辆则归属交通部门管理。在城乡一体化大背景下,贯穿城市的班车客运与"城市内"的公交客运和出租汽车客运在线路、服务范围上出现了严重重叠,产生了诸多问题。成为制约城乡交通一体化健康发展的"瓶颈",也成为城乡交通一体化过程中的突出问题之一。

管理体制上长期的二元结构,造成我国旅客运输市场和管理体制呈现多种形式。主要有以下四种:①传统型客运市场和管理体制的"二元结构"。规模较小、经济发展落后的城市,交通运输体制改革较慢,城市公交发展滞后,乡村客运管理体制维持"农村客运不进城,城市公交不下乡"的原始状态。典型城市如新疆、西藏等的中小城市。②地域拓展型客运市场和管理体制的"二元结构"。在城区范围不断扩大的城市,城市公交客运与农村客运的界限逐步模糊,难以区分,乡村客运的市场范围逐步缩小,城市公交的客运市场范围逐步扩大。但城乡客运和农村客运仍然是公路客运的市场范围,城市公交和农村客运之间仍然处于泾渭分明的市场分割状态。典型城市如格尔木等。③客运市场的"二元划分"和管理体制的"一元结构"。在一些直辖市或沿海发达城市,城乡交通纳入一个部门管理,城市公交客运线路逐步从城市向乡村延伸,城乡一体化初具规模。但是经营主体和行业管理的"二元划分"尚未改变,客运企业仍然划分城市公共交通客运企业和道路客运企业,两者在行业管理方面仍然分别执行着城市公交管理和道路客运管理办法,执行着各自不同的补贴、税收等政策。典型城市如南京、昆明、福州、杭州等。④客运市场和管理体制的"一体化结构"。部分城市真正呈现出市域内城乡客运"一体化"组织和管理模式,一体化市场、一体化管理。典型城市如北京、广州、深圳、重庆、成都、武汉等。

上述四种情形是我国城乡交通分割管理体制,在城市经济、规模、人口等因素发展到不同阶段的四种表现形式。我国多数城市处于第二阶段,处于第一、第三阶段的较少,极少数城市经历了第一、第二阶段后,达到第四阶段。

多种形式的管理体制和市场情况，造成以下几个方面的问题。

1. 统一法规政策出台难

管理体制不统一造成的最突出问题是法规政策不一。根据旅客运输形式的不同，旅客运输被划分为公交客运、出租客运、班线客运、旅游客运、包车客运等多种形式，在运营形式和经营方式上存在不同，从服务对象的本质来看，都是为公众提供的公共服务，没有实质性差异。而以往由于部门分割，部门间利益冲突严重，很难达到协调统一，导致规范市场的法律法规出台十分艰难。政策方面，城市公交客运被归属于公共服务，享受政府财政补贴等优惠政策，而服务于城乡间的其他客运形式没有得到政策的支持，发展较为困难，也造成了客运市场的不公平竞争。

2. 资源有效配置难

长期以来，班车客运、旅游客运和公交客运、出租汽车客运相互分割，块块管理，无法实现统筹决策、统筹规划、统筹建设，造成交通基础设施建设和线路运输重复性投入，线路网络覆盖不全等现象，资源闲置、浪费严重。这种分割管理使部门间权责不清、交叉严重，趋利性思维导致将管辖线路和基础设施向获利潜力大的方向转移，相互之间不能协调利用。典型例子是公交客运与长途运输站场不能有效衔接、综合利用，线路配置冷热不均，相互间无序竞争严重，甚至出现相互围堵等不稳定情况。

3. 城乡旅客运输有效衔接难

现行道路旅客运输管理体制没有体现"以人为本"的理念。分割管理导致一部分城市的公共汽车站点归建设部门规划与管理，长途汽车客运站归交通部门规划与管理。由于两个部门之间缺乏有效的协调机制，结果是长途汽车客运站和公共汽车客运站互相脱节，旅客乘车、换乘很不方便，本来在短时间或者一个车站内能到达的，需要很长时间或较长距离才能到达，群众对此意见很大。

二　城乡交通财政支持差距大

农村客运与城市公交一样，都是为社会公众提供基本出行服务的公共运输方式，都具有经济效益差、社会效益强的特点。与城市公交相比，农村客运服务的范围更广、受益人群更多、运输成本更高、经济效益更差，依靠农民自身购置交通工具解决出行问题的能力更弱，对公共交通的依赖性更强，社会公益性更加明显，客观上要求政府给予财政扶持、提供普遍服务。综观国内农村客运发展成功的地方，普遍突出了农村客运的公共服务性和公益性。目前，由于我国对农村客运的理论认识程度不一，对农村客运发展中政府和市场的作用界定不清晰，从而导致农村客运发展政策摇摆不定、犹豫不决，在一定程度上延缓了农村客运的发展。①

从目前的公共政策来看，农村客运在用地划拨、财政补贴、税费减免等方面尚未享受与城市公交相同或相似的政策，直接影响了农村客运的可持续发展。城市公共交通发展被纳入公共财政体系，政府对城市公共基础设施等建设资金的安排进行优先倾斜，而农村客运目前被界定为道路班线客运范畴，基本上没有财政支持，两者的税费政策也不相同。除了交通部门减免企业的规费外，绝大多数城市政府对城乡公交经营企业没有任何财政支持，导致城乡公交，尤其是乡村公交基本处于亏损状态，入不敷出，在市场配置资源的情况下，农村客运市场很难发展。

三　城乡交通运输规则发展不平衡

从公路行政等级分类的不适应性方面分析。一直以来，我国公路是按照行政管理层次来划分并进行规划与管理。此划分方法简单明确，适合城乡道路建设的初期。因为这个时期各个行政区的公路与城市道路的发展相对独立，区域间的经济联系不够紧密。但随着城乡经济一体化的不断发展，城乡道路统筹规划、协调发展的需求越来越迫切，这种划分方法随着城乡经济一体化的不断发展已出现不适应性。由于城市道路划分主要依据为道路在道路网中的地位、交通功能以及对沿线建筑物的服务功能，在城市道路网的体系中，各层次道路功能清晰，不同层次的道路对应不同程度的机动性和可达性，路网便于合

---

① 任雪松：《城乡一体化交通投融资的法律瓶颈及多环节破解》，《上海城市管理》2014年第3期。

理衔接。然而与城市道路路网体系相比，公路划分主要考虑行政节点的政治、经济因素和节点覆盖度。现有层次架构的功能较为模糊，缺少明确的功能层次分类，因此在缺乏两者统筹衔接与融合指导思想的情况下，基于两种不同分类的路网系统对接，易导致线路功能不明、效率低下，不能完全适应城乡道路一体化发展的需要。

从公路技术等级分类的不适应性方面分析。技术等级分类层次结构明确了公路的建设标准，对于建设阶段的单条公路至关重要。然而从城市道路与公路功能协调角度看，现有公路技术等级分类也存在缺陷。虽然《公路工程技术标准》（JTG B01—2014）指出，"确定一条公路的等级，应首先确定该公路的功能，是干线公路，还是集散公路，即属于直达还是连接，以及是否需要控制出入"等，但是标准未对干线公路、集散公路进行界定，对不同功能下各级公路的设计标准界定也较为广泛。如标准仅对不同使用功能下的设计车速做了较为清晰的界定，对集散道路和支路情况下道路出入口、横断面（道路宽度）、非机动车、公共汽车、行人等慢行交通的道路设施设计要求均未体现。没有统一的标准与操作性强的具体规定，必然导致实践中作为集散道路和支路的公路设计千差万别，增加了城乡道路的衔接难度。

第七章

城乡交通一体化法律保障机制构建

真正的城乡交通一体化，绝对不是建设越来越多的公路、铁路等交通基础设施，将区域内的城市连接起来那么简单，而是要打破城乡限制，通过立法，在交通管理体制、交通规划、交通法律法规、交通设施标准、交通出行服务等诸方面一体化的基础上，推进交通发展。更需要改变以往各地交通管理部门闭门造车、只关注本地区交通发展的弊病，以协同合作的方式创新交通部门协作机制与合作模式，化解深层次体制机制障碍，构建起快捷高效的交通一体化运输网络。要想解决城乡交通一体化的法律问题，只有通过规范化的法治协调形式，把城乡交通一体化建设中的规划目标以及各方权利义务以法律的形式固定下来，才能以法制保障城乡交通一体化。因此，应以实现交通强国战略目标为目的，推动交通运输治理体系和治理能力现代化，以全面深化交通运输法治政府部门建设为重点任务和主体工程，以加快形成完备的城乡交通一体化法规体系、高效的城乡交通一体化法治实施体系、严密的城乡交通一体化法治监督体系、有效的城乡交通一体化法治支撑体系、丰富的城乡交通一体化法治文化体系、有力的城乡交通一体化法治保障体系为着力点，更好地发挥法治固根本、稳预期、利长远的保障作用，为全面建成人民满意、保障有力、世界领先的交通强国提供坚实的法治保障。

第一节　城乡交通一体化发展法律保障机制构建的方向与原则

一　城乡交通一体化发展法律保障机制构建的内涵

法治作为人类文明的共同成果，强调法在调整各种社会关系中的正当性、权威性，是迄今为止最先进、最有效的治理体系和治理方式之一。法律是否至上，特别是权力的运行有没有纳入法律设定的轨道，是区分法治与非法治的主要标志。概括地说，法治是指以民主为前提和基础，以严格依法办事为核心，以制约权力为关键的社会治理机制、社会活动方式和社会秩序状态。法治交通就是在交通运输领域坚持法治原则，严格依法办事，交通运输规划、建设、管理、运营服务和安全生产等各项事务都在法制轨道上运行的治理体系和治理秩序。法治交通是建设社会主义法治国家、法治政府、法治社会的重要组成部分，并且自成体系。

城乡一体化发展法律保障机制构建的内涵具有以下七个特征。

1. 完整性

法治交通包括交通运输法规体系、交通运输法治实施体系、交通运输法治监督体系、交通运输法治文化体系、交通运输法治支撑体系、交通运输法治保障体系。它们是相互融通、相互促进、不可分割的有机整体，共同构成交通运输法治体系。

2. 科学性

法治交通的六个子体系依次对应的是立法、执法、监督、守法、支撑、保障，环环相扣、相互配套、有机衔接。交通运输法规体系是制度基础，交通运输法治实施体系是履职担当，交通运输法治监督体系是权力制约，交通运输法治文化体系是思想保证，交通运输法治支撑体系是技术支持，交通运输法治保障体系是长效机制。

3. 有效性

法治交通坚持务实管用、严谨规范的原则建设，各项法治规范严密严谨、切实可行，各项法治工作措施依法依规制定，符合交通运输实际。

4. 专业性

法治交通涵盖铁路、公路、水路、民航、邮政等各个领域的规划、建设、管理、运营服务和安全生产，意味着这些领域的各个环节都应在法制轨道上运行，专业性强。

5. 保障性

法治具有固根本、稳预期、利长远的保障作用。城乡交通一体化法制保障机制使法律成为交通运输建设、运营和维护的基本准则，整个交通运输建设、运营和维护按照法律规范运行，进而实现交通运输高质量发展。

6. 复杂性

法治交通不仅涉及政府部门、交通运输行业，还涉及社会公众、行业协会、中介组织等相关主体。只有所有的交通运输管理、运营、使用以及其他相关主体都做到坚持法治原则，依法办事，才能真正实现法治交通。缺失其中任何一个主体，法治交通都难以真正实现。

7. 长期性

城乡交通一体化法制保障机制是交通运输领域的一场深刻革命，是一项长期而重大的历史任务。必须遵循其自身发展规律，谋划长远，统筹全局，逐步推进，不断完善，不能一蹴而就。

二 城乡交通一体化发展法律保障机制构建的方向

城乡一体化发展法律保障机制构建既要符合党中央、国务院关于法治政府建设的总体目标，也要与交通强国建设的战略安排相协调。在建设现代化交通强国战略目标的指引下，坚持尽力而为、量力而行的原则，以保障城乡居民生存发展的基本交通运输需求为导向，以实现城乡、区域和群体间交通运输基本公共服务均等化为目标，以农村公路、农村客运、邮政普遍服务、城市公共交通等工作为重点，加大政府投入，创新体制机制，完善配套措施，加快建成符合国情、覆盖城乡、功能完善、管理高效、可持续发展的交通运输基本公共服务体系，全面提升交通运输基本公共服务均等化水平，为建设现代化交通强国提供有力保障。从现在到2020年，是全面建成小康社会的决胜期，要按照《法治政府建设实施细要（2015—2020年）》的要求，基本建成职能科学、权责法定、公开透明、公正公开、廉洁高效、守法诚信的交通运输法治政府部门，为开启交通强国建设新征程打好法治基础。从2020年起，要进一步深化、完善交通运输法治政府部门建设，把法治要求贯穿到交通运输建设、运营、管理、安全生产的各个领域，并引领协同保障交通强国建设。到2035年，交通运输行业治理全面实现良法善治，交通运输治理体系和治理能力现代化基本实现。到2050年，法治理念和法治要求贯穿到交通运输各领域和全过程，交通运输治理体系和治理能力现代化全面实现，交通运输行业治理、国际竞争力达到世界领先水平。到2050年，全面建成体系完善、覆盖城乡、普惠均等、便捷高效的城乡交通一体化体系，实现"行有所乘"，实现城乡、区域和不同社会群体间城乡交通一体化制度的统一、标准的一致和水平的均衡，基本公共服务达到国际先进水平，形成具有中国交通强国特色的城乡交通一体化均等化清单与标准，有力支撑现代化交通强国建设目标，全面提升人民群众的获得感、公平感、安全感和幸福感。①2019—2020年：推动城乡交通一体化普遍覆盖，初步建立覆盖城乡、区域协调、群体普惠的基本公共服务体系，率先实现全面小康社会中城乡交通一体化发展目标。②2020—2025年：建立健全城乡交通一体化服务体系，实现地区性基本公共服务财政能力和服务水平均等化，促进城乡基本公共服务的制度衔接和统一。③2025—2035年：总体实现城乡交通一体化、服务均等化，建立相对完善的城乡交通一体化服务制度体系，交通运输基本公共服务均等化水平全面提升。④2035—2050年：基本消除城乡、区域、群体差异，全面建成体系完善、覆盖城乡、普惠均等、便捷高效的城乡交通一体化基本公共服务体系，交通运输基本公共服务达到国际先进水平，交通强国建设成果由全民共享。

三　城乡交通一体化发展法律保障机制构建的原则

结合调研情况和城乡交通一体化发展所面临的新形势和新任务，推进城乡道路客运一体化发展的基本思路是：深入贯彻落实党中央精神，以加快"四个交通"建设为引领，利用基本的公共服务和交通需求来推进城乡交通的相互交互的同时，以转变城乡交通发展方式为主线，来坚持"城乡一体，协同融合"的发展理念，将城乡交通发展看作一个为民办实事的大工程，在发挥政策引导和市场互动相结合的情况下，给城乡居民提供更高效、便捷的交通服务。积极研究城乡交通一体化对基础设施规划、建设、管理及法规的影响及提出的新要求。城乡交通一体化法律保障机制构建原则主要表现为协调原则、市场主导原则、公平原则、共享原则、平衡原则、服务原则和上下结合原则。

1. 坚持以人为本、城乡协调原则

以最大限度地满足城乡居民交通需要为根本出发点，逐步消除城乡二元结构壁垒，加强城乡联动、有序衔接，推动城乡交通基本公共服务均等化。保障城乡道路网和运输客运站作为一个有机的整体，在规划与布局上要统筹兼顾、协调进行。从最广大人民群众的根本利益出发，立足我国经济社会发展阶段，发挥基本公共服务兜底作用，尽力而为、量力而行，明确保障基本交通运输需求。

2. 坚持市场主导、政策引导原则

发挥市场在资源配置过程中的决定性作用，尊重企业的市场主体地位和自主决策。发挥政府引导作用，健全法规政策，完善标准规范，理顺体制机制，加强组织实施。发挥社会组织协调监督作用。政府主导、多方参与，明确并合理划分政府财政事权和支出责任，保障交通运输基本公共服务投入；支持各类主体平等参与并提供服务，形成扩大供给合力。统筹推进，协调发展。统筹运用各领域各层级公共资源，加大交通运输资源向西部地区、老少边穷地区、农村地区、重点人群的倾斜力度，推动城乡、区域协调发展。

3. 坚持公平原则

公平原则是指城乡交通运输在发展机会、享受政府政策、交通服务等方面需做到公平一致。为确保公平性，农村交通基础设施建设应获得更多支持与帮助。

4. 坚持共享原则

共享原则是指城乡交通网络、站场建设、线路、有效信息等资源优化配置、相互共享。同时应进行城乡交通资源的有机有效整合，充分发挥资源的效能。普惠均等，共享发展。实现政策普惠，促进机会均等，缩小供给差距，让交通运输基本公共服务覆盖到全体城乡居民，使人民群众共享交通运输改革发展成果。

5. 坚持平衡原则

平衡原则是指因内外环境发生变化，城乡道路基础设施在城乡一体化动态发展过程中始终保持协调配合、畅通连接的有序状态和高效的运作方式，按新环境要求实现稳定平衡发展，在动态过程中适应并引导城乡空间发展。①

6. 坚持服务发展原则

把服务交通运输中心工作、引领和推动交通强国建设作为城乡交通一体化法制保障机制的根本使命，以法治促改革、促转型、促发展、保稳定。必须坚持把城乡交通一体化法制保障机制作为推进交通运输行业现代治理体系的重点，将厉行法治与加强行业治理结合起来把握，把法治思维和法治方式贯穿于行业治理的全过程。

7. 坚持上下结合原则

顶层设计和地方实践相结合、目标导向和问题导向相结合，既要谋划长远工作，科学布局、统筹兼顾，又要立足当下，以重点领域、重点战略实施和关键环节为突破口，主动服务支撑交通运输改革发展各项重点任务提供法治保障。抓住领导干部这个"关键少数"，带头遵法、学法、守法、用法，以实际行动推动全行业树立法治信仰。必须坚持一张蓝图绘到底，把城乡交通一体化法制保障机制的长远目标和阶段性任务结合起来，从具体工作抓起，从群众关心的事情做起，常抓不懈、久久为功，切实让人民群众看到成效和变化；完善制度，改革创新，加快转变政府职能，创新服务提供方式，消除体制机制障碍，形成保障交通运输基本公共服务体系有效运行的长效机制。

---

① 刘昕：《论我国公路交通的可持续发展战略》，硕士学位论文，长安大学，2010年。

第二节 城乡交通一体化法律保障机制的主要内容

一 完善城乡交通一体化法制保障机制的总体框架

1. 加快完善包括城乡交通一体化在内的交通运输法规体系

一是加快重点立法项目进程。为适应交通强国建设需要，修订颁布《交通运输部关于完善综合交通运输法规体系的实施意见》，推动建立完善与交通强国相适应的法规制度体系。二是统筹安排铁路、公路、水路、民航、邮政等领域的法律、行政法规项目，积极推进综合交通运输立法。三是坚持问题导向，围绕解决综合交通运输体系建设、新业态规范发展、安全监管等实际问题立法。鼓励地方积极探索推动综合交通运输、农村公路、城市公共交通、出租汽车等方面的立法工作。四是进一步健全立法体制机制，提高立法质量。坚持在法制轨道上持续推进交通改革，实现立法和改革决策相统一、相衔接。加强交通运输部对地方立法起草工作的指导，建立行业立法互动交流机制。加强规范性文件制定的规范。

2. 持续深化交通运输"放管服"改革

一是依法履职和转变政府职能。推动完善不同层级交通运输部门事权法律制度，强化交通运输部宏观管理、制度设定职责和必要的执法权，强化省级交通运输部门统筹推进区域内交通运输基本公共服务均等化等职责，强化市县交通运输部门执行职责。按照中共中央办公厅、国务院办公厅《关于推行地方各级政府工作部门权力清单制度的指导意见》（中办发〔2015〕21号）的要求，建立和完善管理权力清单制度，积极探索责任清单和负面清单。二是围绕行政审批制度改革、"证照分离"改革、安全发展新要求等方面工作，继续精简交通运输部本级和中央指定地方实施行政审批事项，清理整合规范各类认证、评估、检查、检测等中介服务事项，取消没有法定依据的行政审批中介服务事项及收费。深入推进投资审批改革，对国家重点公路建设项目立项和初步设计审批，推行部、省"两评合一"。开展"减证便民"活动，全面彻底清理交通运输领域各类证明，对没有法律法规依据的证明事项一律予以取消。三是健全事中事后监管长效工作机制。加快制定和完善交通运输各项业务监管工作标准和制度，使监管有章可循、有规可依。深入推进"双随机、一公开"监管，建立跨部门联合抽查工作机制，强化对建设市场和运输市场的风险监测。加强监管工作与互联网、大数据、云计算等新技术的融合应用，构建动态运行监测信息指标体系及信息采集机制，实现重点物资运输、基础设施运行、运输市场动态等交通运行状态的实时监测和预警。四是梳理交通运输领域"最多跑一次"清单，打破部门壁垒、优化流程、减少材料、缩短期限，编制建立统一标准规范的办事指南体系。强化系统内部和部门间统筹协同，全面推行"多证合一""多证联办"。五是进一步深化"互联网+政务服务"，建立健全行业数据资源开放共享体制机制，统一数据资源开放共享标准，打通部省、部际、省际政务信息壁垒，推进信息资源开放共享，推进交通运输政务服务"一网通办"、企业群众办事"只进一扇门""最多跑一次"。

3. 推进行政决策科学化、民主化、法治化

一是规范交通运输重大行政决策工作程序。明确交通运输重大行政决策事项范围，把公众参与、专家论证、风险评估、合法性审查、集体讨论决定确定为交通运输重大行政决策必经程序。推行交通运输重大行政决策后评估制度。二是扩大行政决策公众参与度。逐步拓宽重大行政决策公开的领域和范围，扩大和畅通公众参与渠道，广泛听取社会意见。对涉及社会公众重大利益、各方面存在较大分歧的，通过召开座谈会、听证会等形式听取公众意见。三是提高专家论证和风险评估工作质量。对专业性、技术性强的决策项，应当组织专家或专业机构进行论证。选择论证专家要注重专业性、代表性、均衡性，支持其独立开展工作，逐步实行专家信息和论证意见公开。完善交通运输决策风险评估工作机制，把评估结果作为决策重要依据。四是坚持合法性审查和集体讨论决定制度。建立交通运输部门内部重大行政决策合法性审查机制，重大行政决策提请审议前必须通过法制机构合法

性审查。五是完善内部民主决策机制,严格执行重大行政决策的会议集体讨论决定制度。做出重大行政决策必须经部门领导班子会议集体讨论决定,建立领导班子会议记录和存档制度。六是妥善处理改革决策与立法决策的关系。坚持法治引领、推动和保障交通运输改革,确保交通运输重大改革于法有据,实现交通运输改革与法治良性互动。交通运输实践证明行之有效的,要及时上升为法律或行政法规。对不适应发展改革要求的交通运输法律、法规或规章,要及时予以修改和废止。七是严格行政决策后评价和责任追究。对重大行政决策要跟踪执行情况,及时发现问题,纠正偏差,必要时做出停止执行的决定。严格执行决策责任追究制度,对超越法定权限、违反法定程序的决策行为以及行政决策失误造成严重后果的行为,都要依法依纪追究有关领导和直接责任人的责任。

4. 严格规范公正文明执法

一是加大城乡交通一体化涉及的安全生产、运输市场、工程质量等关系群众切身利益的重点领域的执法力度,依法及时查处交通运输各类违法行为,切实维护交通运输市场秩序。健全行政裁量权基准制度,树立交通运输执法权威,提升执法公信力。二是进一步完善交通运输行政执法程序,全面推行行政执法公示、执法全过程记录、重大执法决定法制审核"三项制度",提高交通行政执法水平。三是加快推进全国交通运输执法综合管理系统建设,推进网络监测、视频监控等非现场执法方式,解决执法信息跨区域、跨部门、跨门类共享难题,切实提升交通运输综合行政执法能力和水平。四是加快"信用交通省"创建,健全交通运输领域公民和组织守法信用记录,完善守法诚信褒奖机制和违法失信惩戒机制。健全跨部门跨区域执法联动联合协作机制,形成执法监管合力。五是深入推进以"基层执法队伍职业化建设、基层执法站所标准化建设、基础管理制度规范化建设、基层执法工作信息化建设"为内容的交通运输行政执法"四基四化"建设,建立健全与综合执法体制相适应的执法装备管理、执法人员管理、基层站所管理等相关政策制度标准体系,切实加强交通运输行政执法队伍建设,提升基层行政执法工作效能。六是完善行政执法评议考核机制，强化评议考核结果的运用，在全行业通报评议考核结果，切实发挥评议考核的激励和鞭策作用。建立交通运输行政执法督察制度，各级交通运输部门要组建行政执法督察队伍。全面落实交通运输行政执法责任制，严格确定不同部门及机构、岗位执法人员执法责任和责任追究机制。完善违法执法举报投诉制度，及时查处群众举报、媒体曝光的典型案件。建立交通运输行政执法社会监督员制度。

5. 持续强化对行政权力的制约和监督

一是全面推进政务公开。坚持以公开为常态、不公开为例外原则，推进交通运输决策公开、执行公开、管理公开、服务公开、结果公开，自觉接受党委、人大和社会群众监督。继续完善社会监督和舆论监督，通过网站专栏、微信公众号、12328热线电话等监督渠道，方便群众投诉举报、反映问题，依法及时调查处理违法行政行为。二是强化内部监督机制。进一步规范交通运输领域行政处罚、行政检查和涉企收费。对财政资金分配使用、国有资产监管、政府投资、政府采购、公共资源转让、公共工程建设等权力集中的部门和岗位实行分事行权、分岗设权、分级授权，定期轮岗，强化内部流程控制，防止权力滥用。改进上级机关对下级机关的监督，建立明察暗访常态化工作机制。落实行政执法监督责任，健全纠错问责机制，将交通运输行政权力关进制度的笼子。三是自觉接受外部监督。自觉接受人大监督、民主监督、司法监督、审计监督、纪检监察监督、舆论监督等外部监督。健全交通运输部门支持法院受理、审理行政案件、尊重并执行法院生效裁判的制度。通过设置举报箱、电子邮箱、热线电话、政务微博、公众微信等方式方便群众投诉举报、反映问题，并及时调查处理。四是完善行政问责机制。加大违法违纪案件查办和责任追究力度。健全责令公开道歉、停职检查、引咎辞职、责令辞职、免职等问责方式和程序。建立交通运输重大决策终身责任追究制度及责任倒查机制，对决策严重失误或者依法应该及时做出决策但久拖不决造成重大损失、恶劣影响的，严格追究相关领导和人员的纪律或法律责任。

6. 健全依法化解城乡交通一体化纠纷机制

一是构建交通运输行业矛盾纠纷化解体系，建立健全预警机制、利益表达机制、协商沟通机制、救济救助机制。二是规范交通信访工作程序，优化传统信访途径，实行网上受理信访制度，引导群众在法治框架内解决矛盾纠纷，完善涉法涉诉信访依法终结制度。三是加强行政复议能力建设，推动相关机构设置、人员配备与所承担的工作任务相适应，健全行政复议案件审理机制，加大公开听证审理力度，增强行政复议的专业性、透明度和公信力。四是建立健全交通行政应诉制度，适应新修改的《行政诉讼法》的要求，各级交通运输部门应当依法应诉，被诉交通运输部门负责人应当积极出庭应诉，自觉履行人民法院做出的生效判决、裁定。五是强化依法应对和处置群体性事件机制和能力，及时收集分析出租车、货运等领域热门、敏感、复杂的矛盾纠纷信息，加强群体性、突发性事件预警监测，对可能引发矛盾纠纷的苗头和隐患及时分析研判制定应对措施。

7. 全面提高法治思维和依法行政能力

一是抓住领导干部这个"关键少数"，把法治观念强不强、法治素养高不高作为衡量干部德才的重要标准，把能不能遵守法律、依法办事作为考察干部的重要内容。二是完善法治能力考查测试制度，加强对领导干部任职前法律知识考查和依法行政能力测试，将考查和测试结果作为领导干部任职的重要参考。三是完善学法和法治培训工作机制①。交通运输部每年至少举办一期领导干部法治专题培训班，地方各级交通运输主管部门领导班子每年应当举办两期以上法治专题讲座。健全执法人员岗位培训制度，每年组织开展对行政执法人员的通用法律知识、专门法律知识、新法律法规等的专题培训。

8. 深入开展行业普法工作

城乡交通一体化的法律环境决定最终成效高低，开展普法工作是同步提升城乡交通一体化法律主体和法律客体法治认识水平的途径。一是坚持法治国家、法治政府、法治社会一体化建设，坚持把社会主

---

① 作者曾于2006年至2013年在交通运输部管理干部学院工作，其间组织过全国交通局长培训班，其中交通法律法规被列为必修课程，本文部分案例即源于培训学员提供的课堂讨论材料。

义核心价值观融入新时代法治交通建设，树立社会主义法治信仰，弘扬社会主义法治精神，培育交通法治文化，全行业遵法、学法、守法、用法氛围更加浓厚。二是坚持集中宣传与经常宣传相结合，落实"谁执法谁普法"责任制。建立交通运输行政执法人员以案释法制度，不断增强干部群众和交通运输生产经营者守法用法的意识和能力。三是健全法律顾问和公职律师制度，加强交通运输系统普法讲师团、普法志愿者队伍建设。四是充分利用交通运输部门网站及新闻宣传媒体、培训机构和信息发布平台，扩大交通运输普法宣传的受众面和影响力，进一步深化交通法律法规进机关、进企业、进工地、进港站、进车船，为交通运输改革发展营造良好法治氛围。五是开展群众性法治文化活动。把交通运输法治教育纳入行业精神文明创建内容，加强公民道德建设，增强法治的道德底蕴。鼓励创作反映交通法治建设的文艺作品，提升交通法治文化的吸引力，让社会公众在潜移默化中接受交通法治教育，提高交通法治素养。六是加强交通企业法治建设指导工作。指导和支持交通企业依法治理、依法经营，任何政府部门和机构不得非法干预企业正常生产经营活动。指导交通企业完善企业法律工作体系和企业法律顾问制度，突出重点改革领域的法律风险防范，切实为企业的发展保驾护航。七是深入开展多层次多形式法治交通创建活动。支持行业外部门、社会组织和公众参与交通治理，调动各方面积极因素推进法治交通建设。深化交通运输行业依法治理，支持交通运输行业各类社会主体自我约束、自我管理。支持交通运输行业协会类社会组织发挥行业自律和专业服务功能。

二　完善城乡交通一体化管理协调机制

协调区域交通管理对建立运行有序的区域交通网络具有重要作用，同时也能够提高城乡内运输效率。当前城乡内各地交通管理机构的职能设置存在差异，致使在城乡交通一体化中各地的交通管理部门功能不能有效对接，降低了管理效率。此外，由于城乡实行不同的管理体制，无法对城乡内道路交通进行协同管理，影响着交通一体化的进程。

1. 建立城乡交通管理协调机构

制度有效实施的保证是建立一个强有力的组织机构，区域合作组织可以协调本来对立的地方部门利益，可以使城乡的利益主体获得更大的利益。行政地区的交通协调管理机构能够为区域内各地方政府和不同的交通管理部门提供一个沟通协商的平台，通过相互交流妥善地处理各种问题。城乡经济发展水平存在着较大的差距，并且实行不同的交通管理体制，会导致在交通一体化过程中出现利益分配不平衡。因此，如何协调城乡利益，就需要一个被城乡普遍认可的交通管理协调机构来实现。这个机构在协调地方利益的同时还能够充分调动各地区的主动性，使它们都能广泛地参与到交通管理中来，集中力量助推交通一体化建设。

2. 明确城乡交通管理协调机构法律地位

明确区域交通管理协调机构的法律地位，并对其职能与责任做出详细的规定，能够激发城乡交通一体化的建设动力。城乡交通管理协调机构，应当在综合考虑各城市利益的基础上，通过地区间加强交流，协调区域内各城市交通管理部门，确保城乡交通一体化建设的顺利开展。城乡交通管理协调机构应该是一个可以超越和协调各个内部区域的交通机构或组织，并实行区域联合监管，统筹安排各城市间交通基础设施建设。

3. 完善城乡交通一体化规划协调机制

城乡交通规划对城乡交通一体化发展至关重要，应在对城乡现有交通布局结构充分研究的基础上协同编制区域交通发展规划，从而建立一体化的综合交通运输体系。这就迫切需要打破城乡限制、进行沟通合作来平衡城乡部门之间的利益并合理分担困难，通过城乡交通发展规划协调机制，保证交通规划能够持续性地得到贯彻和执行。对城乡道路基础设施进行统一规划、建设和管理。在资源配置上，以"衔接为主、方便换乘"为原则，实现城乡道路基础设施的相互衔接和零距离换乘，打破原有的二元分割管理体制，对城市公交始发站场以及沿途停靠站等公共基础设施实行资源共享。在做好城乡道路基础设施衔接的基础上，充分考虑当地交通基础设施状况，对各种运输方式之间的换乘进行统一规划，实现无缝衔接、方便换乘。

4. 完善城乡道路衔接的统筹管理协调机制

在推进城乡交通一体化的过程中，协调机制上的障碍是城乡道路一体化的根本性障碍，也是最大的障碍。但由于制度存在的"刚性"，调整起来比较困难，需要过程和时间，在现行体制不进行大幅度调整的情况下，可通过技术、管理等创新层面寻求城乡道路一体化的途径。为此，首先必须改正体制、管理和技术规范中不合理的内容，进一步加快完善城乡道路衔接的统筹管理协调机制，完善公路转化为城市道路后有关产权主体、财政投入、养护管理等方面的相关法律法规，修改完善相关公路与城市道路的划分及衔接标准。[①] 此外，针对现行公路管理缺乏"可进可出"的调整机制，建议除加大法律法规的完善力度以外，更要建立起常规性的定期（或年度）动态评估及调整机制，对现有及规划建设中的公路性质进行定期评估，确定其性质及功能，并依据评估结果对管理方式进行及时变更。

5. 完善城乡统筹规划法律保障体系

一直以来，我国大多数城市对于城市总体规划、区县规划以及乡域规划，在规划时间上、衔接方式上并没有形成很好的协调统一。一方面，城市规划只在规划区内有效，城市规划只能就"市"论"市"，割裂了城乡一体化发展，使城乡接合部[②]的村庄成为规划的薄弱地带。由于缺乏详细规划造成土地功能模糊，城乡接合部道路等级及服务对象常与沿线功能不协调、不适应，最终导致道路重复建设、资源浪费以及投资的分散与效率低下等问题。另一方面，以往的城乡规划普遍存在重城轻乡的问题，仅仅把农村当作城市的背景而不涉及其发展，导致城市总体规划中缺乏对乡镇规划的指导，难以统筹城乡结合发展，导致区县和乡域规划落后，使农村公路交通基础设施规划

---

① 虞明远、熊琦：《分类推进我国城乡道路客运一体化发展总体思路》，《公路交通科技》2011年第2期。

② 城乡接合部，是指兼具城市和乡村的土地利用性质的城市与乡村地区的过渡地带。又称城市连缘地区、城乡接合地、城乡交错带，尤其是指接近城市并具有某些城市化特征的乡村地带。

第七章　城乡交通一体化法律保障机制构建

缺乏上层规划层面的指导。

《城乡规划法》的出台是对正确处理近期建设与长远发展、局部利益和整体利益、经济建设发展与环境保护、现代化建设与历史文化保护等关系有利，能够促进合理布局结构、节约自然资源、保护生态环境、体现地方特色，充分发挥城乡规划引导城镇化健康稳定发展、促进城乡经济结构社会可持续发展中的统筹协调与综合调控作用。根据最新《城乡规划法》，未来作为城乡规划中的专项之一——交通规划也将逐步趋向于与全部城乡规划同步和一体化规划。这些城乡规划包括城镇体系规划、城市规划、镇规划、乡规划和村庄规划，所有规划将统一纳入一个法律管理体系。农村公路交通规划则要求必须与村庄规划、城镇规划等紧密结合。

三　建立统一的城乡交通设施标准和规则

城乡现有交通设施标准和交通规则之间存在的差异，造成城乡交通规则的冲突不利于实现高效率的道路运输，也为实行城乡交通一体化管理带来了困难。城乡交通一体化的持续发展需要城乡具备统一的标准与规则，城乡间通过统一协调的交通法律机制建设，有利于在城乡形成各方共同遵守的规则。

1. 协同城乡交通设施标准

城乡交通部门之间应进行综合协调来整合各地的交通设施，对不同标准的交通设施应通过协同立法，尽快出台新的法规进行统一，改变以往各地交通管理部门各自规划、分别建设的交通发展方式。通过协调交通设施建设，促进交通运输方式有效衔接，增强区域间交通运输的便利性，加强客运枢纽"零距离"换乘和货运枢纽"无缝化"换装，降低换乘难度，提高运输效率。

2. 明确城乡交通服务一体化的法律规则

要对城乡交通服务制定统一标准，确保服务一体化。如河北推行城乡交通"公交一卡通"就取得了不错的效果。推行交通一卡通的过程中可以建立跨城乡使用的交通费用支付方式，对一卡通在城乡间的使用、管理、结算方式进行统一，以解决一卡通在技术规范、管理机构方面存在差异的问题。在一卡通服务中出现的各种问题都可以通过交通管理协调机构对标准进行统一,比如,乘客异地出行时各地补贴标准不同的问题,就可以按照当地的公交或地铁票价支付票款,之后再通过统一的结算中心进行结算。通过对区域内的各项交通标准重新统一协调,有利于构建快捷高效的区域交通运输网络,能更加便利地实现跨区域的客货运输。①

3. 统一城乡交通管理规则

应遵循相互一致的原则,对城乡交通领域内的重复管理规则进行清理。如提及的城乡机动车驾驶员积分制度中对相同的违章行为扣分不一致的问题,以及在机动车限行政策等管理规则存在的诸多差异,需要进行协同合作,统一交通管理规则。城乡交通法规的协同应贯穿于立法准备阶段、立法确定阶段、立法完善阶段。具体而言,在立法准备阶段,可以通过立法规划、立法起草论证等方式协同拟定法律文本;在立法确定阶段,可以采取立法联席会议、联合听证会商定正式文本;在立法完善阶段,可以采取立法交叉备案制度保证城乡交通法律的统一性。另外,城乡在清理地方性交通规则时,也需要顾及自身的不同情况。对于少数交通规则,考虑到不同地区发展阶段的差异性,在设定相关制度时,既要明确标准、坚持法律原则,同时又要考虑交通法规的实际操作性。

4. 完善城乡交通一体化标准法律保障体系

城乡交通一体化标准法律保障体系完善从以下几个方面入手:一是完善法规体系建设。加快建立以《道路运输条例》和《城市公共交通条例》为核心、以部颁规章为基础、以地方性法规为补充的城乡客运法规体系,为城乡客运的健康发展提供法律保障。建议各地方根据自身情况,加快制定或完善城乡客运一体化标准规范体系,修改现行法规相互矛盾的条款,制定新的地方法规,尽快制定出台《城乡客运一体化发展管理办法》。发布一系列有助于加快城乡道路客运一体化发展的法律法规,并且依据法规研究制定一系列配套措施。另外,

---

① 张军:《推进我国城乡一体化的制度创新研究》,博士学位论文,东北师范大学,2013年。

城市公交和城乡公路班线的线路审批，应当依据《行政许可法》重新设定运输线路审批的行政许可范围、原则等细则。二是明确城市的公交线路延伸和公路客运公交化的改造标准。城市公交线路延伸的管理方法按照城市公共交通管理相关法律法规及其标准规范来实施；公交化运行的农村客运管理方式按照道路客运的相关法律法规及标准规范来实施；对于政府支持力度较大的线路管理，可以参照城市的公共交通管理相关法律法规及标准规范来实施。以前从事班线客运的车辆改造为公交化运营后，修订的载客标准应当使其合法享受公交载客标准或与公交接近的载客标准。在车辆购置、更新、报废以及座位、吨位核定及检测等方面，实行统一的检定标准与核准制度。修订不适应城乡公交化运输的相关标准。如统一城乡道路公交化运输的限速标准，研究保障公路与城市道路的顺畅衔接的技术标准。修订有关道路和场站技术标准。提供多种新建、改建、扩建、对接的技术选择模式，优先考虑城乡接合部对接、多种运输方式换乘衔接以及与大型工农业产业聚集区、高新技术开发区、新建社区的道路连接，并明确责任主体。三是加强农村客运车辆标准研究。系统修订和完善农村客运车辆标准，在农村客运车辆的外廓尺寸、动力性、制动性能等方面提出针对性的要求。同时，建议针对地形、道路、居民出行习惯和农村客运组织管理模式的特点，开展农村客运车辆专门设计、开发与试运行，适当缩短外廓尺寸、增加行李舱空间和应用成熟安全技术，以适应特殊路段的客运需求。四是加强农村客运站建设运营标准研究。对农村客运站选址、规模和运营管理模式开展专项研究，制定农村客运站建设与管理指导意见，推广农村客运站运营管理先进经验，指导各地在制定农村客运发展规划的基础上，从客运需求出发，充分论证客运站建设的必要性、合理规模和运营管理模式；对于已经建成的客运站，要明确管理主体，积极推广"四位一体"（农村客运、农村物流、安全监管、运输管理）的经验，拓展客运站的服务功能，因地制宜，引入车辆维修、餐饮、商贸、旅游等经营项目，实行综合开发利用，提高客运站使用效率。

四 建立统一的城乡旅客运输法规保障体系

建议通过研究原交通部和原建设部以及地方政府出台的城市客运及道路客运相关法规,尽快梳理、修订现行法规体系,建立统筹协调的城乡公共客运法规体系,代替原有的城市公交和道路运输分部门管理的行政规章。要建立健全城乡客运有关建设、运营、服务、安全等方面的规范和标准体系,切实解决城乡公交一体化推进过程中遇到的车速、车型、场站等标准的衔接问题,明确界定城乡公交、城市公交、班线客运、农村客运的定义、功能特点、经营范围、管理模式、管理标准等问题,建立和完善成本费用评评价、政策性亏损及补贴机制。

公路客运主要法律法规依据为《中华人民共和国公路法》和《中华人民共和国道路运输条例》(部省两级),而城市公共汽车营运为《城市公共汽车和电车客运管理规定》。这两类法律法规规定的部分准则不一致,直接造成了城乡旅客运输一体化的法律法规障碍。建议对城市公交、出租汽车、长短途班线、旅游客车等相关法规进行整合,保证法规统一。

解决城乡交通一体化法规的建议包括:一是加紧调查研究工作,特别是针对城市公共交通领域的调查,掌握各地对城市公交、城乡客运、出租车客运的法律需求,并形成有指导意义的调研报告。二是从城乡交通一体化的角度,组织全国不同城市、不同区域的管理专家、城市交通规划专家、城市交通政策专家、法律事务专家等综合专家团队,加快《城市公共交通条例》《出租汽车客运条例》《道路旅客运输及客运站管理规定》等法规制定和修改工作,尽快出台一整套新的明确申报、审批、运营和监督的部门规章,以代替原有的部门管理行政许可。从法规角度消除交通领域城乡二元结构,构建一体化城际交通和城市交通体系。

建议在解决城乡交通一体化法规时,要在《道路运输条例》《城市公共交通条例》《出租汽车客运条例》的基础上,建立融合多种运输行为的《道路运输法》,加快城乡交通一体化法制进程。

五 完善城乡交通一体化基础设施法律保障制度

修改现行法律法规，明确公路与城市道路划分及交接管理权责。公路改为城市道路的，需要省级交通主管部门与城建部门协商才能确定是否形成街道。这种方式不够灵活，已经不能适应当前城乡经济一体化发展的需要。如果不加以调整，在相当长一段时间内，都会出现公路性质的调整速度落后于城市化进程速度的状况，反应会不及时，无法根本解决城乡道路衔接不善及交接管理问题。建议修改现行法律法规，简化移交程序的相关手续，并进一步明确公路转化为城市道路后的管理责任主体和管理事权，细化产权变更后的补偿规定。一方面，修改和完善《中华人民共和国公路法》及《中华人民共和国公路管理条例实施细则》中关于公路街道化的界定及管理等相关内容，进一步明确公路街道化标准、公路转化为城市道路后的管理责任主体和管理事权，细化产权变更后的补偿规定。另一方面，修改和完善《公路法》及《公路管理条例实施细则》中对农村公路中有关县、乡、村道的定义及相关管理规定，加快制定和完善地方农村公路相关的法律法规，进一步规范并调整农村公路管理行为。

六 完善城乡交通一体化政府治理制度

1. 健全综合运输管理体制

以体制机制改革创新为抓手，完善交通运输治理职能体系。一是完善综合交通运输管理工作与协调机制。一方面，要完善交通运输部部级层面工作机制，加快建立与发展改革、财政、自然资源、生态环境、城乡建设、科技等部门之间的综合运输部际协调机制；另一方面，要完善地方交通运输管理部门的协调机制。二是加强对地方交通运输管理体制改革的指导，加快形成"一省一交""一市一交"的"大交通"管理体制。三是进一步理顺城市公共交通的规划建设与管理职能，将原分属各个部门的有关公共交通职能统一划转交通部门统一行使，实现"一城一交"。四是进一步加强地方机场管理局的管理职能。增强地方机场管理机构在通用航空、机场服务质量监管、民用机场净空管理等方面的职能，强化相关管理职能配置，推动航空事业的快速健康发展。

2. 合理划分中央和地方交通运输事权

加快落实《中共中央关于深化党和国家机构改革的决定》相关要求，科学设置中央和地方事权，理顺中央和地方职责关系，更好地发挥中央和地方积极性。按照适度加强中央事权和支出责任的要求，根据交通运输功能层次性，合理确定中央、省、市、县交通运输部门事权范围，构筑事权与财权相匹配的分级负责制，落实各级政府支出责任。

3. 以提高行政效能为抓手，促进政府治理机制创新

（1）深化"放管服"。首先，实施"权责清单"制度。开展职权清理，全面梳理各级交通运输管理部门的职责，依法取消、下放、转移一批不符合全面深化改革要求的行政权力；依据法律法规和单位"三定"规定，编制并公布权力清单和权力运行流程图，明确责任主体，规范行政裁量权，接受社会监督；加强履职监管，建立健全动态调整机制。其次，积极推进行政审批制度改革。一是要减少审批事项，减少审批环节，推行集中审批制、联合审批制和"一审一核"制，优化审批流程，最大限度地减少预审和前置审批环节，增强审批透明度。二是地方各级交通运输管理部门要做好上级交通运输管理部门取消和下放行政审批事项的承接工作，转给市场、社会和下级交通运输部门的审批事项，各级交通运输管理部门不得截留。三是创新审批方式，要以交通运输部、省级交通运输主管部门为主体开发统一的行政审批信息系统，实现网上审批。四是要加快行政审批中介服务机构改革，规范行政审批中介服务期限和收费标准，行政部门与审批中介机构要彻底脱钩，坚决切断部门与中介机构的利益链。五是推进审批程序标准化，落实"六个一"工作要求。

（2）强化市场监管。首先，创新监管方式。全面推进"双随机、一公开"和"互联网＋监管"，加快推进政府监管信息共享，切实提高透明度，扩大社会公众参与，推进在监管过程中与行政相对人协商、互动，通过与行政相对人签订行政协议实现监管目标等。其次，健全交通运输信用管理体系。一方面，要健全信用法规和标准体系；另一方面，形成完善、客观、公正的信用评价机制。对新型服务城乡

一体的交通平台,以重复博弈和市场声誉约束机制发挥自律监管的作用,以大数据的技术赋能提升政府监管能力,以法治手段跟进为前提重构合作监管方式。

(3)稳步推进综合执法。首先,深化交通运输综合执法体制改革。要按照国家及交通运输部相关要求,在地方党委和政府的领导下,抓紧研究交通运输综合执法改革工作方案,落实改革各项任务要求,确保按照中央要求的时间节点将中央的改革要求不折不扣地落实到位。加快构建与交警、工商、质检、环保、海关、边检、校验检疫等的跨部门协作机制,及时处置各类交通运输违法行为。其次,加快推进行政执法信息化建设。加快建成以部省两级数据中心和信息交换平台为核心,覆盖全国各级交通运输执法机构和执法门类的协同执法与联网监管体系,形成互联互通、信息共享、业务协同、智能便捷的全国交通运输行政执法信息化体系。加强现场电子取证和检测设施建设,积极推广非现场执法方式,用信息手段来制约办"人情案"和滥用裁量权的现象;充分利用和整合各地各系统已有的信息资源,建设跨区域执法信息共享平台,推动各地各系统执法联动和区域协作。最后,深化交通运输执法"三基三化"建设。结合综合执法改革,统筹推进完善行业执法制度,出台行业标准,按标准完成执法人员、执法站所、执法装备、执法服装等的配备,开发执法信息化系统,完善执法监督管理体系,最终实现基层执法队伍职业化、基层执法站所标准化、基础管理制度规范化的总目标,并获得行业的认可。

(4)完善行政决策机制。加快推进行政决策的科学化、民主化、法治化,完善内部民主决策机制,严格执行重大行政决策的会议集体讨论决定制度;完善行政决策风险评估机制;建立完善专家论证、公众参与、专业组织测评等相结合的风险评估机制;严格行政决策后评价和责任追究机制。

(5)全面推进政务公开。形成"以公开为常态,不公开为例外"的政务公开机制,从五个方面推进实施政务公开,即"决策公开、执行公开、管理公开、服务公开、结果公开"。一是要推进政府信息公开,如财政预算、公共资源配置、重大建设项目批准和实施等。二是要推行执法公示制度，如许可办理的依据、条件、程序、结果处罚案件的主体信息、案由、处罚依据及处罚结果等。

（6）健全行政执法监督机制。为完善交通运输行政执法监督机制，可以通过以下三方面着手推进：一是完善评议考核机制；二是强化评议考核结果；三是发挥评议考核作用。最终建立完善交通运输行政执法督察和违法执法举报投诉制度。

（7）创新交通运输管理绩效评估机制。建立健全交通运输管理绩效奖惩制度，通过建立科学可行的交通运输管理绩效评估指标体系，采用可操作性强的交通运输管理绩效评估方法，进一步肃清和解决官员工作不力、为官不为等问题，克服庸政懒政怠政，同时要健全激励机制和容错纠错机制，营造良好的勤政务实从政环境和政治生态。

（8）加强廉政监察建设。建立健全组织领导、廉政教育、预防制度、社会监督、内部监督惩处"五个体系"的交通运输特色反腐倡廉格局；健全交通纪检监察体制，加大办案力度，以"零容忍"态度严惩腐败；加强政风行风建设，坚持落实党要管党、从严治党、管行业必须管行风等要求，保障交通运输事业健康发展、行业形象稳步提升；强化工程建设监督；建立交通重点工程廉政监督员制度，实行工程建设廉政责任长期跟踪追究制；强化行政执法监督。

第三节 城乡交通一体化法律保障机制的配套措施

一 继续深化管理体制改革

理顺管理体制，成立城乡交通管理处。建议交通运输主管部门将涉及区域内的城乡交通管理权限全部划为城乡交通管理处。作为负责城乡交通行政管理工作和一体化发展规划编制工作的城乡交通管理处，也是实现城乡交通管理统一和进一步理顺交通系统内部管理体系的职能部门，在经过创新的管理体制下，成立一个专属于城乡道路客运一体化的小组。市县级层面将成立以市（县）政府分管交通运输的

第七章 城乡交通一体化法律保障机制构建

领导为组长，包括交通、发改、财政、规划、住建、国土、公安、安监等多部门的专项领导小组，日常工作为指导、协调、监督、政策制定以及对区域城乡道路客运一体化发展规划的审批。将各部门的职责具体化，保证城乡交通可以更好、更快地发展。另外，将制定城乡总体规划、土地利用规划等也将纳入管辖范围之内。这样一来，交通管理部门的话语权就得到了极大提升。

管理体制是城乡交通一体化难以实施的矛盾焦点，是解决问题的关键。改革管理体制，加强组织保障、资金保障、政策保障、宣传保障，是我国城市经济发展到一定阶段，城乡交通一体化需求紧迫的客观要求，符合发达国家先进管理经验。

首先，进一步理顺城乡旅客运输管理体制。在中央层面，以"大部制"改革为契机，尽早出台"三定方案"，形成城乡统一的管理体制。在纵向业务上，包括法规、政策、规划、投资、建设、运行、应急等业务不分割；在横向区域上，包括城市、郊区、农村等地区不分块，形成统一的管理体制。具体内容有一体化拟定城乡客运发展战略、发展规划和方针政策，研究并组织起草城乡客运管理法律法规，监督城乡旅客运输实施。对于地方层面，在中央层面理顺管理体制的基础上，地方建立与中央政府相对应的城乡部门管理体制。根据不同城市的类型、社会经济和人口状况，确立不同类型的城乡旅客运输发展模式，根据不同的分类，出台相应的指导意见和管理措施。

其次，整合公路和城市道路管理体制，统一纳入交通运输部门管理范畴，消除交通领域城乡二元结构。在全国城乡一体化加速推进的过程中，相当部分的公路已经或正在面临城市化改造，其产权关系和管理主体已引发争议。应正视和顺应公路城市化改造的大趋势，理顺路网建设管理体制，统筹路网建设时序和建设方案，提高路网建设的系统性和通达性，为此，建议将城市道路交通基础设施包括城市道路和公交站场的规划、建设和管理划归综合交通部门管理，避免多头管理和重复建设，实现城乡道路交通资源的一体化规划、一体化建设、一体化管理，加快形成布局合理、功能完善、层次分明、协调发展的一体化路网体系。

二　加强规范统筹交通规划建设

积极争取将城乡交通一体化规划纳入国家规划，争取国家层面的资金政策支持。加强支持政策研究，从规划层次、资金保障、试点示范等方面提出具体支持政策，保障各项重点任务实施。从一体化角度出发，公路交通基础建设必须与城乡土地使用规划、城市总体规划、村庄布局整治规划、城市综合交通规划、环境保护规划、产业规划等确定的土地利用、城镇体系布局、村庄布局、产业布局及城市交通基础设施布局相结合，与乡镇总体发展趋势相结合。由于上述规划在现实中分属不同的部门，相互间缺少合作已成为目前较为突出的矛盾。因此，要进行城乡交通统筹规划，着重应建立在不同部门沟通与协调上的基础上，实现城乡交通规划各个子系统内容在目标制定、管理实施等各个阶段中都保持着整体性、连续性。要按城乡公交一体化纳入地方各级城镇体系总体规划，明确城市交通运输管理部门在城乡公共交通发展规划编制中的责任和地位，建立规划协调机制。在编制规划过程中，编制部门要充分调研和论证，以群众需求作为城乡公交一体化发展规划的出发点和落脚点，并按照规划要求推进城乡公交一体化建设。强化政策解读、宣传、信息公开，积极引导管理社会合理预期，创造良好的实施环境。

三　强化公共财政的作用

建立健全财政对城乡交通一体化领域的长效投入机制，加大对中西部地区及农村地区的投入力度，通过制度建设提升资金投入的效率。继续加大对农村公路的资金投入力度，建立农村公路专项发展基金，改善农村道路交通设施。同时，完善、增强政府投资的引导、带动和放大作用，增加车辆购置税、燃油税用于农村公路建设和养护的比例。积极探索高等级公路利用市场机制筹资的方式。为保证农村公路建设持续、健康、有序发展，可根据各地经济发展水平和地形情况，将通行政村路和通村油路建设补助标准适当调高。

在资金筹措方面，政府一方面要加大投入，另一方面还应当广开投资渠道，为农村公路交通系统吸引社会企业投资。在农村公交场站建设方面，由于站点多位于经济活力不强的乡村地带，场站的商业性开发潜力较小，公交车辆车身广告等的投资回报率较低，可以通过制定相关管理法规，促使公交场站经营市场化，激发企业自筹资金的积极性，多方位拓展资金筹措渠道。①

在"大部制""大交通"改革的前提下，原有诸多体制性障碍已不复存在，而在政策、观念和投资等方面仍然存在种种问题。这需要政府部门以及公交规划部门携手重新对城乡公交系统加以认识和定位，并从城乡这个大全局进行统筹考虑，结合城市公共交通优先发展的现实需求，尽快开展并出台统筹城乡公交发展的价格政策，综合考虑经济效益、社会效益及其企业的经营成本和群众的承受能力，科学合理地审核确定城乡旅客运输票价，以较低的票价保证城乡居民便捷出行。同时，对城乡旅客运输出台统一的经济补贴、经济补偿、税费减免政策，使乡村居民享受到与城市居民一样的运输服务。

四 规范城乡交通一体化市场

1. 积极扩大道路客运企业的经营自主权

道路客运企业在诸如客运班线站点选择和变更、班次调整、运力调整、车辆更新等方面拥有更大的经营自主权，有助于激发道路客运市场活力。

2. 全面下放道路客运班线的管理权限

省际道路客运经营许可（含企业经营许可和班线经营许可）下放至企业所在地地市级道路运输管理机构审批，市际道路客运经营许可下放至地市级道路运输管理机构审批，县际道路客运经营许可下放至县级道路运输管理机构审批。

3. 全力促进道路客运资源的优化配置

除了农村客运外，新增的班线客运和包车客运运力全部采用招投标以在初期把控好服务质量关，逐步实现一线一企、线路专营；而对于已有的道路客运班线，应当积极鼓励道路客运企业以组建、资产置换和兼并重组等方式，逐步开展线路专营改造工作。加速推动道路客

---

① 赵强社：《城乡基本公共服务均等化制度创新研究》，博士学位论文，西北农林科技大学，2012年。

运的经营主体结构优化调整，对于集约化、水平高的道路客运企业，鼓励支持扩大经营规模。支持道路客运企业在异地申请设立子分公司，推动道路客运运营向网络化方向发展。引导道路客运企业依照法律法规积极调整公司运营结构，建立现代企业经营管理制度和机制，提升企业管理效能和抗风险能力。通过资产这一重要纽带，加快推进道路客运企业公司化改造，多途径整合市场资源，减少乃至杜绝粗放型的经营方式。推动农村客运资源优化配置，鼓励支持道路客运企业在县域或乡镇以下范围开展区域经营。推动完善市场准入和市场退出机制，建立完善资质管理、服务质量招标和年审等制度。清理和规范客运市场挂靠经营，对实际不具备市场准入条件、服务低劣、违法违规的交通从业者，限期进行整改，仍不能达到要求的，坚决清出运输市场；对服务质量好、安全有保证、诚信守法、管理规范的运输经营企业，应让其占有更多市场份额，并给予不同形式的奖励和政策优惠。积极推进城乡交通综合执法改革，坚持立法与执法并重、监督管理与维护公众利益并举，加强法规的组织实施和统一执法工作。强化市场监管力度，依法整顿市场秩序，严厉打击各种城乡交通违法行为，依法保护各市场参与主体的合法权益，建设统一开放、公平竞争、规范有序的城乡交通运输市场。

五 创新城乡交通一体化模式

1. 持续扩大城乡交通一体化服务覆盖面

（1）平衡区域差异。实施交通精准扶贫政策，推进西部地区尤其是集中连片特困地区和"老少边穷"地区剩余乡镇和建制村通硬化路、通客车建设，全面满足农民群众的基本出行需求，兜住全面建成小康社会交通运输托底性目标。

（2）平衡城乡差异。统筹考虑易地扶贫搬迁安置工作，有序推进通村组道路建设，推进人口聚居的较大规模自然村通硬化路建设。以示范县为载体，全面推进"四好农村路"建设，加快实施通村组硬化路建设。完善政府购买公共交通服务制度，扩大农村客运服务覆盖面，实现具备条件的建制村通客车目标，并推动公共客运服务逐渐向具备条件的自然村组延伸，全面提高城乡客运一体化发展水平。

（3）平衡群体差异。改善老、弱、病、残等弱势群体的出行条件，将无障碍交通基础设施改造纳入无障碍环境建设发展规划，不断完善无障碍交通基础设施布局。加大为老年、残疾乘客的贴心服务力度，加快服务模式创新，进一步提升服务的系统化、精细化水平。完善无障碍交通设施及服务标准规范体系，加紧完善铁路、公路、水运、民航、邮政、城市客运等相关领域的无障碍服务标准体系建设。

2. 不断提高城乡交通一体化服务品质和水平

（1）推进交通运输基础设施提质升级。有序推动农村联网公路建设，完善提升重要县乡道和行政村对外连接道路，实施行政村与村、组之间的连通工程，不断提高农村公路的网络化水平和整体服务能力。推动农村旅游路、资源路、产业路建设，改善特色小镇、农林牧场、乡村旅游景点景区、产业园区和特色农业基地等交通运输条件，促进农村公路与农田机耕道有机结合。因地制宜推进窄路基路面公路拓宽改造，加强县、乡道和建制村安全生命防护工程建设和危桥改造，逐步实现农村公路安全生命防护工程全覆盖、"零危桥"，提升农村公路建设水平。

（2）提高农村客运服务水平。完善农村客运服务网络，鼓励支持农村客运创新发展。探索区域经营、延伸经营、预约经营、专线经营、班线经营等形式多样的农村客运经营模式，积极发展农村定制客运，探索开行隔日班、周班、节日或预约班、学生班、赶集班等固定或者非固定的班次，保障群众出行需求，支持有条件的地区进一步推进农村客运公交化改造，促进农村客运和城市公交网络的合理衔接和有效融合。

（3）发展城市公共交通。倡导公交优先，实行公共交通设施用地优先、设施建设优先、使用路权优先和公共财政转移支付优先；强化分类推进；加快城市群及特大城市轨道交通建设，形成城际轨道交通主轴网络化格局；中等城市建设以大容量公交车为主体、基本覆盖全部城区的公交系统；逐步提高小城市公共交通覆盖率。推动城乡一体，积极推动城市公共交通线路向城市周边延伸，加大城市公共交通服务广度、深度；统筹规划城乡客运服务网络和设施建设，促进城乡客运资源共享，不断提高城乡公共交通一体化水平。

（4）增强邮政普遍服务能力。支持邮政企业加大对农村地区和边远地区运输和投递车辆的投入，推动将农村投递人员和村邮站人员纳入公益性岗位；推动邮政企业优化组织作业流程，加强邮件时限管理，缩短邮件全程时限，发展农村邮政电商寄递，推动邮政成为服务农村电子商务的重要渠道。深入推进"快递下乡"工程，推动邮政与快递、交通运输企业在农村地区拓展合作范围、合作领域和服务内容，提升农村地区邮政服务水平。

3. 创新城乡交通一体化服务供给模式

（1）鼓励提供新型的多元化、定制化的公共客运服务。鼓励开展个性化定制、多样化服务，细分客运服务市场，按需求、分层次提供运输服务产品，满足公众差异化、多样化运输服务需求；响应国家"互联网+"战略，提升线上线下服务能力，提供更加高品质、快捷化、多样化、共享化和体验化的客运服务，实现客运服务的"门到门""点到点""随客而行"，不断增强人民群众的获得感、幸福感、安全感。

（2）推进"客货并举、运邮结合"。加强与供销部门和邮政部门的合作，增加农村客运站场的物流和邮政服务功能，充分发挥农村客运站场、车辆在服务农村物流和农村邮政等方面的组合效应，统筹推进农村客运和农村物流、农村邮政的融合和一体化发展。

（3）探索"交产融合"发展模式。建设一批资源路、旅游路、产业路和新型村镇出口路，开发旅游直通车、景区小交通、站场旅游集散、邮轮等运游结合产品，推进乡村交通与旅游、产业充分融合，实现交通建设带动产业发展与产业发展反哺交通建设的有机结合，以产业发展带动交通运输基本公共服务水平的持续提升。

4. 建立城乡交通一体化服务长效机制

（1）建立机构体系。按照"战略研究+中长期规划十五年规划+年度计划"的基本架构，完善推进城乡交通一体化的规划体系，提前部署"十四五"城乡交通一体化规划前期研究工作，并加强与国服经济与社会发展五年规划、国家及地方基本公共服务发展规划等相关规划的衔接。

（2）完善投入机制。根据《国务院办公厅关于印发交通运输领域中央与地方财政事权和支出责任划分改革方案的通知》（国办发〔2019〕33号）的要求，进一步明确和细化各级政府在交通运输领域的财政事权和支出责任，建立与财政事权相匹配的支出责任体系和管理制度，履行好提供交通运输基本公共服务的职责；完善预算管理制度，全面实施预算绩效管理，提高交通运输领域资金配置效率和使用效率。

（3）加强评价考核。建立完善交通运输基本公共服务的标准体系、评价指标体系，推动建立长效交通运输基本公共服务的评价考核工作机制；明确各级政府的监督责任，加强对监督目标和考核标准的监督考核，在监督中充分发挥服务对象和社会公众的监督作用。

第四节 城乡交通一体化法律保障机制实证研究

本节研究以贵州省城乡交通一体化规制作为实证案例说明。贵州省制订了《贵州省城乡交通运输一体化行动计划》和《贵州省道路运输服务品质提升工程行动计划》两个规范性文件，对具体实施具有典型示范效应。

一 《贵州省城乡交通运输一体化行动计划》

为加快推进贵州省城乡交通运输一体化发展，提升公共服务水平，更好地满足人民群众出行和城乡经济社会发展需要，根据交通运输部等11个部委联合发布的《关于稳步推进城乡交通运输一体化的指导意见》（交运发〔2016〕184号）、《贵州省综合交通运输"十三五"发展规划》《贵州省道路运输"十三五"发展规划》等有关部署，特制订本行动计划。

（一）总体要求

1. 行动思路

按照加快推进城乡一体化发展总体部署，深入贯彻"创新、协调、绿色、开放、共享"五大发展理念，积极抢抓我国推进供给侧改革、深化经济结构调整等重大战略机遇，以"扩覆盖、提质量、增效益、惠民生"为目标，以"城乡统筹、资源共享、路运并举、客货兼顾、运邮结合"为导向，稳步推进城乡交通运输一体化，引领和支撑贵州省城乡经济社会协调发展，让人民群众共享交通改革发展成果，为全面建成小康社会当好先行者。

2. 推进原则

（1）政府引导、市场运作。城乡交通运输一体化是提升基本公共服务的重要组成部分，要发挥政府引导作用，充分调动各方积极性，鼓励社会参与，激发市场活力。

（2）因地制宜、优化供给。根据经济社会发展条件和运输需求特征的不同，探索城乡交通发展的合理目标和模式，提供更安全、更便捷、更经济、更舒适的交通运输服务。

（3）创新驱动、融合发展。推动城乡交通运输与旅游、电商等资源共享，实现优势互补和融合发展；鼓励支持互联网等先进信息技术在城乡交通运输领域推广应用。

（4）示范带动、统筹推进。充分发挥示范引领带动作用，以点带面、重点突破、分步实施，统筹推进城乡交通运输发展，提高城乡交通运输效率和服务质量，降低成本。

3. 行动目标

（1）总体目标。按照交通运输部等11个部委联合发布的《关于稳步推进城乡交通运输一体化的指导意见》，以加快城乡统筹协调、缩小区域发展差距、实现精准扶贫脱贫为导向，以提高运输服务效率、节约集约利用资源为宗旨，以促进城乡交通基础设施和城乡交通运输服务协同发展为切入点，着力推进农村公路、运输节点、邮政快递及电商服务、客运服务、货运物流服务、信息化、运输安全等重点任务，构建设施高效衔接、服务一体对接、信息互联共享、安全可管

第七章 城乡交通一体化法律保障机制构建

可控的城乡交通运输体系，促进城乡交通运输协调发展、科学发展，为推动全省经济社会发展新跨越、实现同步小康宏伟目标提供重要支撑。

（2）分项目标。①交通基础设施网络更加完善。以兜底线为基本目标，建制村、撤并建制村通畅率均实现100%的目标。扩大农村公路的覆盖范围，推进通组（寨）、自然村公路建设，有效提升网络化水平。有序推进县道、乡道上所有四类、五类危桥改造工程，解决村道60%的四类、五类危桥改造问题，增强农村公路的抗灾能力。通达"5个100工程"、交通枢纽等重要节点，逐步提高农村公路的技术等级及服务水平。加快乡镇渡口和城乡便民停靠点建设，推进渡口标准化建设和改造。②运输节点、邮政快递及电商网点衔接更加顺畅。道路运输与其他运输方式有效衔接，全省高铁沿线公铁衔接枢纽在市州、县覆盖率分别达到85%、60%以上。乡镇客运站与物流信息平台、农村物流、客车小件快运、商业快递（电商）、邮政分包等融合发展。推动道路运输服务与旅游业联动发展，在全省主要城市枢纽、高铁站点、机场、重点景区等建设旅游集散中心100个。邮政基本公共服务均等化和便利化水平得到有效保障，基本实现乡乡有网点、村村通快递。构建起覆盖县乡村的农村电子商务服务体系，县级运营中心、乡镇电子商务服务网点、村（社区）覆盖率分别达到100%、90%、70%。③客运服务更加均等利民。发展环境更加优越，市场主体更具活力，城市、城乡、镇村客运网络分工明确、衔接顺畅，交通运输基本公共服务均等化工作得到有效推进。公交优先理念得到进一步推广，贵阳市、遵义市平均公交分担率达到60%，其他城市达到50%；建成区公共交通站点500米覆盖率达到90%。城乡客运一体化加速推进，县级行政区域城乡客运一体化发展水平3A级以上比率超过60%，具备条件的建制村通客车率达到100%，"村村通"农村客运任务全面完成。城乡居民出行更加便捷，公众获得感、满意度明显提升。④货运物流服务更加高效经济。物流综合实力显著增强，全省3A级以上现代物流企业超过40家，国内外知名物流企业区域性总部到达2—4家，物流企业竞争力显著提升。物流整体运行效率显著提升,城市共同配送、农村电商物流发展取得突破性成效,交通物流融合发展取得实质进展,"互联网+"高效物流模式广泛应用。⑤城乡交通管理、运营与服务更加智能化。积极推动"通村村""黔出行"等农村客运服务 APP 信息平台,提升农民出行服务信息化水平。贵阳市、遵义市开展定制班车、定线专车、个性包车、定制公交、预约出租车等个性化运输服务试点以及城市公共交通大数据共享与分析试点,城市公共交通服务与管理更加人性化、精细化。以贵阳市作为试点,开展旅游客运统调平台建设,成熟后进行推广,逐步进全省旅游客运统一调度,市场占有率达 30% 以上。建成省级和市(州)两级网约车监管平台,实现对全省网约车平台公司的全面监管。完成全省交通运输物流公共信息平台建设,实现物流相关信息的互联互通。开展 130 个以上电子商务进农村综合示范县、示范镇、示范村和示范企业建设,完成 12000 个电子商务服务站点建设,农村电子商务初具规模。完成道路运输安全监管标准化信息系统建设,系统应用覆盖 100%的县级道路运输管理机构,道路运输安全监管水平显著提升。⑥运输安全更加可管可控。农村道路旅客运输规范有序发展。道路运输企业安全生产标准化,实现规模以上道路运输企业 100%评价达标。道路运输安全监管标准化,在全省推广实施。道路运输安全风险管理、诚信管理、隐患排查治理体系日益完善。

(二) 重点任务

该行动计划将以城乡交通基础设施一体化、城乡客运服务一体化、城乡货运物流服务一体化为目标,以城乡交通运输信息化为支撑,以城乡交通运输安全为保障,着力推进贵州省城乡交通运输一体化发展。

1. 城乡交通运输基础设施一体化

(1) 城乡公路水路交通基础设施。①建制村通硬化路工程。按照交通运输部全面建成小康社会"三通"的要求,优先推进剩余建制村通硬化路建设,新改建通建制村硬化路约 4 万千米。全面推进撤并建制村通硬化路建设,建设撤并建制村通硬化路 2.3 万千米,新增 5815 个撤并建制村通硬化路。②路网连通工程。按照兜底线、补短板、强基础、惠民生、全面建成小康社会的要求,加大对农村公路的投资力度,积极推进4000千米通组(寨)、自然村公路建设,以及具备连通条件的相邻村之间公路、联网路建设,进一步提高全省农村公路通达深度、通畅率,有效提升网络化水平。③县乡道改造工程。重点推进3430千米的惠及人口较多,支撑旅游发展、农村产业发展、资源开发和园区建设等旅游路、资源路、产业路等县乡道升级改造,提高其技术等级及服务水平,增强区域发展能力,带动区域经济快速发展。④窄路面路基拓宽改造工程。按照农村客运安全营运的要求,稳步推进通达至建制村的3.5米及以下窄路面加宽改造和错车道建设工程,拓宽改造窄路面公路1.4万千米,切实提高农村公路的通车安全性和服务水平。⑤加快民生水运工程建设。积极发展农村水路运输,加快乌江、南盘江、北盘江、红水河、赤水、清水江、都柳江等沿江(河)的乡镇渡口和城乡便民停靠点建设,推进渡口标准化建设和改造,完善渡口设施设备和标志标识,到2019年完成70个便民码头和600道乡镇渡口建设,其中渡改桥120道。

(2)运输节点、邮政快递及电商网点。①开展综合客运枢纽示范创建。围绕实现"零距离换乘"的目标,进一步深化全省综合客运枢纽示范工程,着力打造真正具有"零距离接驳"、不同交通方式转换顺畅、各类信息资源共享、基础设施以人为本、管理营运现代高效的综合客运枢纽,提升综合客运枢纽一体化服务水平。在对贵阳北、贵阳西、安顺西、盘县东、都匀东、贵定北、三穗县、三都县、遵义颜村、毕节梨树等试点项目进行验收的基础上,给出不同的星级评价;对试点项目在绿色枢纽、一体化设计理念、PPP模式应用等方面进行单独评价;召开区域性研讨与交流会,扩大贵州示范工程影响力;编制完成符合贵州山地特点的综合客运枢纽建设指引。②开展旅游客运集散中心试点(含传统客运站转型升级)。鼓励引导道路运输服务与旅游业联动发展,加强行业之间的信息共享,加强枢纽场站与旅游景点之间的交通衔接,将旅游客运服务前移,打造"指尖多彩贵州行""多彩包车"等行业旅游服务品牌。推进有条件的传统客运站向旅游集散中心转型,拓展客运站服务功能,将客运站建设成旅游车辆、旅游信息、旅游服务以及游客的集散节点，提高站场利用率。同时，在主要城市枢纽、高铁站点、机场、重点景区建设旅游客运集散中心。③开展"乡镇客运站+"综合服务推广。推动网络化思维对全省乡镇客运站进行统筹管理，将公共物流信息平台、农村物流、客车小件快运、商业快递（电商）、邮政分包等与乡镇客运站进行有效结合，最大限度地利用乡镇客运站闲散资源，提高乡镇客运站的综合利用率。④开展物流园区示范工程建设。以大型物流园区为中心，积极推进部级物流园区示范工程建设；发展多式联运、甩挂运输，推动主通道与枢纽节点的衔接能力，充分发挥综合运输的组合优势与整体效率；围绕重要交通枢纽、重点产业发展区域和中心城市，加大政策与资金引导力度。⑤加快市县两级邮政快递网点建设。按照全省"一圈、四区、多节点"的现代物流业发展空间布局，加紧推进遵义市、毕节市、铜仁市、六盘水市、安顺市、黔东南、黔西南7个市州邮政快递分拨中心建设；集中利用邮政、快递企业县级快件分拨中心、仓储中心、信息系统等既有设施，整合、建设一批县级邮政快递转运中心，力争实现县县有邮政快递集散中心，提高邮政快递服务支撑能力。⑥推进乡村级农村邮政站点整合。加强乡镇寄递场站建设，鼓励邮政企业与乡镇客运站共同利用场地和设施，开展邮政普遍服务和邮政代理业务服务，有效整合客运、物流、旅游集散等服务功能，构建完成集邮政仓储、交通运输、快递物流配送等功能于一体的乡镇邮政快递平台；因地制宜、逐步推进村邮站建设，多方式并举，在有条件、有需求的建制村分期、分批建设适应当地农村发展水平、满足农户寄递需求的村级邮政快递物流网点，实现所有建制村邮件直投率达到100%。⑦推进农村电商线下服务网点建设。积极引导各类经营主体加大农产品的网络营销力度，鼓励创新"农特旅产品+互联网+电商"等新型商业运行模式。鼓励涉农经济主体拓展电子商务业务，加大对本地电商品牌的扶持力度，构建覆盖省、市、县、乡、村五层级的全国农村电子商务服务体系。以供销社、邮政网络及"万村千乡"农家店等为依托，建设县级运营中心、乡镇电子商务服务网点，支持本土特色农产品电商发展，与电商企业积极合作，加快社区或村电子商务服务网点建设,解决配送"最后一公里"问题。

2. 城乡客运服务一体化

(1) 开展省级公交优先示范城市创建。以提升城市公交服务能力和保障水平为目标,以国家"公交都市"、省级"公交优先示范城市"创建为载体,继续推进贵阳、遵义等地"公交都市"创建,启动省级层面"公交优先示范城市"建设,发挥示范引领作用,带动全省公共交通跨越式发展;推广定制公交、旅游专线、接驳公交等多种类、多层次的特色服务,更好地满足群众差异化的出行需求,逐步建立多样化的公交服务体系。

(2) 开展城乡客运服务一体化试点。按照政府主导、城乡一体、加大延伸、服务公益的思路,推动城市的交通公共设施和服务向农村覆盖,逐步实现城乡交通基本服务均等化。积极推动国家城乡交通一体化示范县建设,鼓励地方人民政府因地制宜,实施开展城乡客运服务一体化相关工作,为推进城乡客运均等化服务建设创造和积累政策保障、实施路径、投融资渠道等方面的经验。推动农村客运"路通车通",实现所有建制村通客车。有条件的地区可以着手推进实施农村客运公交化改造。

(3) 探索推进"运游一体"。支持传统村落、休闲农业聚集村、休闲农业产业园、特色景观旅游名村、"农家乐"等乡村特色旅游区域开通乡村旅游客运专线,提升乡村旅游服务保障能力。

(4) 推进水上旅游和旅客联程运输。整合旅游航道与旅游资源,发展水上旅游。强化旅游客运公司化管理、集约化经营,重点开发建设荔波樟江、铜仁锦江、贵阳南明等旅游航运,打造旅游航道客运精品服务网络,不断满足游客高品质、个性化的运输需求。加强水运与其他运输方式的服务衔接,促进水路班线客运与城市公共交通和乡村客运的有效衔接,积极打造城乡旅客联程运输网。

3. 城乡货运物流服务一体化

(1) 开展城乡货运(物流)服务一体化创建。对省内主要从事城市配送、农村物流的企业进行整合,推动企业联盟化、统一标准、开放资源,帮助企业向下延伸业务链;在此基础上,对接各地开放县

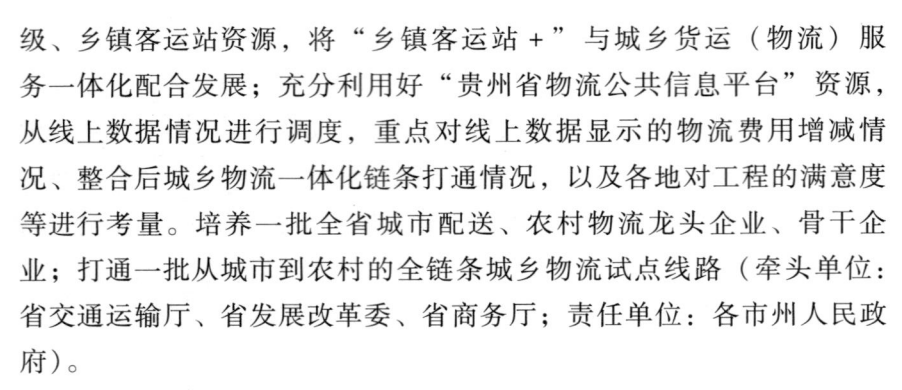

级、乡镇客运站资源，将"乡镇客运站+"与城乡货运（物流）服务一体化配合发展；充分利用好"贵州省物流公共信息平台"资源，从线上数据情况进行调度，重点对线上数据显示的物流费用增减情况、整合后城乡物流一体化链条打通情况，以及各地对工程的满意度等进行考量。培养一批全省城市配送、农村物流龙头企业、骨干企业；打通一批从城市到农村的全链条城乡物流试点线路（牵头单位：省交通运输厅、省发展改革委、省商务厅；责任单位：各市州人民政府）。

（2）开展客车小件快运试点。推动成立全省班车小件快运联盟或股份制公司，整合全省客运网络、车辆、客运站资源，制定统一业务流程、服务和收费标准，建立完善费用结算机制，推进业务延伸，形成统一品牌。同时，鼓励并支持邮政快递企业与道路客运企业开展深度合作，利用客车捎带邮件、快递（责任单位：省交通运输厅、省邮政管理局）。

（3）打造货运物流企业孵化中心。以无车承运人试点工程、城乡货运（物流）一体化工程等为载体，筹建全省货运物流企业孵化中心，鼓励企业做大做强做优，形成贵州省运输行业发展先进水平的骨干物流企业，发挥其在创新发展模式、优化组织等方面的引领示范作用。加快以市场需求为导向的运输企业联盟发展，支持中小企业间的合作、整合，推进中小企业联盟试点。以物流园区为主要载体，促进园区、企业跨区域、网络化发展。鼓励平台型物流企业和传统物流企业联盟发展，促进资源高效利用，引导物流市场集约化发展（牵头单位：省交通运输厅；责任单位：各市州人民政府）。

（4）城市共同配送试点。积极协调有关部门研究制定改进城市配送管理、优化城市配送组织模式的政策措施，规范企业经营行为，探索城市配送运行模式，鼓励发展共同配送、统一配送、夜间配送，完善城市、城乡配送体系。探索建立由交通运输部门和城市交通管理相关部门组成的城市配送综合协调工作机制，形成多部门联动、责权明确的运行管理机制，改进通行管控措施。选择条件成熟、积极性高的市州所在地中心城市实施城市共同配送试点（责任单位：各市州人民政府）。

（5）农村物流试点示范建设。以100个现代高效农业示范园区为服务对象，培育管理集约化、经营网络化、服务社会化的农村物流龙头企业，鼓励发展鲜活农产品直达运输和农超对接、农校对接、农企对接服务模式。推广乡镇客运站客货并用，发展农村物流节点。通过资源整合，形成干线运输、短途配送、小件快运、运邮合作等各种形式互补的货运物流网络（牵头单位：省交通运输厅；责任单位：县人民政府）。

（6）打造面向农村的电商邮政寄递网。推进农村地区邮政物流与电商业务的整合，实现信息共享和融合发展。以深化淘宝、京东、苏宁、国美等大型电商战略合作为契机，鼓励更多类型的电商企业车头向下、自上而下，服务业务向县、镇、村延伸，助推农村电子商务加速发展。依托县级邮政快递转运中心、乡镇寄递场站、村邮站等，发展农副、医药、旅游、茶叶、烟草、酒、民族工艺等农特快递产品，有条件的地区，鼓励快递企业和社会力量参与生鲜产品的特色邮政快递业务（牵头单位：省邮政局、省商务厅、省交通运输厅；责任单位：各县人民政府）。

4. 城乡交通运输信息化

（1）开展"互联网+客运服务"。完成全省道路客运联网售票，为旅客出行提供在线购票等功能，改善客运出行服务体验；推动公众出行综合信息服务示范工程建设，积极打造公、铁、水、空和城市公共交通"一站式"综合信息服务平台；开展农村客运服务平台建设工程，积极鼓励"通村村"等农村客运服务APP信息推广使用，通过农村班线车辆的实时定位、定制化约车或包车服务、手机购票等，方便村民出行。

（2）开展"互联网+公交出租车"。建设"全省城市公共交通智能调度云平台"，接入全省各市、县公交数据，对示范城市创建过程进行指导，对没有公交调度平台的县开放使用权，免费使用平台调度系统；进一步推进"贵州省全国交通一卡通"覆盖范围与深度，推动"智行公交"APP广泛应用；加快建设"网约车监管平台"，平台使用权免费向市州开放，完善出租汽车智能调度服务平台功能，提升城市客运服务品质。

（3）开展"互联网+旅游出行"。开展旅游客运统调平台试点及推广工程，以"互联网+旅游客运"思维，集成车辆调度、行程预约、旅程策划等功能，推动全省旅游客运行业转型升级。

（4）开展"互联网+高效物流"。推进建设并完成贵州交通运输物流公共信息平台及贵州省物流公共信息服务平台，通过区域交换节点和应用系统的建设，打造集政务和商务信息服务功能于一体的综合性物流信息平台，实现与国家交换节点及其他区域交换节点的互连互通；加强与贵阳货车帮科技有限公司、贵阳传化智能公路港、贵州长和长远物流园等合作企业数据共享，推动贵州交通运输物流公共信息平台实现"聚通用"的目标（责任单位：省交通运输厅）。

（5）开展"互联网+汽车维修"。探索建设覆盖全省范围内重点一、二类维修企业的维修数据采集网络和贵州省汽车维修电子健康档案数据中心，实现对全省主要维修企业维修数据的真实、可靠采集和存储，并通过与部级系统的数据交换，为广大车主、维修企业和管理机构建立公众服务平台、维修企业服务平台和行业监管与服务平台，实现汽车健康档案查询、维修服务评价、维修企业查询、行业统计与分析、信息发布与交流等服务功能，进一步推动互联网与汽车维修行业深入融合和创新发展（责任单位：省交通运输厅、省公安厅、省安全监管局）。

（6）开展"互联网+治理能力"。深入推动全省运政管理信息化工程建设，建设全省主体业务流程统一、信息互联互通的道路运输行业综合管理服务信息系统，实现稽查执法移动化、规范化和数据查询实时化，为行业管理奠定信息化基础；继续推进行业运行安全监管信息化工程，完善全省重点营运车辆监管平台功能，增加微信、手机APP等移动监管功能，升级带宽，逐步实现动态监控视频数据高清传输；探索建立道路运输行业信用体系，以诚信典型示范引导企业的经营行为，推动诚信示范企业创建，开展行业经济运行监测预警决策支持分析工程，利用大数据技术，通过数据建模和挖掘分析，为行业发展趋势研判、政策制定及绩效评估等提供数据分析支撑（牵头单位：省交通运输厅、省公安厅；责任单位：各市州人民政府）。

5. 城乡交通运输安全管理

（1）开展公路安全防护设施整改行动。实施农村公路安全生命防护工程，处治农村公路临水、临崖、临房、临院、临坎、尚填、深挖、急弯陡坡路段安全隐患7.8万千米，治理国省干道临水临崖、急弯陡坡路段安全隐患，按照轻重缓急逐步改造桥梁护栏、危桥，健全完善公路标志标牌标线（牵头单位：省交通运输厅；责任单位：各市州人民政府）。

（2）推动建立第三方安全监管机制。积极借鉴上海、江苏等发达地区经验，探索利用第三方专业力量参与动态监控，加强对营运车辆驾驶员行为的监督管理；积极协调保险业监管部门，探索建立与运营安全挂钩的保险费率浮动机制，创建安全监管模式，用市场化手段提升行业安全生产水平（责任单位：省交通运输厅、省保监局）。

（3）推进道路运输安全监管标准化建设。认真贯彻落实国务院发布的《关于推进安全生产领域改革发展的意见》，加快完善道路运输行业安全生产监督管理工作责任规范，按照"职责明确、权责一致、边界清晰"的要求，组织制定省、市、县三级安全生产责任、权力清单，建立起机构健全、制度完善、监管到位、依法行政的道路运输安全监管标准化体系，实现监管留痕、溯源查证，促进监管责任的落实。尽快搭建贵州省道路运输安全监管标准化信息系统，在遵义和有关运输企业开展试点的基础上，不断修改完善并推广到全行业（责任单位：省交通运输厅、省公安厅、省安全监管局）。

（三）保障措施

1. 加大政府指导力度

（1）建立城乡交通一体化发展的工作协调机制。经过大部制改革，在国家层面已经基本形成道路运输各行业的统一管理体制。我省应进一步创新完善各项工作机制，明确将城乡交通一体化发展作为基本公共服务体系中的重要民生工程，建立以政府为主导，交通、公安、安监等多部门共同参与的、常态化的城乡交通一体化发展协调机制；切实发挥县级人民政府在城乡交通一体化发展中的主体责任。

（2）要加大绩效考核力度。将城乡交通一体化发展水平纳入各级各部门考核体系，建立考核评价机制，考核省市各相关部门体制机制建立、活动开展、方案制定、目标完成、创建资料等情况，确保计划执行不走偏、方案落地有干货。

2. 加大政策扶持力度

（1）加强财政金融的支持。交通、财政部门要优先考虑预留城乡交通一体化专项资金，主要用于城乡交通基础设施建设、客运车辆更新购置、城乡客运公交化改造、政府购买客运基本公共服务、城乡物流网络建设等。城乡交通一体化需要大量资金的支持，除政府的资金直接介入外，还可以通过发行债券等金融工具为城乡交通一体化提供资金。政府可在这一过程中给予支持，如发行政府用于交通设施建设的债券，也可以通过完善信贷担保机制，从商业银行获取低息贷款，进一步支持城乡交通一体化的发展。在金融支持城乡交通一体化的同时，城乡交通一体化发展也可以反哺金融和其他产业的发展，达到共赢。

（2）提高困难地区城乡交通补贴力度。加大对集中连片特困地区农村客运站建设和改造的扶持力度，推进农村邮政基础设施建设，乌蒙山集中连片特困地区农村客运站建设改造补贴标准，允许集中连片特困地区扩大农村客运站建设补贴资金范围。

（3）建立健全农村客运政策性补贴机制。对城乡客运一体化发展过程中，不能完全通过价格补偿的政策性亏损，按照城市公交的优惠政策及补贴政策，由县级人民政府给予合理补贴。

3. 完善制度健全标准

（1）完善机制制度建设。通过引入市场机制，对于公益性强的城乡交通项目，推动完善政府购买公共客运服务制度，实现公共资源配置效率最大化。

（2）建立健全相关标准。加快制定农村客运服务规范、农村客运基本公共服务均等化服务标准、城乡交通综合站点服务规范、邮政等基本公共服务标准等；研究制定城乡客运公交化运营管理规范，提升服务水平；根据道路状况及行车安全保障情况，制定适应城市公交车运行的城乡道路相关标准和条件；结合当地地形特点及道路条件，联合公安、安监等部门组织对农村客运车辆载客标准进行认定；制定针对不同道路条件的车辆选型标准。

贵州省推动城乡交通一体化行动重点任务汇总如表 7-1 所示。

表 7-1　　贵州省推动城乡交通一体化行动重点任务汇总

序号	工程类别及名称	牵头单位	责任单位
一	城乡交通基础设施		
（一）	公路水路		
1	建制村通硬化路工程（万千米）		各县人民政府
1.1	剩余建制村	省交通运输厅	
1.2	撤并建制村	省交通运输厅	
2	县乡道改造工程（千米）	省交通运输厅	各县人民政府
3	窄路面拓宽改造工程（万千米）	省交通运输厅	各县人民政府
4	路网连通工程（千米）	省交通运输厅	各县人民政府
5	民生水运工程		省扶贫办、市州人民政府
	新建便民码头（个）	省交通运输厅	
	乡镇渡口建设（道）	省交通运输厅	
	渡改桥（道）	省交通运输厅	
（二）	运输节点、邮政快递及电商网点		
1	综合客运枢纽示范	省交通运输厅	各市州人民政府
	市州高铁公铁衔接枢纽覆盖率（%）		
	县高铁公铁衔接枢纽覆盖率（%）		
2	旅游集散中心建设试点	省交通运输厅、省旅发委	各市州人民政府
	旅游集散中心主要城市枢纽、高铁站点、机场、重点景区覆盖率（%）		

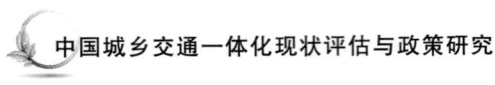

续表

序号	工程类别及名称	牵头单位	责任单位
3	"乡镇客运站+"综合建设推广工程	省交通运输厅、省住建厅、省邮政局、省商务厅	各市州人民政府
4	货运枢纽（物流枢纽）示范工程	省交通运输厅	各市州人民政府
5	邮政快递网点	省邮政局、省交通运输厅	各县人民政府
	县级快递网点覆盖率（%）		
	乡级网点覆盖率（%）		
	村级直接通邮率（%）		
6	农村电商线下服务网点	省商务厅	各县人民政府
	县级运营中心覆盖率（%）		
	乡镇服务网点覆盖率（%）		
	一村（社区）网点覆盖率（%）		
二	城乡客运服务一体化		
1	创建省级公交优先示范城市（个）	省交通运输厅	省财政厅、各市州人民政府
2	城乡客运服务一体化试点		省交通运输厅、各市州人民政府
3	探索推进"运游一体"		省交通运输厅、各市州人民政府
4	水上旅游和旅客联程运输工程	省交通运输厅	各市州人民政府
三	城乡货运物流服务一体化		
1	城乡货运（物流）服务一体化创建	省交通运输厅、省发委、省商务厅	各市州人民政府
2	客车小件快运试点		省交通运输厅、省邮政管理局
3	货运物流企业孵化中心	省交通运输厅	各市州人民政府
4	城市共同配送试点工程		各市州人民政府
5	农村物流试点示范工程	省交通运输厅	县人民政府
6	电商邮政寄递网	省邮政局、省商务厅	县人民政府

续表

序号	工程类别及名称	牵头单位	责任单位
四	城乡交通运输信息化		
1	"互联网+客运服务"	省交通运输厅、省公安厅	各市州人民政府
2	"互联网+公交出租车"	省交通运输厅、省公安厅、省通信管理局	各市州人民政府
3	"互联网+旅游出行"	省交通运输厅、省旅发委	各市州人民政府
4	"互联网+高效物流"		省交通运输厅
5	"互联网+汽车维修"		省交通运输厅、省公安厅、省安全监管局
6	"互联网+治理能力"	省交通运输厅、省公安厅	各市州人民政府
五	城乡交通运输安全		
1	公路安全防护设施整改行动	省交通运输厅	各市州人民政府
2	建立第三方安全监管机制		省交通运输厅、省保监局
3	道路运输安全监管标准化建设		省交通运输厅、省公安厅、省安全监管局

二 《贵州省道路运输服务品质提升工程行动计划》

为全面贯彻落实贵州省委省政府"加速发展、加快转型、推动跨越"战略部署，深化道路运输行业供给侧结构性改革，促进道路运输行业提质增效与转型升级，推动贵州省交通运输的服务水平、城乡均等化水平、区域服务品质显著提升，结合贵州省实际，特制订本行动计划。

1. 总体要求

积极主动地适应新常态经济发展，围绕深化交通运输供给侧结构性改革，巩固提升优势领域、培育发展新兴领域，促进道路运输转型升级提质增效。坚持政府主导，示范带动，强化行业引领与地方主体责任；坚持以质取胜、创新驱动，推动信息技术应用；坚持以人为本，惠及民生，始终把人民群众安全舒适出行和社会物资高效畅通作为提升运输服务品质的出发点和落脚点。着力实施"五大工程"，即枢纽效率提升工程、城乡一体化服务工程、智慧运输应用工程、创新试点推广工程、运输安全保障工程，助推贵州经济社会发展提质增效。

2. 发展目标

到2019年，初步形成现代综合交通运输服务网络，基本实现多式联运、互联互通的运输服务格局，行业发展总体实力更加壮大，道路运输服务品质显著提升。

（1）枢纽衔接更科学顺畅。道路运输与其他运输方式有效衔接，全省高铁沿线公铁衔接枢纽在市州覆盖率达到85%。推动道路运输服务与旅游业联动发展，在全省主要城市枢纽、高铁站点、机场、重点景区等建设旅游集散中心100个。

（2）运输服务更便捷高效。贵阳市、遵义市中心区公交机动化分担率达到60%，其他地级市中心区公交机动化分担率达到50%；县级行政区域城乡客运一体化发展水平3A级以上比率超过60%，建制村通客车率达到100%；培育8—10个物流龙头企业，初步建立智能、高效、绿色、规范的干线运输、城市配送、农村运输三级物流发展体系。

（3）智慧运输更广泛深入。以行业数据中心工程、公众交通出行服务平台、贵州省物流公共信息平台等为抓手，提高新一代信息和网络通信技术在行业内的融合应用，促进行业信息资源整合和业务应用协同，初步实现智慧化监管、智力化决策与智能化运输。

（4）设施装备更环保标准。建设打造3—5个绿色枢纽场站示范项目，绿色枢纽理念全面推广；推广应用高能效、低排放的交通运输装备，新能源公交车辆占在用比达到45%；清洁能源公交车辆占在用比达到55%。

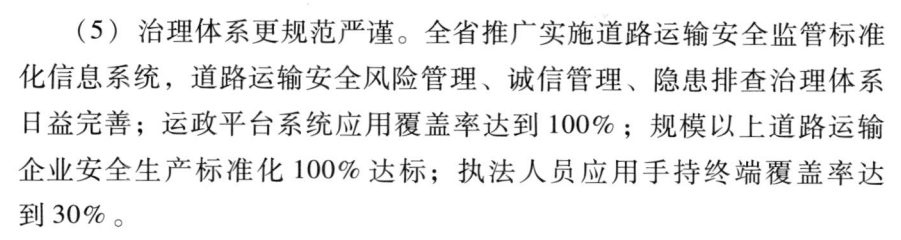

(5) 治理体系更规范严谨。全省推广实施道路运输安全监管标准化信息系统，道路运输安全风险管理、诚信管理、隐患排查治理体系日益完善；运政平台系统应用覆盖率达到100%；规模以上道路运输企业安全生产标准化100%达标；执法人员应用手持终端覆盖率达到30%。

3. 重点任务

（1）实施枢纽效率提升工程。

1）开展综合客运枢纽示范创建。围绕实现"零距离换乘"的目标，进一步深化全省综合客运枢纽示范工程，着力打造真正具有零距离接驳、不同交通方式转换顺畅、各类信息资源共享、基础设施以人为本、管理营运现代高效的综合客运枢纽，提升综合客运枢纽一体化服务水平。在对贵阳北、贵阳西、安顺西、盘县东、都匀东、贵定北、三穗县、三都县、遵义颜村、毕节梨树等试点项目进行验收的基础上，给出不同的星级评价；对试点项目在绿色枢纽、一体化设计理念、PPP模式应用等方面进行单独评价；召开区域性研讨与交流会，扩大贵州示范工程影响力；编制完成符合贵州山地特点的综合客运枢纽建设指引。

2）开展旅游客运集散中心试点（含传统客运站转型升级）。鼓励推动道路运输服务和旅游业之间联动发展，加强信息共享，强化枢纽场站和旅游景区交通衔接，将旅游客运服务前移，打造"指尖多彩贵州行""多彩包车"等行业旅游服务品牌；推进有条件的传统客运站向旅游集散中心转型，拓展客运站服务功能，将客运站建设成旅游车辆、旅游信息、旅游服务以及游客的集散节点，提高站场利用率；同时，在主要城市枢纽、高铁站点、机场、重点景区建设旅游客运集散中心（牵头单位：省交通运输厅、省旅发委；责任单位：各市州人民政府）。

3）开展"乡镇客运站+综合服务"推广。推动网络化思维对全省乡镇客运站进行统筹管理，将公共物流信息平台、农村物流、客车小件快运、商业快递（电商）、邮政分包等与乡镇客运站进行有效结合，最大限度地利用乡镇客运站闲散资源，提高乡镇客运站的综合利用率(牵头单位:省交通运输厅、省住房城乡建设厅、省邮政管理局、省商务厅;责任单位:各市州人民政府)。

4)开展货运枢纽(物流园区)示范工程建设。以大型货运枢纽(物流园区)为中心,积极推动部级货运枢纽(物流园区)示范工程建设;发展多式联运、甩挂运输,推动主通道与枢纽节点的衔接能力,充分发挥综合运输的组合优势与整体效率;围绕重要交通枢纽、重点产业发展区域和中心城市,加大政策与资金引导力度(牵头单位:省交通运输厅;责任单位:各市州人民政府)。

(2)实施城乡服务一体化工程。

1)开展省级公交优先示范城市创建。以提升城市公交服务能力和保障水平为目标,以国家"公交都市"、省级"公交优先示范城市"创建为载体,继续推进贵阳、遵义等地"公交都市"创建,启动省级层面"公交优先示范城市"建设,发挥示范引领作用,带动全省公共交通跨越式发展;推广定制公交、旅游专线、接驳公交等多种类、多层次的特色服务方式,更好地满足群众差异化的出行需求,逐步建立多样化的公交服务体系(牵头单位:省交通运输厅;责任单位:省财政厅、各市州人民政府)。

2)开展城乡客运服务一体化试点。按照政府主导、城乡一体、扩大覆盖、公益服务的思路,着手推动城市的交通公共设施及服务向农村延伸和覆盖,实现城乡交通基本服务均等化。积极推动国家城乡交通一体化示范县建设,鼓励地方人民政府因地制宜,实施开展城乡客运服务一体化相关工作,为推进城乡客运均等化服务建设创造和积累政策保障、实施路径、投融资渠道等方面的经验。推动农村客运"路通车通",实现建制村全部通客车。推进有条件的地区实施农村客运公交化改造(责任单位:省交通运输厅、各市州人民政府)。

3)开展城乡货运(物流)服务一体化创建。对省内主要从事城市配送、农村物流的企业进行整合,推动企业联盟化,统一标准、开放资源,帮助企业向下延伸业务链;在此基础上,对接各地开放县级、乡镇客运站资源,将"乡镇客运站+"与城乡货运(物流)服务一体化配合发展；充分利用好"贵州省物流公共信息平台"资源，从线上数据情况进行调度，重点对线上数据显示的物流费用增减情况、整合后城乡物流一体化链条打通情况以及各地对工程的满意度等进行考量；培养一批全省城市配送、农村物流龙头企业、骨干企业；打通一批从城市到农村的全链条城乡物流试点线路（牵头单位：省交通运输厅、省发展改革委、省商务厅；责任单位：各市州人民政府）。

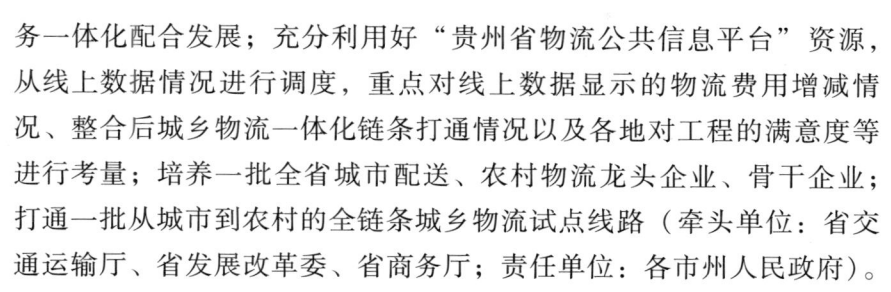

4）探索推进"运游一体"。支持传统村落、休闲农业聚集村、休闲农业产业园、特色景观旅游名村、"农家乐"等乡村特色旅游区域开通乡村旅游客运专线，提升乡村旅游服务保障能力（责任单位：各市州人民政府、省交通运输厅）。

5）开展客车小件快运试点。推动成立全省班车小件快运联盟或股份制公司，整合全省客运网络、车辆、客运站资源，制定统一业务流程、服务和收费标准，建立完善费用结算机制，推进业务延伸，形成统一品牌；同时，鼓励并支持邮政快递企业与道路客运企业开展深度合作，利用客车捎带邮件、快递（责任单位：省交通运输厅、省邮政管理局）。

6）打造货运物流企业孵化中心。以无车承运人试点工程、城乡货运（物流）一体化工程等为载体，筹建全省货运物流企业孵化中心，鼓励企业做大做强做优，形成贵州省运输行业发展先进水平的骨干物流企业，发挥其在创新发展模式、优化组织等方面的引领示范作用；加快以市场需求为导向的运输企业联盟发展，支持中小企业间的合作、整合，推进中小企业联盟试点；以物流园区为主要载体，促进园区、企业跨区域、网络化发展；鼓励平台型物流企业和传统物流企业联盟发展，促进资源高效利用，引导物流市场向集约化方向发展。

（3）实施智慧运输应用工程。

1）开展数据中心建设。以数据资源整合为重点和抓手，加快推动省级行业数据中心建设。重点是打破区域与部门分割，联合推动建立交通运输信息资源共享交换机制，编制共享目录，构建共享交换平台，提高信息资源综合利用水平，夯实行业智能化发展基础（责任单位：省交通运输厅）。

2）开展"互联网+客运服务"。完成全省道路客运联网售票，为旅客出行提供在线购票等功能，改善客运出行服务体验；建设公众出行综合信息服务示范工程，积极拓展公、铁、水、空和城市公共交通"一站式"综合信息服务；开展农村客运服务平台建设工程，积极鼓励"通村村"等农村客运服务APP信息推广使用，通过农村班线车辆的实时定位、定制化约车或包车服务、手机购票等，方便村民出行（牵头单位：省交通运输厅、省公安厅；责任单位：各市州人民政府）。

3）开展"互联网+公交出租车"。建设"全省城市公共交通智能调度云平台"，接入全省各市、县公交数据，对示范城市创建过程进行指导，对没有公交调度平台的县开放使用权，免费使用平台调度系统；进一步推进"贵州省全国交通一卡通"覆盖范围与深度；推动"智行公交"APP广泛应用；加快建设"网约车监管平台"，平台使用权免费向市州开放，完善出租汽车智能调度服务平台功能，提升城市客运服务品质。

4）开展"互联网+旅游出行"。开展旅游客运统调平台试点及推广工程，以"互联网+旅游客运"的思维，集成车辆调度、行程预约、旅程策划等功能，推动全省旅游客运行业转型升级。

5）开展"互联网+高效物流"。推进建设并完成贵州交通运输物流公共信息平台及贵州省物流公共信息服务平台，通过区域交换节点和应用系统的建设，打造集政务和商务信息服务功能于一体的综合性物流信息平台，实现与国家交换节点及其他区域交换节点的互联互通；加强与贵阳货车帮科技有限公司、贵阳传化智能公路港、贵州长和长远物流园等合作企业数据共享，推动贵州交通运输物流公共信息平台实现"聚通用"的目标（责任单位：省交通运输厅）。

6）开展"互联网+汽车维修"。探索建设覆盖全省范围内重点一、二类维修企业的维修数据采集网络和贵州省汽车维修电子健康档案数据中心，实现对全省主要维修企业维修数据的真实、可靠采集和存储，并通过与部级系统的数据交换，为广大车主、维修企业和管理机构建立公众服务平台、维修企业服务平台和行业监管与服务平台，实现汽车健康档案查询、维修服务评价、维修企业查询、行业统计与分析、信息发布与交流等服务功能，进一步推动互联网与汽车维修行业深入融合和创新发展（责任单位：省交通运输厅、省公安厅、省安全监管局）。

7）开展"互联网＋治理能力"。深入推动全省运政管理信息化工程，建设全省主体业务流程统一、信息互联互通的道路运输行业综合管理服务信息系统，实现稽查执法移动化、规范化和数据查询实时化，为行业管理奠定信息化基础；继续推进行业运行安全监管信息化工程，推进全省重点营运车辆监管平台的不断完善，开发微信、手机APP等移动监管功能，升级带宽，逐步实现动态监控视频数据高清传输；探索建立道路运输行业信用体系，以诚信典型示范引导企业的经营行为，推动诚信示范企业创建；开展行业经济运行监测预警决策支持分析工程，利用大数据技术，通过数据建模和挖掘分析，为行业发展趋势研判、政策制定及绩效评估等提供数据分析支撑。

（4）实施创新试点推广工程。

1）开展绿色节能推广。重点推进绿色能源技术和绿色出行方式在运输行业的推广应用，在综合客运枢纽示范工程、省级公交优先示范城市建设中，推广绿色枢纽理念，新增或更新绿色能源城市公交车、出租汽车和物流配送车辆，推进节能环保型装备应用；积极推进道路运输节能减排工作，探索通过客运班线、公交出租、货运物流等平台汇集相关数据，强化各项指标的调查统计分析（牵头单位：省交通运输厅；责任单位：各市州人民政府）。

2）开展无车承运人试点。加快发展集约高效的运输组织模式，鼓励依托互联网平台的道路无车承运人业务，扶持和培育一批具有创新理念、运作高效、服务规范、竞争力强的无车承运人企业，逐步引导货运物流行业向集约化、规范化、规模化方向发展，与交通运输部积极配合，探索无车承运人在许可准入、运营监管、诚信考核、税收征管、信息共享、运输组织方面的管理制度，促进物流行业"降本增效"（牵头单位：省交通运输厅、省国税局；责任单位：各市州人民政府）。

3）开展出租汽车行业改革。根据国家、部相关文件，鼓励巡游出租汽车转型升级，提供电召、网约等服务；对网约车经营者、驾驶员和车辆实行许可管理，明确具体标准和运营要求，对从业驾驶员进行考核和教育；规范网约车的经营行为，督促网约车平台公司制定有关服务标准和服务评价体系及乘客投诉处理制度规范经营，对网约车平台接入车辆严格把关；要积极促进网约车规范发展，进一步落实网约车平台主体责任；建立多部门的联合监管机制，切实加强事中事后监管（牵头单位：省交通运输厅、省公安厅、省委网信办、省通信管理局；责任单位：各市州人民政府）。

4）开展新模式维修。建立以品牌化、连锁化、专业化企业为主体，以专项修理企业、综合小修（快修）为补充的现代维修市场体系，完成维修服务从粗放型向品质型转变，为客户提供更为透明诚信、优质经济、周到便捷的汽车维修及消费服务；鼓励推广使用符合环保节能要求的新工艺、新材料和新设备，鼓励维修企业开展线上线下互动式维修服务，以及应用远程诊断等先进技术（牵头单位：省交通运输厅；责任单位：各市州人民政府）。

5）开展新模式驾培。贯彻落实《国务院办公厅转发公安部交通运输部关于推进机动车驾驶人培训考试制度改革意见的通知》（国办发〔2015〕88号）有关要求，不断创新服务模式，为社会公众提供规范、便利、精准化的服务。改变培训费用一次性预收的单一模式，推进计时培训计时收费、先培训后付费的服务措施；引导驾校以学员为中心，提高驾校管理和服务的智能化水平，鼓励运用互联网技术全面推行预约计时培训；鼓励基于移动互联网的理论教学平台及APP的开发和应用，发展壮大互联网远程培训，开启教学日志、培训记录和结业考核等电子化管理模式，实现教学资源的优质共享；继续推进交通运输部门与公安部门的监管信息共享（责任单位：省交通运输厅、省公安厅）。

（5）实施运输安全保障工程。

1）开展公路的安全防护设施整改行动。高效实施农村公路安全生命防护工程，妥善处治农村公路的临水、临崖、临房、临院、临

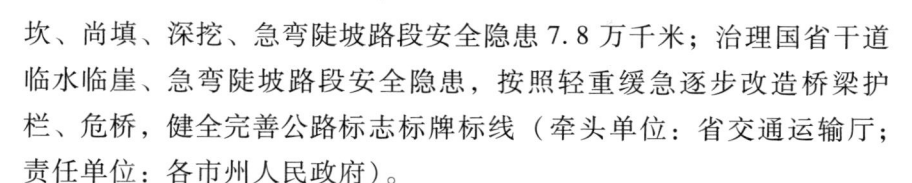

坎、尚填、深挖、急弯陡坡路段安全隐患7.8万千米；治理国省干道临水临崖、急弯陡坡路段安全隐患，按照轻重缓急逐步改造桥梁护栏、危桥，健全完善公路标志标牌标线（牵头单位：省交通运输厅；责任单位：各市州人民政府）。

2）推动建立第三方安全监管机制。积极借鉴上海、江苏等发达地区经验，探索利用第三方专业力量参与动态监控，加强对营运车辆驾驶员行为监督管理；积极协调保险业监管部门，探索建立与运营安全挂钩的保险费率浮动机制，创建安全监管模式，用市场化的手段提升行业安全生产水平（责任单位：省交通运输厅、省保监局）。

3）推进道路运输安全监管标准化建设。认真贯彻落实《中共中央国务院关于推进安全生产领域改革发展的意见》，加快完善道路运输行业安全生产监督管理工作责任规范，按照"职责明确、权责一致、边界清晰"的要求，组织制定省、市、县三级安全生产责任、权力清单，建立起机构健全、制度完善、监管到位、依法行政的道路运输安全监管标准化体系，实现监管留痕、溯源查证，促进监管责任的落实。尽快搭建贵州省道路运输安全监管标准化信息系统，在遵义和有关运输企业开展试点的基础上，不断修改完善并推广到全行业（责任单位：省交通运输厅、省公安厅、省安全监管局）。

4. 保障措施

（1）加强组织领导。加强组织建设和领导，做到责任明确分工，工作方案先行，实施步骤扎实，实施过程精心组织；加强完善协同机制，逐步建立"分工负责、各司其职、协同推进"的良好工作格局。

（2）加强资金保障。积极争取来自中央以及地方的财政支持，保证任务的顺利完成；在"公交都市"创建、公交优先示范、综合枢纽建设、农村客运服务平台工程等方面加大资金的投入，确保工作任务的全面完成。

（3）强化监督考核。提升重点运输服务品质，并建立完善考核制度，加强动态跟踪和评估，根据情况调整工作计划；加强对标准规范的研究和制定，加快建立和完善相关规章制度，推动工作向规范化、常态化、制度化发展；建立激励机制，推动运输行业向提升品质水平方向发展。

（4）加强宣传引导。充分发挥媒体舆论的导向作用，宣传运输行业服务品质的提升举措；组织运输企业积极开展形式多样的服务品质提升创建活动，树立先进典型，全面提升行业运输服务品质水平。

第八章

研究结论与展望

第一节 研究回顾

一 本书的起源

2019年党中央国务院提出交通强国战略，城乡交通一体化是"建设人民满意的交通"重要任务之一。城乡一体化在加快城市发展和农业现代化进程中发挥着重要作用。城乡一体化的关键在于交通一体化，而要实现城乡交通一体化目标，除了要遵循经济规律、自然规律和交通发展自身规律外，还要建立完善的法律体系来保障实施。本书综合运用规范分析法、案例分析法和比较分析法，对我国城乡交通一体化存在的问题及造成问题的具体原因进行分析，从法律角度对城乡交通一体化问题进行了深入细致的研究。

城乡发展交通一体化是工业化、城镇化以及农业现代化发展到一定时期的必然要求，也是我国实行工业反哺农业、城市支持乡村的具体行动。推进城乡交通一体化，实现城市交通基础设施向农村延伸，是实现乡村振兴的重要条件。城乡交通一体化是指按照"整合资源、提高效率、兼顾公平"的原则，通过政策、法规、管理、标准的一体化，突破行政区划、管理体制及行业界限，对城乡交通资源进行统一规划管理、组织调配，以实现城乡道路基础设施规划、建设、管理的协调，城乡交通市场一体化，城乡交通运输资源的整体效益最优，以及城乡运输服务均等化目标。因此，分析当前城乡交通一体化发展的总体格局及阶段特征，找出有利条件与发展趋势，并研究当前城乡交通一体化的现实困境，探寻城乡交通一体化对于公路交通基础设施、道路运输的影响机制，在此基础上寻求城乡交通一体化与公路交通互动互促的法律保障对策，具有重大的实践意义。

本书采用规范分析法、案例分析法和比较分析法对城乡交通一体化发展模式的法治创新机制进行深入的研究。首先，总结目前我国城乡交通一体化的发展成就；其次，分析我国城乡交通一体化发展存在的法律问题；再次，对我国城乡交通一体化面临法律障碍原因进行剖析；最后，针对城乡交通一体化法律保障机制构建提出了相关的政策建议。

二 我国城乡交通一体化发展的成就

实施城乡交通一体化建设，是我国构建高效畅通的交通网络体系、推进城乡统筹发展的一项有力举措。近年来，我国着力实施城乡交通一体化战略，改革创新体制机制，加快推进城乡交通一体化建设，取得了巨大的成就，不断提升广大人民群众的幸福感、获得感。

1. 实施城乡客运一体化发展战略

交通运输部2010年提出将"加快推进城乡客运交通一体化进程"作为落实中央一号文件要求、履行好交通运输部门职责的四点重要意见之一。2019年党中央国务院提出交通强国战略，城乡交通一体化也是"建设人民满意的交通"重要任务之一。这说明只有城乡客运实现一体化，交通服务才能实现均等，并指出运管部门，必须落实城乡共同发展，形成一个新的城乡客运的共享体，相互衔接、资源共享、布局合理、方便快捷、畅通有序。

2. 优化城乡公交线网

截至2020年年底①，全国公路总里程510万千米左右，高速公路

---

① 2020年5月国务院新闻办举行的"加快建设交通强国、推动交通运输行业高质量发展"新闻发布会发布的数据。

以15万千米的通车里程稳居世界之首。2018年年末，全国公路网密度达49.72千米/百平方千米，2012—2018年，公路总里程增加了53万千米，高速公路增加了4万千米，高速公路覆盖97%的20万人口城市及地级行政中心，二级以上公路通达96.7%的县，全国通公路乡（镇）达99.99%，通公路建制村达99.98%。2020年新改建农村公路超过140万千米，新增通客车建制村超过3.35万个。百万以上人口城市公交站点500米覆盖率约100%，全国乡镇快递网覆盖率达98%，100%建制村通邮形成了多层次出行体系和多节点物流网络。

3. 加快推进城乡交通运输一体化建设

近年来，我国城乡交通运输基础设施一体化建设、城乡货运物流服务一体化建设、城乡客运服务一体化建设等取得了显著成效。为深入推进城乡交通一体化发展，2017年6月底，交通运输部确立了首批52个城乡交通运输一体化示范县，通过典型引领，带动创新发展，提升公共服务水平，满足人民群众以及城乡经济社会发展需要。2019年，交通运输部为了稳步推进城乡交通运输一体化提升基本公共服务水平，发布《交通运输部办公厅关于开展城乡交通运输一体化发展水平自评估工作的通知》①，推动各省（市、区）自评估城乡交通运输一体化发展水平。

三 我国城乡交通一体化发展中存在的问题

（一）城乡运输组织管理滞后

1. 城市客运发展不到位

（1）城市公共交通的分担率低。根据数据显示，我国每日选择公交出行人次达到2.5亿，但是城市交通领域仍存在"短板"，全国大部分城市的公交机动化出行分担率不足40%，与许多发达国家40%—70%的出行比例相比，我国目前的交通分担率还是有所不及。②

---

① 《通知》中提出了城乡交通运输一体化发展指标体系，包括基础设施一体化发展水平、客运服务一体化发展水平、货运物流服务一体化发展水平、城乡交通运输一体化发展环境等。

② 参见 https：//k.sina.cn/article_3164957712_bca56c1002000c9eh.html?subch=onews。

城市公共交通总体发展水平低是公交出行分担率低的直接原因，因此，城市交通走向农村，一方面有着较大的需求，另一方面也存在能力不足的问题。

（2）城市公共交通重复率高，街道涵盖不全面。公交网络覆盖不完善，公交线网密度低，城市公交起步较晚，大部分城市尚未形成结构合理的公交服务网络体系，重复率高，街道涵盖不全面。与此同时，城市外围小区公车路线很少。比如，在路线设置上未能使直达客运站公交线路覆盖市区的人流集中点，部分需要客运站乘车的旅客需要经过多次公交换乘才能到达客运站。且公交停靠站在规划设计选点时没有充分考虑与客运站间的距离，比如新钦州汽车总站与最近的公交站之间仅有约150米距离。

（3）公共交通基础设施有待改善。由于现场场地的缺乏和配套建设资金的缺乏，我国大多数城市的公共交通建设相对滞后，远远满足不了其发展的需求。例如，广州公交某线路的第一站和最后一站之间距离约为60千米，路程长且公交专用道非常缺乏，设置也相对不合理。深圳公交专用道很少，总长度仅占公交网络长度的6%，没有形成规模化，无法满足公共安全的需要。这些都是导致公交服务水平较低的重要因素。

（4）收入问题影响行业稳定。城市公交企业压力很大，公交主要靠财政补贴，因此公交行业收益低，大部分企业处于长期亏损状态。交通公司职工收入普遍低于当地职工的平均工资水平，导致企业很难引入优秀的人才。例如，广西钦州市2018年推动港城公交一体化，其实质就是城乡交通一体化，在120辆新车购置之前，最大的问题却是招不到驾驶员。

2. 农村客运体系亟待提高

（1）农村客运体系不完善。公路客运可能是大多数农民的主要出行方式。在我国还有很多地区，尤其是中部和西部部分地区，农村客运网络尚不完善，仍然有许多乡镇和行政村未能通客运。

（2）农村客运水平落后、运输设备滞后。农村客运设备多为一般公交车，车辆档次低，并且驾驶员专业能力不足，缺乏安全措施，安全风险大，车站设施落后，与农村公路网的建设不匹配。

（3）发展瓶颈问题日益突出。农村客运市场主体集约化程度低的现象仍然普遍存在。绝大多数农村公路客运运营商处于亏损状态，特别是客运专线，很难盈利。农村客运的站点、班次时间以及运行线路比较固定，整体运行机制单一且不规范，引起很多问题。例如，很多地区的车站由于缺乏管制，涌入大量社会车辆（如摩托车、报废汽车、农用车等非法车辆），导致整个客运市场秩序混乱。

3. 交通客运发展不均衡

这主要体现在以下几个方面：

（1）农村客运站使用效率普遍低下。

（2）农村公路条件限制农村客运发展。

（3）城乡客运投入不足。

（二）城乡交通衔接不畅

这主要体现在以下几个方面：

（1）通达深度广度不足。

①很多郊区县以及乡村等地区的客运站与停靠站相对较少，导致这部分地区的居民乘车困难，需要花费更多的时间与体力。②农村客运面临着油价上涨、运行成本高的压力。

（2）城乡居民转车换乘不顺畅。

（3）各种运输方式之间的相互整合与资源共享平台的建设还很不足。

（三）城乡交通一体化合理的标准化规章缺失

目前我国城市道路和城市公路大多属于不同部门，缺乏相应的协调机制，主要是集中在城市道路网与公路网。乘客的要求与现在的规章制度相冲突，这对城乡交通一体化进程有所阻碍。

没有合理的标准化规章，没有根据不同地点居民的不同要求予以调整，并且至今也没有合理统一的服务规章。城市公共交通和农村客运从发车率、通行范围、服务人群和乘客人数等方面来看，两者之间仍存在较大差距。

四 我国城乡交通一体化发展中存在的法律问题

1. 城乡客运法规衔接度不高

从管理办法来看,中心城区主要是城市公共交通,所依据的法律规定主要是《城市公共汽车和电车客运管理规定》和《城市道路管理条例》;而城区之外的道路主要是公路客运,所依据的法律规定是《公路法》和《道路运输条例》。由于区域不同导致管理的标准体系也存在差别,城乡交通一体化改造过程就会出现法规不衔接、管理疏失,甚至引起摩擦冲突等制度障碍。农村客运车辆公交化改造缺乏相应的法规依据,管理制度不完善,在车型标准上未能与公安、安监等部门达成一致,农村客运公交化运行的企业和车辆许可、管理还不规范,城乡客运一体化发展面临制度制约。

2. 跨境运输线路开辟遭遇法规、体制瓶颈

随着各地积极推进地区间的协同发展,人们对跨境客运线路,甚至跨境公交线路开辟的需求不断增长。但是,开辟跨境运输线路的申请、协商过程过于烦琐,线路开辟难以满足大众的出行需求。加之各地主管部门出于维护本地区客运行业利益、规避安全责任风险等方面的考虑,往往对跨境线路的开辟消极应对。

3. 农村公路管理法律缺位

农村公路管理法规薄弱,不利于农村公路的长期可持续发展。2005年,国务院发布《农村公路建设规划》,计划在2020年形成一套布局合理、公共服务水平高的农村公路网。但是,从相关法律法规与农村公路发展需求的角度来看,现行农村公路法律条款的通用性与完备性还需要很大的提升。而且目前关于农村公路的概念以及具体的范围都较为模糊,政府作为农村公路建设以及资金拨付的管控者,变化性较大。《公路法》和《公路安全保护条例》都未提及村道,很大程度上造成了农村公路管理主体不明确,相关政策落实不到位,农村公路的建、管、养滞后的问题都较为突出。这些问题的存在不利于农村公路的长期可持续发展。

4. 道路客运和城市公交法规体系不统一

法律法规是保护市场环境、保护消费者权益以及打击不法经营者

的基础。由于长期的管理体制分割，道路运输法规表现出较强的"部门化"特征，形成了城乡分开的法规体系。属于交通部门管制的旅客运输和货物运输则依据交通部门出台的规章，而城市内的公交汽车主要遵守地方出台的相关规定，出租车目前还没有相应的法律法规出台。因为各个主体之间没有形成一个完善统一的法律法规，无法进行统一管理，使交通立法受到牵制，乘客的权益保障不能统一规定。就相关性而言，在不同的规章制度体系之中有机关联度较小，表现为差异性强而统一性弱。由于立法体制上的部门利益缺陷，客观上存在较为严重的冲突现象，法规冲突现象也屡见不鲜。法规建设的滞后，已经严重影响了城乡旅客运输一体化的进程，政府对行业中存在的违法、违规行为难以实施有效处罚，将损害合法经营者利益，影响市场正常运行。

5. 城乡交通一体化法律协调途径和机制缺失

（1）城乡交通之间缺乏法律协调途径。目前，我国城市客运没有高层次的行政法规相约束，这种情况会损害城市客运的良性发展，也难以适应当地法规。

（2）城乡交通之间缺乏法律协调机制。分管城市客运和道路客运的各部门没有明确职责分工，业务交叉严重，延长线和公交客运班线恶性竞争，部门间协调和执行机制不足。并且，交管部门在管理过程中总是被各机构制约，同时交通体制没有被充分重视，使城市综合交通运输体系可能与城乡一体化进程的步伐不匹配。

6. 城乡交通一体化法律监管不到位

由于法律监管不到位，导致郊区和农村道路运输安全问题突出。目前，大多数县级交通运输部门和道路运输管理机构人员有限，乡镇行业管理力量严重不足，难以对点多面广、经营分散的农村客运实施全面、有效的监管。一些农村客运企业经营管理不规范，缺少专业管理人员，安全生产主体的责任不明确，有必要进一步加强农村客运安全管理。

五 我国城乡交通一体化面临法律障碍原因

1. 城乡二元体制的束缚

长期以来，交通部门与城市建设部门分割管理城乡交通，形成了我国多数城市的"二元"城乡管理体制。"城市内"公共汽车和部分城市的出租汽车归属城市建设部门管理，其他营运车辆则归属交通部门管理。在城乡一体化大背景下，贯穿城市的班车客运与"城市内"的公交客运和出租汽车客运在线路、服务范围上出现了严重重叠，产生了诸多问题，制约城乡交通一体化健康快速发展。

2. 城乡交通发展政策支持力度差距大

（1）交通规费和财政补贴政策不同，导致公交与客运之间票价差距较大。

（2）城市公交补贴政策和农村客运财政优惠政策不同。许多城市政府为落实公交优先发展战略，对公共交通投入大量资金并落实了补贴政策；而农村客运一直是市场经济为主，地方政府和交通部门除了修建道路、桥梁和部分客运站外，几乎没有客运投入和补贴政策。

3. 城乡交通运输规划发展不平衡

（1）从公路行政等级分类的不适应性的角度来看，一直以来，我国公路是按照行政管理层次来划分并进行规划与管理。这种方法适合城乡道路建设的初期，但随着城乡经济一体化的不断发展，已经出现不适应性，不能完全适应城乡道路一体化发展的需要。

（2）从城市道路与公路功能协调的角度来看，现有公路技术等级分类也存在缺陷。

六 我国城乡交通一体化法律保障机制构建

1. 完善城乡交通一体化管理协调机制

（1）建立城乡交通管理协调机构。城乡交通管理协调机构在发展城乡交通一体化中起非常重要的作用。城市与农村之间往往由于各种政策以及管理规定不同导致利益分配不平衡问题，进而产生摩擦，这时候就需要交通协调管理部门进行管理与协调，减少矛盾的产生，推动城乡交通一体化进程。

（2）完善城乡交通一体化规划协调机制。城乡交通规划对城乡内部交通一体化发展至关重要,因此需要对城乡基础设施进行统一规划协调。在资源配置上,以"衔接为主、方便换乘"为原则,充分考虑当地交通基础设施状况,实现城乡道路基础设施的相互衔接和零距离换乘,对城市公交始发站场以及沿途停靠站等公共基础设施实行资源共享。

(3)完善城乡道路衔接的统筹管理协调机制。在推进城乡道路一体化的过程中,协调机制上的障碍是城乡道路一体化的根本性障碍,也是最大的障碍。第一步则是修改规范中各种不合理的内容,进一步加快完善城乡道路衔接的统筹管理协调机制,完善公路转化为城市道路后有关产权主体、财政投入、养护管理等方面的相关法律法规,修改完善相关公路与城市道路的划分及衔接标准。此外,针对现行公路管理缺乏"可进可出"的调整机制,建议除加大法律法规的完善力度以外,更要建立起常规性的定期(或年度)动态评估及调整机制,并依据评估结果对管理方式进行及时变更。

(4)完善城乡统筹规划法律保障体系。我国大多数城市对城市总体规划、区县规划以及乡域规划,在规划时间上、衔接方式上并没有形成很好的协调统一,使农村公路交通基础设施规划缺乏上层规划层面的指导。

2019年最新修正的《中华人民共和国城乡规划法》中强调,未来作为城乡规划中的专项之一——城乡规划一体化规划,所有规划统一纳入一个法律管理。农村公路交通规划则要求必须与村庄规划、城镇规划等紧密结合。

2. 建立统一的城乡交通设施标准和规则

(1)协同城乡交通设施标准和管理规则。根据各个地区的交通发展情况,协同立法尽快出台统一标准的法律法规,既要满足统一的原则,也要考虑到不同区域的特殊性。

(2)完善城乡交通一体化标准法律保障体系。主要从以下几个方面入手:①完善法规体系建设。②明确城市的公交线路延伸和公路客运公交化的改造标准。③加强农村客运车辆标准研究。④加强农村客运站建设运营标准研究。

3. 建立统一的城乡旅客运输法规保障体系

《道路运输条例》和《公路法》是我国公路客运的主要法律法规依据。《城市公共汽车和电车客运管理规定》是我国城市公共汽车营运所依据的法律法规。由于规定中部分准则存在差异，需要对城市公交、出租汽车、长短途班线、旅游客车等相关法规进行整合，促进法规统一。

现阶段，在城乡交通一体化方面，我国部分省市出台了《公共交通条例》，成为国内这一方面的立法先行省市。但是，这些省市的条例一方面为城市公共交通的发展提供了法律依据，另一方面也存在仍需要进一步完善之处。首先，这些法律规定属于地方性法规，从法规的颁布主体和法律效力方面来讲，存在一定的局限性。这也限制了公共交通条例的适用范围，仅限于发布的省或者市。例如，即使山东济南市的法规较为健全和完善，也只能适用于济南市，这就导致了法规的适用范围有局限。其次，从法规的具体内容上来讲，各个不同的地区之间关于公共交通管理的规定不统一。就公共交通的特许经营权期限这一问题，各个地区的法规普遍规定了公共交通需要经过特许经验许可，但是在具体的特许经营期限方面的规定存在着不一致之处。例如，贵州省规定的期限为不超过10年，晋城市的规定为5年，一些地方的行政法规对此没有明确的规定与限制。再次，法规的适用范围存在局限性。也就是说，上述法规大多数都普遍适用于规制涉及城市的公共交通相关问题，对于农村的交通并没有涉及太多。因此，建议由国务院确立起在全国范围内都普遍适用的、内容统一的行政法规，专门规定关于城市和乡村公共交通方面的一系列问题。一方面，统一的法律规定能够增强法律效力和适用范围；另一方面，也能够很好地解决不同地区法律规定内容不统一的现实矛盾，增强适用性与可行性，从而推进城乡交通一体化法律制度的不断完善。

《出租汽车客运条例》同样也是只有个别省或市颁布的地方性法规或经济特区法规，我国已经颁布这一地方性法规的地区主要包括陕西省、汕头经济特区以及江苏省徐州市。其中，《陕西省出租汽车客运条例》在2006年发布后，又经过了2007年以及2010年的两次修改与完善。关于城乡交通一体化过程中出租汽车客运方面的法规，同样存在着效力较低、适用范围窄、内容互相冲突等不足之处。因此，颁布全国范围内统一的出租汽车客运条例，也是城乡交通一体化法律制度中需要进一步完善的重点。

综上所述，要在《中华人民共和国道路运输条例》《公共交通条例》及《出租汽车客运条例》的基础上，建立融合多种运输行为的《中华人民共和国道路运输法》，加快城乡交通一体化法制进程。

4. 完善公路交通基础设施法律保障制度

现有的一些法律法规不够灵活，已经不能适应当前城乡经济一体化发展的需要。建议修改现行法律法规，简化移交程序的相关手续，并进一步明确公路转化为城市道路后的管理责任主体和管理事权，细化产权变更后的补偿规定。

5. 完善城乡交通一体化发展法律保障机制的配套措施

（1）继续深化管理体制改革。首先，进一步理顺城乡旅客运输管理体制。其次，整合公路和城市道路管理体制，消除交通领域城乡二元结构，加快形成布局合理、层次分明、功能完善、协调发展的一体化路网体系。

（2）加强规范统筹交通规划建设。从一体化角度出发，公路交通基础建设必须结合城乡土地使用规划、城市总体规划、村庄布局整治规划，与乡镇总体发展趋势相结合。

（3）强化公共财政的作用。增加农村公路的资金投入，建立农村公路专项发展基金，改善农村道路交通设施。增加地方道路建设与养护的车辆购置税和燃料税的比例。积极探索高等级公路利用市场机制筹资的方式，可根据各地经济发展水平和地形情况，适当调高通行政村路和通村油路建设补助标准，以保证农村道路的长期可持续健康发展。在资金筹措方面，政府还应当多方位拓展资金筹措渠道，帮助农村公路建设引入大量社会资金。在农村公交场站的建设方面，针对商业性开发潜力比较弱的农村地带，可以通过制定相关政策扶持，帮助这部分站点实现经营市场化，提高企业自身筹资的能力。

（4）规范城乡交通一体化市场。

①在客运站的选择和变更、排位调整、容量调整和车辆更新方面，积极增强道路客运企业的自律性，激发道路客运市场的活力。②促进道路客运资源的最佳分配。除农村客运外，所有新班线和包租客运都将被招标。对于现有的道路客运线，客运企业应鼓励通过组建、资产交换、合并和重组来实现线路特许经营的变革，同时鼓励企业积极开展县域或乡镇以下范围的专营。道路客运企业应积极调整公司运营结构，提升企业管理效能和抗风险能力，加快推进道路客运企业公司化改造，减少乃至杜绝粗放型的经营方式。③完善市场准入和退出机制，建立完善资质管理、服务质量招标和年审等制度。清理和规范客运市场挂靠经营，增加优秀的运输经营企业占据的市场份额，并给予不同形式的奖励和政策优惠。④加强城乡交通运输的执法和监督。同等重视法律和执法，监督管理，保护公共利益，加强执法组织和实施。加强市场监管，依法纠正市场秩序，严格取缔各种城乡违章，保障市场参与者的合法权益，建设开放、公平、有序的城乡交通运输市场。

第二节　研究结论

本书通过实地考察、梳理地方经验、参与交通运输部组织评估考核等相结合的方式，系统总结了各地城乡交通一体化发展的成就和问题，全面梳理了各地在基础设施、管理体制、经营管理、票制票价、扶持政策、信息化、安全管理、发展评价等方面的经验和案例，深入分析了当前城乡交通一体化发展面临的形势和要求。城乡交通一体化发展符合市场规制理论、基本服务均等化理论、政府治理现代化理论等基本规律，适应交通运输行业发展站在从交通大国迈向交通强国的历史新起点，助推我国交通由量到质、由"铺摊子"到"上台阶"、由"粗放经营"到"精耕细作"的转变。城乡交通一体化发展与交通运输新的发展阶段相适应。

在对我国城乡交通一体化法律问题进行文献回顾、国别比较以及调查与数据分析的基础上,剖析我国城乡一体化与城乡交通中的公路交通基础设施建设与道路运输两方面的影响因素,据此,提出相应的推进城乡交通一体化相关政策法律保障措施。首先,要加强管理体制保障。其次,要强化规划建设保障。着重加强城乡各层次规划间的协调工作,实现城乡交通统筹发展;统筹衔接并理顺城乡道路层次结构,尽快建立城乡道路一体化的规划和设计体系;加大对农村交通发展的投入与扶持,加强农村道路基础设施建设;优化城乡接合部道路布局,保障城乡之间顺畅连接;统筹进行城乡间枢纽站场的布局规划,加强城乡间的有机联系;促进城镇公交延伸服务,加快推进农村客运规划;建议尽快研究并完善农村公路网布局规划方法体系,加快促进农村公路网结构优化调整。再次,需要完善法律法规保障。具体包括修改完善了《中华人民共和国公路法》及《实施细则》;建立统一的城乡旅客运输法规体系;建立统一的城乡交通标准和规范。最后,城乡交通一体化还离不开管理政策保障。需要加快出台城乡道路顺利交接的管理政策;加大对农村客运政策扶持力度,促进农村客运加快发展;实现公共财政向农村交通的优先转移,稳定、完善、强化农村公路基础设施投入政策;加大农村公共交通引导性资金投入,建立公交普遍服务基金;建议尽快开展统筹城乡公交价格和税费政策研究。

第三节 研究展望

未来的城乡交通一体化法律规制建设,应该会在以下几个方面有新进展。

(1)《关于深化交通运输法治政府部门建设推进交通强国战略实施的实施方案》。紧紧围绕实施建设交通强国战略,明确法治交通建设的总要求和目标,明确法治交通建设的主要任务及政策措施,使法治交通建设落在实处,为充分发挥法治在交通强国建设中的引领、支撑和保障作用提供强有力的政策指引。

（2）《交通运输法》。明确交通运输体系的功能定位和法律地位，确立综合统筹协调与各运输方式专项规划的关系，建立综合性枢纽规划、投资、建设、运营和管理制度，明确综合交通运输体系的基本原则、技术标准、规划编制、投融资政策、建设养护、营运服务、监督管理等，完善多式联运的各项法律制度，形成一整套科学的、跨运输方式的基本法律制度，促进各运输方式相互融合，为建设交通强国提供直接的法律支撑。

（3）适时推动制定或修订重点法律法规。根据国家立法进程，结合交通运输改革发展需要，适时制定/修订条件相对成熟、改革实践急需、社会各界关切的《海上交通安全法》《铁路法》《民用航空法》《公路法》《港口法》《道路运输法》等各领域"龙头法"及《收费公路管理条例》《城市公共交通管理条例》《农村公路条例》《道路运输条例》《铁路交通事故应急救援和调查处理条例》等行政法规，为建设交通强国营造良好的法治环境。

（4）稳步推进交通运输综合行政执法改革。按照中办、国办印发的《关于深化交通运输综合行政执法改革的指导意见》（中办发〔2018〕63号），处理好综合行政执法与权力清单制度、监管和处罚、属地管理和垂直管理的关系，合理配置交通运输执法资源，推行执法重心和执法力量向市县级部门下沉，彻底解决多层执法、多头执法，执法成本高、执法效能低等问题，实现权力配置更科学、执法效率更高效的改革目标。

（5）制定"三基三化"建设规范标准体系。扎实推进基层执法队伍职业化建设、基层执法站所标准化建设、基础管理制度规范化建设、基层执法工作信息化建设取得实效。

（6）完善行政复议诉讼分析研判及通报指导制度。依法受理行政复议案件，注重案件分析研究。通过对受理的案件进行大数据分析，总结特点、查找原因，并向案件发生比率较高的各司局、各省厅提出建议。加强通报指导制度。加强对基层交通部门行政复议和应诉工作的指导和监督，提高基层复议和应诉人员的能力。

（7）健全落实法治政府部门建设评价机制。认真落实国务院印发的《法治政府建设实施纲要（2015—2020年）》关于要把法治建设成效"纳入政绩考核指标体系"的要求，开展年度考评、建设周期中期考评等形式，采用量化打分的方式引导和推动交通运输法治政府部门建设，充分发挥考核评价对交通运输法治政府部门建设的重要推动作用。

（8）加强包括城乡交通一体化在内的交通运输法治工作的研究。组织开展综合交通运输法规体系、收费公路、道路运输等重要管理制度、海商法后评估等课题研究工作，为重点法律、行政法规重要制度的确立提供理论支撑。

（9）推进法治交通建设必须切实健全相关工作机制。建立由主要负责人牵头、各部门分工落实的领导协调机制，形成统一领导、外工负责、相互配合、上下联动、有序推进的工作机制和齐抓共管、协同推进的工作合力。建立健全工作目标责任制，把法治政府部门建设纳入交通运输发展的总体规划，分解落实有关机构和单位的任务和责任，明确责任领导和具体责任人。加强对交通运前法治政府部门建设的行业指导，完善法治政府部门建设工作定期会议制度，就全局性工作和专题性工作进行部署和研讨。积极搭建地方法治建设的交流平台，定期进行经验交流，推广先进典型经验，共同就立法、执法等领域的热点、难点问题进行研讨。

（10）推进法治交通建设必须切实加强组织保障。各级交通运输部门党政主要负责人必须履行好推进交通运输法治政府部门建设第一责任人职责，将建设交通运输法治政府部门摆在全局工作的重要位置，对于法治建设中遇到的矛盾和困难，要亲自研究部署、亲自协调处理，要督促领导班子其他成员依法行政，加强对重点岗位的制约和监督。其他负责同志要按照分工和"一岗双责"的要求，履行好法治政府部门建设分管的职责。

城乡交通一体化问题是一个较为复杂的研究体系，涉及较多的研究对象，如城乡公交、城市公交、农村客运等，相关数据收集也较为繁杂，收集过程中难免有所疏漏，运用的数据处理分析模型也较为简单，缺乏更为深入的研究。在国外比较研究中，由于可借鉴的文献资料非常有限，因而在比较经验的规律归结方面存在缺陷。作为一名从事城乡交通一体化研究工作多年的"老兵"，笔者一直在思考我国城乡交通一体化存在的问题，尤其是法律保障机制问题，可惜受自身学识所限，对该问题的研究还有很多不尽如人意之处，尚待继续认真学习、深入思考、求教于方家。本书写作的完成，仅表示笔者对此问题研究阶段性的成果，请各位专家、学者不吝赐教。未来城乡交通一体化的研究，固然需要突破财税、金融、经济奖惩等技术在城乡二元格局变为一元体系中的重要作用，目前各地关于城乡交通一体化的核心，即"钱"的问题（需要多少？怎么解决？补偿标准？等等）还没能十分清晰，各地根据自身的财政实力进行摸索，而这些背后亟须法律予以保障。城乡一体化居民的"交通权"的实现，需要更多的专家、学者共同展开深入、卓有成效研究，以提供更加具有针对性的理论成果，推动交通强国在每一位居民心中的均等感、获得感和幸福感！

附 录

A 国家统计局颁布的我国城乡分类标准

地理区域类型	分类	备注
城镇	设区市的市区	市辖区人口密度在1500人/平方千米及以上的，市区为区辖全部行政区域；反之，为市辖区人民政府驻地和区辖其他街道办事处
城镇	不设区市的市区	不设区市的其他地区分别按《规定》的镇、乡村划分
城镇	县及县以上人民政府所在建制镇的镇区	镇区是镇人民政府驻地和镇辖其他居委会地域，镇人民政府驻地的城区建设已延伸到周边村民委员会的驻地，其镇区还应包括该村民委员会的全部区域
城镇	其他建制镇的镇区	
乡村	集镇	上述划定的城镇地区以外的其他地区，乡村包括集镇和农村。集镇指乡、民族乡人民政府所在地和经县人民政府确认由集市发展而成的作为农村一定区域经济、文化、生活服务中心的非建制镇。农村指集镇以外的地区
乡村	农村	

B 境外国家公路功能分类

对公路进行功能分类并非从公路诞生之日起就有,而是伴随着城镇化进程发展而逐渐产生的概念。早期发达国家公路分类方法与我国目前使用的公路分类方法相似,是按照行政管理层次来划分的,分为国家高速公路、一般国道、省道、县道和村道。这种分类方法简单而且明确,对于初期的公路建设比较合适,因为这个时期各行政区的公路还都处于相对独立的发展时期,区域之间的经济联系比较松散。

随着城镇化发展的进程,这些国家逐渐发现:从土地使用的密度和类型、街道和公路网密度、出行方式等角度来看,城市和乡村存在不同的特点;与此同时,随着对公路交通发展全面规划、合理布局、确保质量、保障畅通、保护环境、节约用地等客观需求的提出,传统分类方法存在的某些局限性束缚了公路交通谋求更高层次的发展,因此开始在理论和实践中逐步引入并完善公路功能分类。

美国是较早进行公路功能分类的国家。1947年,加利福尼亚州的《科里尔·本斯法案》第一次将其所有的道路按功能进行系统分类。1969年至1971年,美国正式开始了道路功能分类的研究,到1973年,《联邦资助公路法》[1]明确要求按照功能分类来更新和改变联邦资助公路系统。如今,美国在实践过程中将功能分类作为公路的基础分类方法,逐步形成了完整的分类理论、系统的分类标准和严密的分类程序,如图B-1和图B-2所示。

---

[1] The Federal – Aid Highway Act of 1973.

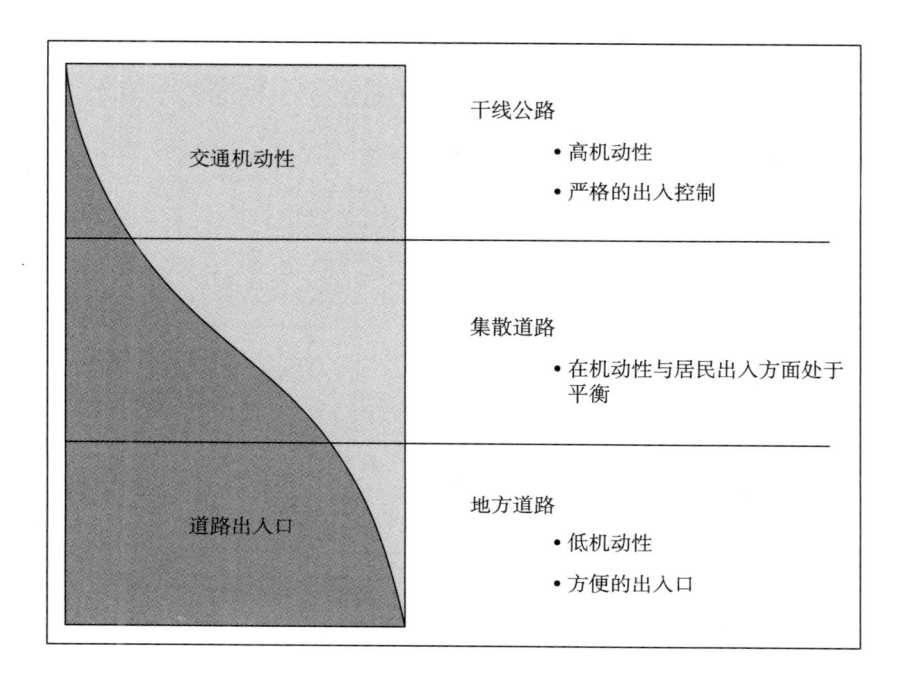

图 B-1 不同公路功能对应不同的设计理念

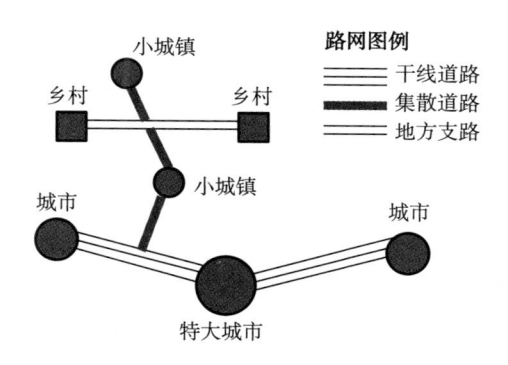

图 B-2 美国公路功能分类的基本思想

根据美国国家人口普查局对地区的划分，美国联邦公路管理局（FHWA）将公路所在的区域分为城市地区和乡村地区两大类，如图 B-3 和图 B-4 所示；并将城市地区和乡村地区分别按功能层次划分成四类：州际公路（Interstates）、一般干线公路①（Arterials）、集散公路（Collectors）和地方公路（Local Roads）。所有的公路按照功能可以归入表 B–1 中三类公路中的一类。

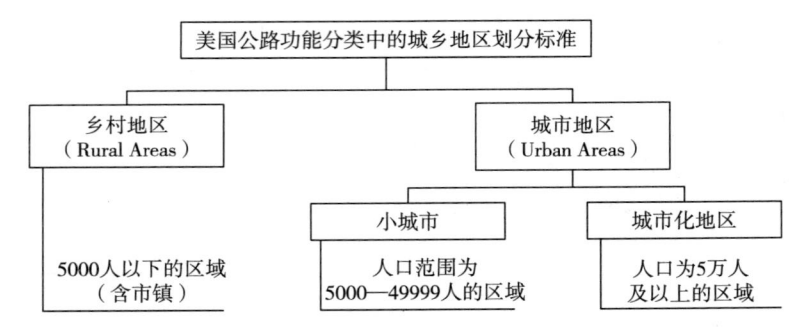

图 B–3　美国公路功能分类中的城乡地区划分标准

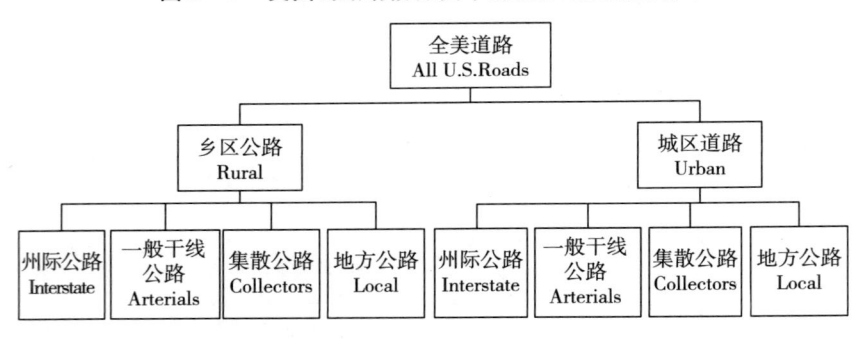

图 B–4　美国公路功能分类

表 B–1　　　　　　　　　　美国公路功能分类

功能分类	服务内容
干线公路	有一定程度的出入控制，提供最高服务水平，保证能以最高速度不受干扰行驶最长的距离
集散公路	聚集地方公路上的交通并连接到干线公路，提供一般服务水平，保证能以较低速度短距离行驶
地方公路	包括干线公路和集散公路以外的所有公路，主要为居民区或经济活动地提供出入

---

① 这里指州际公路以外的干线公路（Othe Arterials），后同。

按照公路功能分类的思想，干线公路主要提供机动性功能，有一定程度的出入控制，提供最高服务水平，保证能以最高速度不受干扰行驶最长的距离；集散公路的功能介于机动性和可达性之间，聚集地方公路上的交通并连接到干线公路，提供一般服务水平，保证能以较低速度短距离行驶；而地方公路包括干线公路和集散公路以外的所有公路，主要提供可达性功能，主要为居民区或经济活动地提供出入。因此，里程较少的干线公路将承担较多的运输量，而里程最多的地方公路仅承担较少的运输量，如表 B-2 和图 B-5 所示。

表 B-2　　美国城乡公路功能分类及里程构成比重①　　　　单位：%

公路类别	州际公路	一般干线公路	集散公路	地方公路	合计
乡村公路	2	7	17	52	78
城市公路	1	5	2	14	22
合计	3	12	19	65	100

不同功能类别的公路在提供机动性和居民出入服务方面有着本质的联系和区别。干线公路提供高水平的机动性和严格的出入控制，地方公路虽然提供进入邻近区域的便利性，但机动性较差。集散公路则在机动性与居民出入方面处于平衡。

具体几种公路类型介绍如下：

州际公路（Interstates），是美国道路系统中功能层级最高的公路。在所有道路系统中，州际公路提供的机动化服务水平最高、行驶速度最高、不间断行驶的距离最长。通常行驶速度在 55—75 英里/小时。

一般干线公路（Arterials），包括高速公路、多车道公路和其他重要公路，是州际公路的重要支撑道路。主干路尽可能连接重要的城市化地区、城市和工业中心。提供的出入口较少，设计行驶速度通常在 50—70 英里/小时。

---

① 资料来源：FHWA Safety，2000.11。

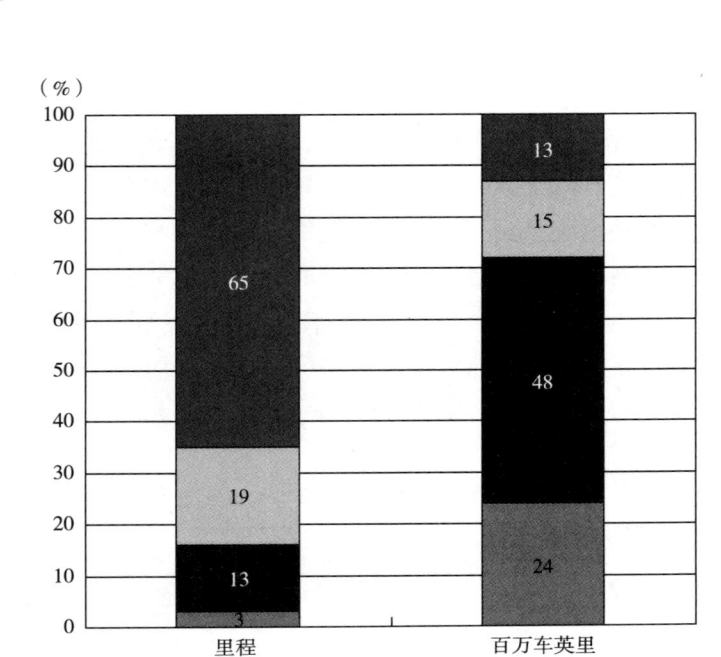

图 B-5　美国公路功能分类里程和承担运输量构成

集散公路（Collectors），是连接主干线和地方公路、城市道路的公路。提供的机动化程度、行驶速度及连续行驶距离均要低于主干线。设计行驶速度为35—55英里/小时。

地方公路（Local Roads），机动通畅程度有限，然而是进出居民区、商业用地、农场等的主要道路。设计行驶速度通常为20—45英里/小时，在美国道路系统中所占比重最大。

C 《2019年交通运输行业发展统计公报》解读

2019年，交通运输行业聚焦交通脱贫攻坚、扩大有效投资、取消高速公路省界收费站、提高综合交通运输网络效率、降低物流成本等重点任务，主动作为、狠抓落实、攻坚克难，全力做好"六稳"工作，交通运输经济延续了近年来总体平稳、稳中有进、稳中向好的运行态势，主要指标保持增长势头，设施网络更加完善、交通装备更加先进、客运服务更加高效、货运结构更加优化、投资增长持续高位运行，为加快交通强国建设、实现高质量发展奠定了坚实基础。

1. 交通基础设施网络加快完善

（1）快速交通网持续加密。截至2019年年末，全国铁路营业里程达到13.9万千米，较上年年末增加0.8万千米，其中高速铁路营业里程增加0.6万千米。全国公路总里程501.25万千米，增加16.60万千米，其中高速公路里程增加0.7万千米。新增3个民用航空运输机场、4个定期航班通航城市。

（2）普通干线网加快升级。2019年年末铁路复线率、电气化率较上年年末分别提高1.0个和1.9个百分点，二级及以上公路里程同比增加2.4万千米，普通国省道高等级路面铺装率达到87.0%。三级及以上航道里程、沿海港口万吨级以上泊位数量分别增加357千米和69个。

（3）基础服务网不断拓展。截至2019年年末，农村公路里程达420.05万千米，较上年年末增加16.08万千米，其中县、乡、村道分别增加3.1万千米、2.4万千米和10.6万千米。

2. 运输装备持续提档升级

（1）更加大型化。截至2019年年末，大型载客汽车总客位数达1334.35万客位，占全部营业性载客汽车比重的66.6%，较上年年末提高1.5个百分点。载货汽车平均吨位数由上年末的9.5吨位提高至12.5吨位，运输船舶平均净载重量1952吨/艘，较上年年末增长6.5%。

（2）更加专业化。截至2019年年末，公路专用载货汽车吨位数达592.77万吨，较上年末增长8.3%，牵引车、挂车车辆数分别增长12.7%和12.4%。油船净载重量达2771.12万吨，增长9.9%；集装箱箱位数达223.85万标箱，增长13.8%。

（3）更加绿色化。截至2019年年末，全国拥有电动机车1.37万台，占全部铁路机车比重的63.0%，较上年年末提高1.7个百分点。城市公共汽电车中，绿色能源车辆占比80.6%，提高5.3个百分点。

3. 便捷高效舒适出行方式较快发展

（1）铁路、民航客运量实现较快增长。2019年全年铁路完成客运量36.6亿人，较上年增长8.4%，占全社会营业性客运量比重达20.8%，较上年提高2.0个百分点，其中动车组客运量22.9亿人，增长14.1%，占铁路客运量比重超过62.6%。民航完成客运量6.6亿人，增长7.9%，占全社会营业性客运量比重由上年的3.4%提高至3.8%。

（2）城市轨道交通客运量比重持续提高。2019年全年轨道交通完成客运量238.78亿人，占城市客运总量18.7%，较上年提高1.8个百分点，其中36个中心城市轨道交通客运量占比达34.7%，提高3.0个百分点。

4. 运输结构调整取得积极进展

（1）货运结构不断优化。2019年全年铁路完成货运量43.9亿吨，较上年增长9.0%，占全社会货运量比重达到9.5%，较上年提高1.5个百分点。公路完成货运量343.6亿吨，增长4.2%，增速较上年放缓3.1个百分点。水路完成货运量74.7亿吨，增长6.3%，占全社会货运量比重达到16.2%，较上年提高2.3个百分点。

（2）货物多式联运加快推进。2019年全年全国港口完成集装箱铁水联运量516万标箱，较上年增长14.2%，占全国港口集装箱吞吐量2.0%，较上年提高0.2个百分点。

5. 交通固定资产投资持续高位运行

交通运输行业多措并举稳投资，充分发挥车购税、港建费等专项资金带动作用，多渠道吸引社会资金，全力保障建设项目资金需求，推动交通固定资产投资继续保持高位运行，2019年全年完成投资3.25万亿元，较上年增长3.1%。具体来看，铁路完成投资8029亿元，与上年基本持平；公路水路完成投资2.35万亿元，增长3.8%，其中高速公路完成投资1.15万亿元，增长15.4%；民航完成投资969.4亿元，增长13.0%。北京大兴国际机场、京张高铁等一批重点工程正式投运，京雄高速公路推进顺利，"十三五"时期新改建农村公路100万千米任务目标提前完成。

D 我国城乡交通一体化优秀城市案例分析

1. 优秀城市案例

（1）甘肃兰州市。为更好地指导兰州市城乡公交客运建设和发展，更好地服务全市经济社会发展、社会主义新农村建设和人民群众安全便捷出行的需要，兰州市人民政府办公厅于2018年印发了《兰州市公交城乡一体化发展规划》（以下简称《发展规划》）的通知。《发展规划》中指出，要加大政府投入和政策扶持。

1）建立城乡公交一体化财政保障措施。实行以政府投入为主的投资政策，将城乡公交一体化发展纳入公共财政体系，拓宽资金渠道、稳定资金来源，形成长效机制。省、市财政每年应在预算内安排一定资金，用于支持各地城乡公交一体化发展；省、市交通运输管理部门应设立城乡公交一体化发展专项资金，用于保障各地城乡公交一体化发展项目建设；同时，在完善现有扶持政策和财政支持的基础上，对城乡公交一体化综合换乘枢纽、场站建设以及客运车辆和设施装备的配置、更新给予必要的资金和政策扶持。

2）建立和完善城乡公交补贴补偿机制。各级城市交通管理部门要会同财政、物价等部门，对城乡公交企业的成本和费用进行评估，核定企业合理运营成本，合理界定和计算政策性亏损，逐步推行经营企业成本规制管理。各城市人民政府要建立城乡公交企业成本费用和政策性亏损审计与评价制度及财政补贴、补偿机制。对城乡公交企业因实行低票价形成的政策性亏损给予全额补偿；对完成政府指令性任务和开通冷僻线路增加的支出，由政府进行专项补贴；对企业购置、更新节能环保车辆以及安全监管系统建设，租赁场站等增加的成本，给予适当补贴。补偿、补贴应纳入本级财政预算,按月或季度定期及时拨付到位,不得拖欠或挪用。

3)实行税费扶持。对城乡公交客运车辆争取中央财政燃油补贴资金和各地财政补贴补助资金,并及时、准确、足额发放到城乡公交经营企业;对城乡公交基础设施建设项目中由政府征收的相关配套费用给予减免;用水、用电价格按城市居民生活用水、用电标准执行;减免城乡公交经营企业新车购置附加费,运营车辆的各类年检年审费、路桥费,天然气气瓶检验审验等费用,加大对城乡公交经营企业的政策扶持。

(2)贵州贵阳市。2016年3月,为贯彻落实公交优先战略,促进贵阳市公交一体化发展,进一步提高公交服务水平,保持公交行业稳定持续发展,贵阳市实施公交财政补贴及成本规制方案。针对县级政府,对其区域内老年卡、学生卡实施补贴,且已发布相关政策文件。

1)公交财政补贴制度。

公司利润收益=(公司总收入)-(总成本)

①当公司利润收益为负数时,即为公司经营亏损数额,此时亏损数即为县区财政补贴数额。

财政补贴=(公司总收入)-(总成本)

②当公司利润收益为正数时,为公司经营盈利数额。

将公司合理利润盈利率设置为公司总收入的5%,当利润收益等于或大于5%时,县区不对公司进行财政补贴;当利润收益率为非负数且盈利率小于5%时,县区对公司进行财政补贴,此时县区财政补贴数额为

财政补贴=(公司总收入)×5%-公司利润收益

③公司总收入=公司营运收入+公交车财政燃油补贴+公交业车身广告收益+公交站台广告收益+其他收入

④公司总成本=人工工资+燃料(或电量)消耗+车辆修理+车辆折旧+其他费用

2)新能源车辆补贴制度。《关于促进贵阳市推广应用新能源汽车

的实施意见》规定,贵阳市补助标准按照贵州省省级补助标准的100%进行跟进补助,国家、省、市补助总额不超过车辆销售价格的60%。除中央和省级补助外,贵阳市补助资金按属地原则(车辆注册地)由市和所在区(市、县)财政按各50%的比例承担。对于完成充电设施建设任务的企业,按照不超过总投资额度10%的比例给予充电设施建设单位奖励。推广应用的新能源汽车中,外地品牌数量不低于30%。

3)公交财政补贴的监管—成本规制。公交运营成本包括人员工资、LNG液化天然气费(或新能源纯电动电费)、营运车辆修理费、管理费、固定资产折旧以及其他直接费用等项目。对公交行业实施成本规制,目的是控制公交成本不合理上涨,为财政补贴奠定基础,强化财政补贴的核心监管作用。对上述成本项目进行规制,应本着处理好政府成本与调动企业降低成本积极性的关系、合法成本与合理成本的关系、业内成本与业外成本的关系,成本规制方法简单明晰。

①确定成本项目标准值。人均工资标准值。人均工资标准值取以下两个数值中的较低值:统计部门公布的上年度或本年度城镇在岗职工平均工资的100%;可参照贵阳市劳动和社会保障局发布的上年度或本年度深圳市劳动力市场工资指导价位中交通运输、仓储和邮政业分工种工资指导价平均值的100%。

职工福利费、固定资产折旧等国家计提规定的,按规定的计提比例确定标准值。企业应当按照交通主管部门制定的标准配置车辆,不得超规模或超过现有经济发展水平购置车辆。

LNG液化天然气用量原则上参照贵阳市公交总公司近三年的平均标准。职工人数原则上按贵阳市公交总公司近三年平均人车比确定标准,管理费率原则上按贵阳市公交总公司近三年平均管理费率确定标准。公交企业近三年平均水平逐年调整,同时适当考虑政策变化对成本造成的突发性影响。

营业车辆修理费、轮胎消耗费等与公交运营里程相关且受物价变动影响较大的直接费用,以贵阳市公交总公司近三年平均水平为基数计算。

财务费用。专营企业应当有足够资产投入公交营运，企业购置营运车辆的合理融资成本可进入规制成本，但融资规模应适当，融资利息不高于同期银行贷款利息。

②设置主要成本项目浮动范围。液化天然气用量、营运车辆修理费、管理费等公交营运主要成本项目，允许在标准值上下2%浮动。实际发生数额超过浮动范围上限的，按浮动范围上限计入规制成本，实际发生数额在浮动范围之内的，按实际发生数额计入规制成本，实际发生数额低于浮动范围下限的，按浮动范围下限计入规制成本。主要成本项目金额降到限额以下所带来的收益由企业享有，调动企业降低主要成本项目的积极性。

③明确其他项目计算方式。为简化计算，目前会计制度有明确规定的或其他成本项目，只确定标准值，不设置浮动范围。实际发生数额超过标准值的，按标准值计入规制成本，实际发生数额小于标准值的，按实际发生数计入规制成本。

④界定不列入规制成本项目。国家公用事业成本监审有关法律法规规定不能进入公用事业运营成本的费用，由公交企业承揽，不列入规制成本，如与公交服务无关的费用，固定效益盘亏、毁损、闲置和出售的净损失，滞纳金、罚款，公益性捐赠、公益广告、公益宣传费用等。

4）财政补贴资金的筹集。提供公交服务属县区公共服务，公交财政补贴由县区财政承担。

5）财政补贴与成本规制的操作。财政补贴与成本规制操作程序如下：

①下年度县区公交运营补贴预算由经发局根据当年公交运营补贴情况进行合理测算列入部门预算报财政局，财政局通过批复部门将预算下达给经发局。

②公交运营补贴按每半年兑现一次，每年7月初公交企业向经发局申请上半年公交运营补贴，经发局审核后报财政局，财政局复核后将公交运营补贴拨付给经发局，由经发局兑现给公交企业。

③下年年初，经发局委托第三方审计单位对公交企业上年度企业

成本进行审计（审计费由公交企业出资），组织对公交企业服务质量进行考核，并根据审计及考核情况，将公交企业上年度应补贴金额报送财政局，财政局根据经发局报送情况，将上年度未兑现的公交运营补贴拨付给经发局，由经发局与公交企业清算上年度的公交运营补贴。

（3）江苏苏州市吴江区。吴江区地处苏东南，全区陆域面积近1000平方千米，人口140余万（户籍和外来人口各70余万），辖9个镇，2011年全区财政收入100多亿元，列百强县第2名。目前全区共有公交车540辆，其中一级网络（中心站和四个片区互相对接）198辆，二级网络（片区中心镇区的公交）105辆，三级网络（片区中心镇区到农村）169辆。

1）经营体制改革。2001—2005年，吴江区公交客运走过了个体—挂靠—承包—公司化的过程，逐步形成了以松陵、盛泽、汾湖三个区域为主，民营经济主导的城乡公交经营格局；2008年开始着手一体化改革，以企业经营体制改革为先行，按照"国有主导、多元投入、分域分式、公车公营"的原则陆续成立了5家国有控股51%的股份公司［其中交通局控股2家、镇（区）控股3家］，并连续两年将一体化作为1号工程来抓。

2）票价政策方面。12千米以内线路实行1元一票制，12—16千米线路实行2元一票制，16千米以上线路实行3元一票制，空调运行期间外加1元。IC卡7.5折（下一步将调整至与苏州同步的6折），老年人享受乘车优惠。

3）场站建设方面。由交通局成立站场建设管理有限公司，与受益乡镇各出资50%进行场站建设，产权归公司所有；站亭、站牌建设与道路同步规划，由站场建管公司负责建设管护和广告招商（每站苏州和吴江财政各补1.5万元），每年场站投入约4000万元。

4）财政扶持方面。经营性亏损补贴由政府年审后对公交企业承担托底10%的总投资税后利润，一级公交区镇财政7:3负担，二级公交各镇按比例负担，三级公交由所在镇负担。政策性亏损补贴分为：①公交刷卡补贴，一级公交区镇财政7:3负担，二、三级公交区镇对半负担（跨镇线路各镇再按比例负担）；②新公交线补贴，一级线路前三年每车先后补贴2万元、1.5万元、1万元，二级线路每车先后补贴6万元、4万元、2万元，三级线路每车先后补贴8万元、6万元、4万元，一级区镇财政7∶3负担，二、三级区镇对半负担；③新购车辆补贴，一级车辆补贴20%，区镇财政7∶3负担，二、三级车辆补贴40%，区镇对半负担。综上，年需各类补贴6000万元（区镇财政各负担3000万元），采用半年预付、年终审计的方法。

（4）江苏常州溧阳市。溧阳市地处苏南长江三角洲，全市总面积1535平方千米，人口78.3万人，辖10个镇。交通运输部先后两次在该市召开现场会和推进会，是江苏省及全国的先进典型，其城乡客运一体化工程由城乡道路改造、公交一体化运营、镇村客运站场网络建设等项目组成，2006—2010年先后投入财政资金8.4亿元。截至2011年8月底，全市共有城市公交线路22条，公交车180辆；城乡客运班线16条；镇村公交线路79条，公交车160辆，实现了对全市175个行政村的全覆盖。

1）经营体制改革。2001年年底，溧阳市对下属路运、客运两家企业进行资产重组和运输重新分工，公路运输公司（改制企业）专门负责长短途运输，客运公司（国有集体企业）负责车站、城市公交和城市出租车、镇村公交运行；2002年开始对全市客运车辆进行公车公营改造，同年年底投资7500万元，按国家一级站标准建成了溧阳汽车客运站，在江苏省率先实行站运分离；2003年4月起，用一年的时间斥资3800多万元，完成了全市17条线路、426辆个体中巴的收购工作（按8年期折旧），并对中长途班线进行公司化改造，车辆100%更新为空调车；2004年起，相继投入4000万元，引进高档大中型客车226辆，开通22条城区公交线路；2008年开始发展镇村公交，到2009年全面完成城乡客运一体化以及客运站场等交通基础设施配套建设和运输体制改革工作，全市形成了"哑铃"形的三级客运网络。

2）票价政策方面。城市和镇村公交实行1元一票制，70岁以上老人免票，60—70岁半价；城乡客运实行分段计费、无人售票，计费标准为 0.18 元/人千米 + 0.5 元公交费，较原班线票价低 10%（最远线路 8 元）。

3）场站建设方面。2007—2009 年已建成 8 处镇级换乘站，每处占地 8—15 亩（平均 10 亩），造价 180 万元（国家补 10 万元、江苏省补 50 万元、常州市补 30 元万、溧阳市补 30 元万），实行统一设计、站所分离，土地为公用事业划拨地；中途候车站亭已建成 300 多个，每处（双向）造价 5 万元（江苏省补 1 万元），并于 2010 年起设置 272 个电子站牌。以上基础设施均由交通局下属融资公司负责建设管理，日常维护发包给道路养护企业。

4）财政扶持方面。城乡客运实行市场化运作，城市公交年收入约 1200 万元，其中优惠人群乘车亏损约 500 万元，与出租车收益统筹后，公司年实际亏损约 30 万元，镇村公交每车每天收入约 100 元，2009 年亏损约 460 万元，2010 年亏损 600 余万元，2011 年 800 余万元，以上亏损额由融资公司审计后负责全额兜底补贴；此外，对新购、更新车辆，城市公交补贴 8 万元/车，城乡客运补贴 3 万元/车，镇村公交补贴 33%。

（5）江苏镇江句容市。句容市地处苏南，全市总面积 1385 平方千米，人口近 60 万，辖 9 个镇、1 个省级经济开发区和 3 个风景区管委会，曾经为交通运输部推进城乡客运一体化发展现场会的分会场。截至 2011 年 8 月底，全市共有城市公交线路 12 条，公交车 72 辆，日均客运量 2 万人次；城乡客运班线 12 条，班车 106 辆，发车间隔约 40 分钟；镇村公交线路 49 条（学生接送线路 199 条，涉及学生 5509 人），公交车 125 辆，覆盖全市 529 个农村居民点，行政村和居民点覆盖率分别达 100% 和 80%。

1）经营体制改革。2001 年，句容市对原挂靠车辆进行承包经营改革，2005 年开通了第一条城乡客运一体化班线，2008 年 7 月，企业出资 380 万元对 7 条农村公交班线 129 辆农巴车进行了回购（平均 1.2 万元/车），全面完成了城乡客运一体化改造，2009 年 4 月—2010 年 2 月，逐步开通镇村公交，基本形成了"三级"客运网络。2012 年 2 月，句容市华通客运公司与镇江客运句容分公司注资入股，成立了城市公交、城乡公交、镇村公交和长途客运4家有限公司，2015年初步完成体制改革。

2）票价政策方面。城市和镇村公交实行1元一票制（最远镇村线路26千米），IC卡9折，月票45元；城乡客运实行分段计费、无人售票，在原班线票价基础上下浮10%—15%，便宜1元左右（最远线路38千米，7元）。

3）场站建设方面。目前已建成3处四级农村客运站，每处占地10—15亩，主体建筑3—4层3000平方米，实行站所合一、商业运作，由政府负责划拨土地，交通局负责建设，公交企业负责管护。客运便民候车亭已建成163个，每处（双向）造价5万元（江苏省补1万元），下一步还将规划建设237个。此外，句容市还专门成立了站务公司，投资近3亿元建设一座占地120亩的市区客运枢纽站，2012年12月建成使用。

4）财政扶持方面。城乡客运实行市场化运作，城市和镇村公交实行财政年审兜底，每年补贴500万—600万元；此外，对城市和镇村公交新购、更新车辆补贴60%，目前年更新城市公交4—5辆，镇村公交10—15辆，需补贴500万—600万元。

（6）浙江杭州萧山区。萧山区地处长三角南翼，全市总面积1420平方千米，人口近240万人（常住人口151万人，外来人口88万人），辖17个镇和11个街道，2011年全市财政收入200亿元，综合实力居浙江各县市区首位，连续多年被评为"中国十强县（市、区）"。目前，全市共有公交线路179条，公交车1348辆（全部为天然气、油电混合动力等国Ⅳ以上车辆），日客运量40万—70万人次，年客运量1.5亿人次，全区411个行政村100%全覆盖。

1）经营体制改革。2004年，萧山区采用现金补偿或折股的方式对400多辆个体中巴车进行了公司化收购（计算标准为车辆残值＋剩余年期利润＋签约奖）；2007年9月底开始启动杭州主城区与萧山区的公交一体化工作，主要工作为整合萧山区内公交资源和实现与杭州公交的对接；同年12月，国资公司全股收购萧然公交和便捷巴士并划转至交通发展有限公司；2008年4月，对城市公交与长运公司实施了分离，至此，3家公交企业全部为国资控制，但其内部还有239辆挂靠车辆；同年5月，斥资1.9亿元（每车20万—30万元）对挂靠车辆及线路进行了回收；2008年6月，3家公交企业合并为萧山交通发展有限公司，与杭州市公交集团按照49%和51%的出资比例组成杭州市萧山公共交通有限公司；同年7月，新开通5条、优化6条杭州—萧山公交线路（直通杭州主城线路由改革前的2条增长至目前的19条镇镇通），公交一体化全面完成。

2）票价政策方面。实行1—5元一票制和6元以上分段计费（2元起步，1元加价），计费标准为0.12元/人千米，比原农村公交线路票价平均下降27.8%（最长线路70千米，平均40—50千米线路4元）。IC卡5折（财政给企业补贴至9折），学生2.5折，70岁以上老人、军人、残疾人等免票。

3）场站建设方面。建筑用地按公用事业用地划拨，建设资金列入财政预算（平均每处不计土地成本需1000万元）；目前，萧山区正在规划建造一座占地200亩的四位一体枢纽站。

4）财政扶持方面。实行政府购买公共服务，将IC卡刷卡由5折补贴至9折，按全区乘车优惠人群40%的出行量进行补贴，对客运量低于平均50%的线路进行补贴，对与浙江省0.06元/人千米的计费差价进行补贴（每年3000万—5000万元）；同时实行两个联动：一是油价联动，按2002年标准对柴油价格3.81元以上部分进行补贴，二是工资联动，对司乘人员低于市区中等收入人群工资部分进行补贴；此外，对新购、更新车辆，全部由融资公司购买，政府贴息。综上，2011年公交亏损2.9亿元，萧山区与杭州市分别按49%和51%的比例全额补贴。

（7）浙江金华义乌市。义乌市地处浙江中部，全市总面积1105平方千米，人口200万（户籍人口74万，常住人口123万），辖6个镇和7个街道。

1）经营体制改革。2000—2003年，义乌市对挂靠车辆进行公司化改造，由企业出资回购，同时将全市分为6大片区，恒风运营3.5个片区、万方1.5个片区、联运0.5个片区；2010年10月开始进行公交一体化改革,将原来的三级客运网络调整为二级公交网络,一级网络为起终点有一点设在城区的,包含原城市公交和改造后的农村客运班线(不必进客运站,保留原深入农村线路部分),二级网络为剩余农村支线,全部由恒风交运(国有控股80%)和万方交通(局属民营)两家企业实际运营,2011年改革全面完成。计划未来5年通过公开招标投标引进2—3家运输企业,确保适度竞争,利于管理,将公交车增长至1500辆,公交出行比由9%提升至15%。

2)票价政策方面。一级网络实行1.5元一票制(最长线路27千米,改革前城市公交1.5元一票制,农村班线按里程计);二级网络实行1元一票制。70岁以上老人、伤残军人、1.2米以下儿童等凭证免费,60—70岁老人、1.2—1.4米儿童等凭证0.5元一票制。IC卡9折,学生卡7折,IC卡1小时内换乘7折。

3)场站建设方面。站场、站亭及站牌均由交通部门规划设计,公交企业负责建设管理。在线网方面政府无任何投入,只负责规划。

4)财政扶持方面。政府通过预拨付和年审方式对公交企业政策性亏损进行补足,并保证3%的利润,同时将镇(街)小面纳入补贴范畴。即补贴额度为九大标准成本 - 企业收入 + 九大标准成本×3%;对新购、更新车辆,由公交企业出资购买,新能源车辆补贴20%,国Ⅳ标准车辆补贴10%。

2. 主要做法和经验

(1)财政补贴市镇捆绑。吴江区区镇两级财政共同担负公交补贴,比例为7∶3或对半(跨镇线路各镇再按比例负担)。此措施优点为:可以提高当地政府的购买公共服务意识,减轻市级财政负担。缺点为:与各镇经济状况挂钩,容易造成地区公交发展不平衡,富镇公交通至自然村,穷镇公交通至行政村,不能满足农村群众平等出行需求。

(2)城乡车辆公交性质。句容和溧阳市的城乡客运票价较之班线时期均有下调,表面看似让利于民,其实由于车辆是公交性质可以超员,总体算来企业利润较班线时期均有提高。此措施优点为:群众受益而欢迎,企业盈利而积极性高,政府无须进行补贴,实现"三赢"

局面。缺点为：城乡路况较差，且站距长、车速快，超员安全隐患大大高于城市公交（在此问题上萧山和义乌的举措比较人性化，萧山途经高架和义乌途经三级路况线路车辆全部使用线路班车模式，无站位）。

（3）建设"智能交通网"。溧阳市和萧山区依托移动网络建立起"智能交通网"，优化整合了众多交通信息化项目，可对包括出租车、城市公交车、乡镇公交车、长途车、交通执法车、危险品运输车等在内的全部公共服务车辆实现位置调度与远程图像监控，并与出租车LED广告屏、车站"电子站牌"、出租车呼叫中心等项目相配套，特别是"电子站牌"，可实时显示车辆运行位置和到站时间等信息，使原来单一功能的公交站亭变为集客运信息、公路标志、行车指示为一体的多功能服务站。此措施优点为：可有效提升企业运载效能和管理水平，为城乡居民提供丰富的交通资讯和便利的出行服务。缺点为：前期整合需大量更新各类软、硬件设施，投入过大。

（4）分段计费打卡。句容市下一步将结合车载 GPS，使 IC 卡用于分段计费。具体流程为：乘客上车时刷一次卡，扣除上车点至终点站的车费，下车时再刷一次卡，退回下车点至终点站的车费。此措施优点为：无须设置售票员和极大地节省了驾驶员的监督精力，精确控制分段计费，企业效益增长。缺点为：需大量更新各类软、硬件设施，前期投入大。

（5）实行站运分离。溧阳市于 2001—2002 年探索实行站运分离，公路运输公司（省分公司）经营长途客运、城乡客运和镇村公交，客运公司（原局属企业）经营城市公交、出租客运、投资建站并专门成立站务公司，对长途车收取 8% 的站务费，对城乡客运车辆每月每车收取 350 元。此措施优点为：企业客运专业化，便于管理，并可减少基础设施投入，节约运行成本；两家企业各司其职，没有客源交集，不会引发矛盾，利于公平竞争和秩序稳定。缺点为：企业进行资产重组和运输重新分工时各类事项交割烦琐，且政府协调有一定难度；企业独立投资建站，需雄厚的资金支持。

（6）对企业实行服务考核。义乌市由交通局办公室（深圳由财政局）负责每年对公交企业进行服务质量考核，并将考核结果与政府补贴挂钩：考核为优等的企业，额外奖励1%的利润，线路经营权到期后全部续期营运；考核为中等的企业，线路到期后缴回30%用于重新招标投标；考核为差等的企业，线路到期后全部缴回，退出公交市场。此措施优点为：作为主管部门的抓手，可以规范公交企业的行为，突出企业的社会义务，提高公交服务水平。缺点为：某些指标难以数据化，且设置不当容易引导企业一味追求高档车、高保额等。

（7）使用新能源车辆。江浙各市（区）新购和更新车辆普遍为LNG车辆，较之常规柴油车辆年运行成本节省15%—30%。此措施优点为：车辆运行成本低、污染小，符合当前节能减排大环境。缺点为：车辆购置成本高，前期投入大；需在换乘站附近建设加气站，且易遇"气荒"。

（8）"漂白黑车"。溧阳市70%的镇村公交驾驶员都是由"黑车"驾驶员"漂白"而来的。主管部门通过招考，将原先的"黑车"驾驶员聘用为镇村公交驾驶员，把"游击队"收编为"正规军"，并签订长期劳动合同。此措施优点为：既净化了客运市场，降低了"打黑"成本，也解决了"黑车"驾驶员的就业问题，一举多得。缺点为："黑车"驾驶员驾驶技术参差不齐，安全行车及服务意识不高，需进行系统全面的上岗培训。

（9）先行经营体制改革。吴江区在改革之初就以企业经营体制改革为先行，按照"国有主导、多元投入、分域分式、公车公营"的原则，将原来的民营企业逐步改制，以减少改革阻力。此措施优点为：可以化解公交公益化和企业效益化的矛盾，缓解经营主体和行业管理的矛盾。缺点为：实行以国有主导的体制改革政府需投入大量资金，可能挤占后期改革的财政投入及补贴。

（10）镇村迷你公交。鉴于江苏省"村村通"公路3.5米宽（两边路肩各0.5米，100—200米设一会车点）的设计标准，句容和溧阳市专门定制了车宽小于2米、车长小于6米的柳州五菱11座面包车作为部分镇村公交。此措施优点为：车辆通过能力强，覆盖范围广，且可以节约运行成本。缺点为：承载能力低，逢年过节将严重超员，存在安全隐患，且难以满足群众出行需求；轴距长于17座中巴，为换取稳定性而增大了转弯半径，一定程度上限制了车辆的通过能力。

（11）与学生班车合二为一。句容市在城乡客运一体化的基础上，试点"以学生接送为主体，以镇村客运为辅助"的镇村公交新模式，在学生上下学时段，所有镇村公交全部停运，作为学生班车。此措施优点为：镇村公交相对"黑车"正规，车况良好、隐患较少，"既可以科学有效解决中小学生接送工作存在的问题，消除潜在的安全隐患，又可以附带解决部分基层群众的出行难问题"，极大地节约了政府购买公共服务的成本。缺点为：学生上下学时段也是客运高峰时段，农村普通群众依旧出行难；作为公交性质的学生班车可以超员，依旧存在安全隐患。

（12）设立融资公司。溧阳市和萧山区交通运输局下设建设投资公司（萧山公司资产50亿元），负责基础设施建设及补贴资金的融资，贷款由市财政贴息（溧阳公司贷款10亿元）。此措施优点为：借助民间资本，减少财政投资压力。缺点为：容易引发过度建设、超前消费，不利于财政管控。

3. 发展对策与建议

（1）加强组织领导和部门配合。建议成立工作领导小组，至少由分管领导挂帅，交通、财政、发改、公安、审计、信访等部门抽调专人联合办公，各镇（街）积极配合，签订责任状，必要时纳入年度1号工程来抓。车辆回购时，每车成立一个工作组，由当地政府负责，公安经侦和国税等部门全力配合。

（2）周密制订实施方案。建议按照"统一规划、分步实施"的原则，及时统筹制订一个具有前瞻性、经济性和可操作性的整体规划，将各项工作分解落实，按照政府和企业财力状况循序进行，确保相关配套设施与公交线路开通同步使用。

（3）加大公交优先支持力度。政府要坚持主导，出台有利于公交发展的扶持政策，在全社会形成"公交优先"的氛围；财政部门要对公交企业实行经营性和政策性亏损补贴，地方财政也应担负部分补贴；工商税务部门对企业税费能免则免，不能免除按下限征收；土地部门优先预留、划拨公交站场用地。

（4）加强科技投入。建议借用市天网系统信号，结合 GPS 监控平台，打造"智能交通网络"，为下一步电子站牌建设和 IC 卡分段计费奠定基础。

（5）加大专业化力度。及时确定经营主体，必要时可协调现有客运企业参股组建一家大而强的专业城乡公交公司；实行站运分离，使企业站务和客运专业化，既能减少基础设施投入、节约运行成本，又便于管理；委托专业评估中介公司对企业服务进行考核，通过设置合理的指标，引导企业有序竞争，不断提高服务水平。

（6）合理配置公交资源①。针对各级线路条件，因地制宜，在有条件的镇（区）建设天然气加气站，最大限度地使用 CNG 公交车；客源较少的线路可以使用 7 米公交车或中巴；三级路况线路可以使用回购的线路班车，既能节省企业的购车支出，又能减少超员隐患；驾乘员可以从原承包从业人员和沿线村（居）"黑车"驾驶员中招募，注意加强上岗培训。

E 全国 25 省份"同命同价"交通事故人身损害赔偿文件汇编

"同命同价"，是指在办理人身损害赔偿案件时，不再区分受害人户籍性质，城乡居民统一适用同一赔偿标准的赔偿原则。

人身损害赔偿"同命同价"原则演进路径大致如下：

2003 年 12 月 26 日，发布了《最高人民法院关于审理人身损害赔偿案件适用法律若干问题的解释》（法释〔2003〕20 号），确立了城乡"同命不同价"赔偿原则。该司法解释规定，残疾赔偿金、死亡赔偿金和被扶养人生活费等需要根据受害人户籍性质区分城乡进行计算。

---

① 资料来源：济南市城市交通研究中心。

2009年12月26日，第十一届全国人大常委会通过了《侵权责任法》，确立了部分"同命同价"原则。该法第17条规定："因同一侵权行为造成多人死亡的，可以以相同数额确定死亡赔偿金。"即同一侵权行为造成多人死亡被害人死亡赔偿金计算适用"同命同价"原则。但对于其他情形侵权行为以及其他赔偿项目计算等仍保留了城乡"同命不同价"原则。

2019年4月15日，中共中央、国务院公布《关于建立健全城乡融合发展体制机制和政策体系的意见》，该意见第17条明确规定"统筹城乡社会救助体系""改革人身损害赔偿制度，统一城乡居民赔偿标准。"对建立人身损害赔偿"同命同价"原则提出明确要求。

2019年9月2日，最高人民法院下发《关于授权开展人身损害赔偿标准城乡统一试点的通知》（法明传〔2019〕513号），授权各省、自治区、直辖市及新疆维吾尔自治区生产建设兵团分院根据各省具体情况在辖区内开展人身损害赔偿纠纷案件统一城乡居民赔偿标准试点工作。并规定试点工作应于2019年年内启动。由此，全国范围"同命同价"试点工作帷幕正式拉开。

全国25省份"同命同价"人身损害赔偿规范性文件

（整理截至2020年3月31日）

序号	文件名称	实施日期	适用范围
中央法规文件			
1	《侵权责任法》（2009）	2010年7月1日	全国
2	《道路交通安全法》（2011）	2011年5月1日	全国
3	《道路交通安全法实施条例》（2017）	2017年10月7日	全国
4	最高法《关于审理道路交通事故损害赔偿适用法律问题的解释的理解与适用》	2010年7月1日	全国
5	最高法《关于审理人身损害赔偿案件适用法律若干问题的解释》（法释〔2003〕20号）	2004年5月1日	全国
6	最高法《关于审理道路交通事故损害赔偿案件适用法律若干问题的解释》（法释〔2012〕19号）	2012年12月21日	全国

续表

序号	文件名称	实施日期	适用范围
各省份规范性文件			
华北地区			
1	天津高院《关于开展人身损害赔偿案件统一城乡标准试点工作的意见（试行）》（津高法〔2019〕338）	2019年12月31日	全市
2	河北高院《关于开展人身损害赔偿标准城乡统一试点实施方案》（冀高法〔2020〕21号）	2020年1月1日	全省
3	山西高院《关于在民事诉讼中开展人身损害赔偿标准城乡统一试点工作的意见》（晋高法〔2019〕75号）	2020年1月1日	全省
4	北京市高级人民法院《关于开展人身损害赔偿纠纷案件统一城乡居民赔偿标准试点工作的通知》（经北京市高级人民法院审判委员会2020年第八次会议审议）	2020年4月1日	全市
5	河北高院等四部门关于印发《河北省道路交通事故损害赔偿项目计算标准（试行）》的通知（冀高法〔2020〕31号）	2020年3月19日	全省
6	内蒙古高院《关于开展人身损害赔偿标准城乡统一试点工作的实施意见》2020年3月24日印发	2020年4月1日	全自治区
东北地区			
7	辽宁高院《关于开展人身损害赔偿标准城乡统一试点工作的实施方案》（辽高法〔2020〕7号）	2020年1月1日	全省
8	黑龙江高院《关于统一城乡人身损害赔偿标准试点工作的意见》（黑高法〔2019〕241号）	2020年1月1日	全省
华东地区			
9	上海高院《关于开展人身损害赔偿标准城乡统一试点工作的实施意见》（2019年12月）	2020年1月1日	全市
10	江西高院《关于开展人身损害赔偿标准城乡统一试点工作的意见》（赣高法〔2020〕45号）	2020年4月1日	全省
11	安徽高院《关于开展人身损害赔偿标准城乡统一试点实施方案》（皖高法〔2019〕112号）	2019年12月16日	全省
12	福建高院《关于在省内部分地区开展人身损害赔偿标准城乡统一试点的通知》（闽法明传〔2019〕357号）	2020年1月1日	厦门、莆田中院；平潭县法院

续表

序号	文件名称	实施日期	适用范围
13	山东高院《关于开展人身损害赔偿标准城乡统一试点工作意见》（鲁高法〔2020〕18号）	2020年3月12日	全省
14	江苏省高级人民法院《关于开展人身损害赔偿标准城乡统一试点工作的实施方案》经江苏省高级人民法院审判委员会2020年第3次会议讨论通过（江苏省高级人民法院于2019年9月9日发布苏商法电〔2019〕616号公文，授权各地级市中级人民法院根据实际情况，制定相应赔偿标准）	2020年3月20日	全省
中南地区			
15	河南高院《关于开展人身损害赔偿案件统一城乡标准试点工作的意见（试行）》（晋高法〔2019〕75号）	2019年12月20日	全省
16	湖北高院《关于开展人身损害赔偿标准城乡统一试点工作的通知》（鄂高法〔2019〕158号）	2020年1月1日	全省
17	广东高院《关于在全省法院民事诉讼中开展人身损害赔偿标准城乡统一试点工作的通知》（粤高法〔2019〕159号）	2020年1月1日	全省
18	广西高院《关于开展人身损害赔偿标准城乡统一试点工作的通知》（桂高法网传〔2019〕105号）	2020年1月1日	全自治区
19	海南高院《全省法院开展人身损害赔偿纠纷案件统一赔偿标准试点工作方案》（琼高法〔2020〕11号）	2020年1月1日	全省
西南地区			
20	四川高院《关于在部分地区开展人身损害赔偿纠纷案件统一城乡居民赔偿标准试点工作的通知》（川高法明传〔2019〕221号）	2020年1月1日	成都、遂宁、宜宾、阿坝中院
21	云南高院《关于开展人身损害赔偿标准城乡统一试点工作的通知》（云高法发电〔2020〕80号）	2020年4月1日	全省
西北地区			
22	陕西高院《关于在全省机动车事故责任纠纷案件中统一适用城镇居民人身损害赔偿标准的意见（试行）》（陕高法〔2019〕239号）	2019年12月1日	全省
23	新疆高院《关于开展人身损害赔偿纠纷案件统一适用城镇居民人身损害赔偿标准试点工作的通知》（新高法明传〔2019〕324号）	2019年12月1日	全自治区

续表

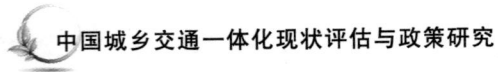

序号	文件名称	实施日期	适用范围
24	宁夏高院《关于开展人身损害赔偿标准城乡统一试点的通知》（宁高法明传〔2019〕158号）	2020年1月1日	银川中院；银川市兴庆区法院
25	甘肃高院等四部门《关于印发〈甘肃省道路交通事故损害赔偿项目计算标准（试行）〉〈甘肃省道路交通事故主要情形损害赔偿责任比例（试行）〉的通知》（甘高法发〔2020〕3号）	2020年2月25日	全省

参考文献

阿莱克西·雅克曼居伊·施朗斯：《经济法》，宇泉译，商务印书馆1997年版。

安秀伟：《和谐社会视阈下黑龙江省推进城乡一体化制度创新研究》，东北林业大学2013年版。

白志礼、欧阳敏：《我国城乡一体化的阶段性及其量化分析》，《西北农林科技大学学报》（社会科学版）2010年第6期。

蔡勇军：《城乡公交一体化发展的思考》，《产业与科技论坛》2017年第3期。

曹道宏、鲍燕：《安徽省公交优先发展和城乡一体化交通的探索实践》，《交通企业管理》2011年第8期。

陈清：《四川省城乡道路客运站协调发展的探索与研究》，《山东交通学院学报》2011年。

陈晓旭、宋文超：《城乡交通一体化发展战略研究》，《科学导报》2016年第5期。

崔智涛：《区域公路交通一体化研究》，硕士学位论文，西南交通大学，2006年。

大连市交通局：《坚持城市公交优先发展战略，推进城市公共交通改革与发展，统筹城乡交通一体化》，《全国中心城市交通改革与发展研讨会第27次会议论文集》，2010年。

戴全才：《县域公路客运站场规划研究》，硕士学位论文，华东交通大学，2011年。

戴勇坚、周志芳：《城乡一体化交通立法研究及启示》，《城乡一体化交通研究》2010年第5期。

邓振:《成都市金牛区城乡一体化实证研究》,硕士学位论文,西南交通大学,2006年。

狄骥:《公法的变迁:法律与国家》,辽海出版社1999年版。

冯常生:《新农村建设背景下的城乡一体化路径选择》,《中州学刊》2011年第2期。

冯湘军、侯典鑫:《公共交通城乡一体化研究——以安阳市为例》,《创新科技》2015年第5期。

傅志寰:《对中国交通运输发展的若干认识》,《中国公路》2019年第13期。

高锦全:《公交优先,以民为本:海口市出台城市公共交通法规的探索与思考》,《海南人大》2008年第1期。

高小慧:《对我国〈城乡规划法〉实施障碍的探讨》,《法制与社会》2011年第34期。

龚迪嘉、潘海啸:《BRT与郊区常规公共汽车线路衔接优化——以金华市为例》,《城市交通》2018年第6期。

龚华炜、臧晓冬:《泛珠江三角洲地区交通一体化的现状及对策》,《交通科技与经济》2007年第4期。

龚向和:《社会权的概念》,《河北法学》2007年第9期。

顾志兵、相伟、过秀成等:《城乡公交统筹发展策略研究》,《公路交通科技》2006年第5期。

桂海平:《改革开放以来中国共产党城乡一体化理论与实践研究》,硕士学位论文,山东师范大学,2014年。

郭冰:《城乡公交一体化改革的思考与探索》,《经营者》2019年第15期。

郭洪太:《我国交通运输实践的发展历程与交通强国建设展望》,《交通运输部管理干部学院学报》2019年第4期。

郭亮、程梦、潘洁:《基于实用性原则的鄂东乡村交通发展策略研究——以湖北省黄梅县为例》,《城市交通》2018年第2期。

郭振宗:《推行城乡一体化的条件及影响因素》,《消费导刊》

2010年第2期。

韩俊:《中国城乡关系演变60年:回顾与展望》,《改革》2009年第11期。

何茂亮:《日照市全域公共交通一体化探索与研究》,《人民公交》2018年第5期。

何青峰:《基于城乡一体化道路运输发展模式的思考》,《智能城市》2018年第14期。

何山石:《我国交通运输立法发展之回顾》,《交通企业管理》2007年第2期。

何雄:《城乡交通一体化实矛盾和对策分析》,《交通企业管理》2008年第7期。

何雪:《盘锦市城乡一体化问题及对策研究》,硕士学位论文,东北大学,2011年。

贺盈民:《推进大通县城乡公交客运一体化进程,改善城乡交通环境》,《经济研究导刊》2012年第27期。

厚谷襄儿、丹宗昭信:《现代经济法入门》,李锡忠等译,群众出版社1985年版。

郇荣:《基于城乡客运一体化的道路客运站规划研究》,硕士学位论文,长安大学,2010年。

黄凯:《城乡交通一体化规划研究——以青海省海东市为例》,《城市建设理论研究》2014年第12期。

黄敏:《城乡一体化中农民劳动权益保障的研究》,硕士学位论文,四川师范大学,2010年。

黄勇、蒋莉莉:《贵州产业转型升级问题研究》,《学术论文联合比对库》2016年第12期。

黄瑜芳、吴莉莉:《基于城乡经济"一体化"的农村交通发展》,《建筑工程技术与设计》2016年第7期。

黄宇峰:《茂名市城乡交通一体化现状与对策》,硕士学位论文,华南农业大学,2017年。

江梦婕:《针对积极模仿国外城乡交通一体化发展经验的思考》,

《区域治理》2018 年第 45 期。

姜策：《国内外主要城市群交通一体化发展的比较与借鉴》，《经济研究参考》2016 年第 52 期。

解晓玲：《统筹城乡客运发展问题的对策》，《综合运输》2010 年第 10 期。

解晓玲、祝昭、郭战伟：《统筹城乡客运发展问题的对策》，《综合运输》2010 年第 10 期。

金春玉：《基于"精明增长"理念的城乡公共交通一体化发展研究》，硕士学位论文，长安大学，2012 年。

金泽良雄：《经济法概论》，满达人译，甘肃人民出版社 1985 年版。

科斯：《企业、市场与法律》，上海三联书店 2009 年版。

李本旺、邵毅明、王二红：《山区乡镇道路安全客运发展对策研究》，《公路与汽运》2013 年第 4 期。

李长健、赵光辉：《城乡交通一体化的法律保护研究》，《当代经济管理》2017 年第 6 期。

李春华：《辽宁省城乡一体化发展动态研究》，硕士学位论文，辽宁师范大学，2013 年。

李发鑫：《当荣耀渐退，客运未来在何方？》，《运输经理世界》2012 年第 11 期。

李鸿春、张振江：《发展城市轨道交通亟需设备监理立法》，《设备监理》2013 年第 1 期。

李健：《完善我国城市轨道交通发展法律法规体系的探讨》，《铁道运输与经济》2008 年第 8 期。

李娟：《浅谈统筹广西城乡道路客运协调发展的对策》，《西部交通科技》2010 年第 12 期。

李庆林、何其立：《走向消弭的城乡界线：广州市番禺区推进城乡交通一体化建设纪事》，《中国公路》2017 年第 4 期。

李元：《湖北省农业产业组织发展法律问题研究》，硕士学位论文，华中农业大学，2012 年。

李岳云：《城乡一体化的框架体系与基本思路》，《江苏农村经济》2010年第2期。

李志、魏中华、周一鸣：《国外城乡交通一体化发展经验借鉴》，《交通工程》2018年第4期。

梁颖、李云龙：《天津市公路交通城乡一体化发展对策研究》，《天津市公路学会2014学术年会论文集》，2014年。

林伟：《城乡一体化城镇公交规划方法研究》，硕士学位论文，东南大学，2006年。

林益：《中国语境下的迁徙自由权》，《东南大学学报》2010年第1期。

刘斌：《统筹城乡交通问题的研究》，《今日中国论坛》2008年第7期。

刘东晓：《郑州市城市化发展进程研究》，硕士学位论文，郑州大学，2006年。

刘根荣：《转型时期城乡流通一体化问题研究》，《中国经济问题》2011年第3期。

刘海强：《城市化干线公路网发展适应性评价体系研究》，硕士学位论文，东南大学，2005年。

刘可：《公路建设征地制度存在的问题和对策》，《综合运输》2007年第10期。

刘丽梅：《农村公路建设规划及战略分析》，《建筑机械》2006年第11期。

刘涛：《公路交通基础设施在城乡一体化建设中的作用》，《管理观察》2015年第19期。

刘万军：《黑龙江垦区城乡公共交通一体化探讨》，《现代商业》2013年第36期。

刘文洋、李红昌：《国外城市公交立法的经验及借鉴意义》，《技术经济》2015年第6期。

刘昕：《论我国公路交通的可持续发展战略》，硕士学位论文，长安大学，2010年。

卢旭：《城乡客运一体化实施评价研究》，硕士学位论文，长沙理工大学，2008年。

卢毅、李华中、钟雅璇：《省域道路客运一体化的实践特征与路径模式》，《综合运输》2011年第9期。

陆静：《"城乡客运一体化"举步维艰——专访交科院城市交通研究中心副主任吴洪洋》，《运输经理世界》2010年第9期。

鹿存野：《低碳经济下农村客运体系发展模式研究》，硕士学位论文，长安大学，2011年。

吕丹、汪文瑜：《中国城乡一体化与经济发展水平的协调发展研究》，《中国软科学》2018年第5期。

罗湖平、朱有志：《城乡一体化的共生机理探讨》，《安徽农业科学》2011年第5期。

罗筎洪：《重庆市城乡道路客运一体化分析及改进措施研究》，硕士学位论文，重庆交通大学，2012年。

罗志军、方淑芬：《现代城市交通系统投资问题研究》，《管理世界》2003年第2期。

马庆斌：《我国城乡一体化的现状、问题与对策建议》，《中国市场》2011年第3期。

马书红、周伟：《城乡一体化与县域公路交通发展的思考》，《交通标准化》2004年第9期。

马晓蔷、谢涛、唐蔚：《基于城乡一体化的温江区公路交通系统建设》，《四川建筑》2005年第3期。

毛保华：《公共交通服务能力是交通强国战略的重要标志》，《北京交通大学学报》（社会科学版）2018年第3期。

莫宣艳、曹春霞、王真：《"一体化+差异化"城乡交通发展战略探索》，《中国城市规划学会·2015中国城市规划年会论文集》，2015年。

宁夏道路运输管理局：《搭建城乡"直通走廊"宁夏客运一体化便民利民富民》，《中国交通报》2011年9月15日。

潘静成、刘文华：《经济法》，中国人民大学出版社1999年版。

漆多俊：《经济法基础理论》，武汉大学出版社2010年版。

秦兴顺、王永莲、钟彪等：《四川省城乡交通一体化的交通结构模式研究》，《交通标准化》2014年第13期。

曲丽丽、王敏：《"十二五"时期我国城乡一体化发展的思路》，《苏州大学学报》（哲学社会科学版）2011年第4期。

任卫军、郝记秀、孙黎莹、江玉林：《大部制背景下城乡客运一体化对策》，《长安大学学报》（社会科学版）2010年第1期。

任雪松：《城市轨道交通投融资的法律瓶颈及多环节破解》，《上海城市管理》2014年第3期。

任雪松：《城乡一体化交通投融资的法律瓶颈及多环节破解》，《上海城市管理》2014年第3期。

绍迈：《发展农村交通拉动经济增长》，《政策》2002年第3期。

申小静：《促进城乡公交一体化，推动和谐交通建设》，《财经界》（学术版）2010年第7期。

盛瑞：《陕北地区城乡一体化问题研究》，硕士学位论文，西北农林科技大学，2013年。

盛湧：《县级区域城乡交通一体化发展策略研究》，硕士学位论文，长安大学，2011年。

师桂兰、李燕：《城乡公交一体化实施策略探讨》，《城市公共交通》2012年第1期。

施九青：《当代中国政治运行机制》，山东人民出版社2002年版。

石小伟、冯广京、邵黎霞等：《宁波市城乡公共交通一体化管理与协调导则》，《上海国土资源》2019年第4期。

石忆邵：《对上海郊区新城建设的反思》，《中国城市经济》2010年第11期。

史际春：《经济法总论》，法律出版社2016年版。

宿帆、吴燕等：《我国道路运输市场的发展及政策变化》，《交通标准化》2010年第4期。

孙波：《基于城乡公交一体化的株洲市公共交通发展策略研究》，硕士学位论文，湖南师范大学，2015年。

孙辉泰、贺亦军：《广东省城乡公共交通一体化研究》，《河北交通职业技术学院学报》2012年第1期。

孙孝文：《推动交通一体化建设的关键路径》，《中国水运》2008年第6期。

孙英利：《加快推进区域交通一体化进程为京津冀协同发展提供支撑》，《城乡一体化交通研究》2014年第6期。

孙中山：《三民主义》，中国长安出版社2011年版。

唐娟：《城乡公交一体化问题研究》，《财经界》2014年第18期。

王彩虹：《城乡一体化理论与马克思主义中国化》，《现代交际》2011年第8期。

王金虎、杨亚静：《天津城乡一体化交通立法初探》，《现代经济信息》2014年第6期。

王蒲生：《不公平性：轿车交通模式的政治伦理蕴含》，《科学技术与辩证法》1999年第2期。

王忠文、方鸣：《城乡一体化交通安全评估现状综述》，《现代城乡一体化交通》2013年第5期。

韦大成：《城乡公交一体化规划建设与管理初探》，《建筑工程技术与设计》2017年第23期。

韦娟：《库里蒂巴快速公交对我国城市交通发展的借鉴意义》，硕士学位论文，北京交通大学，2007年。

魏亮：《基于灰色模糊多层次模型的城乡公交一体化体系评价研究》，硕士学位论文，长安大学，2013年。

吴昊：《交通运输与农业发展》，经济科学出版社2007年版。

吴军：《中国社会保障争议处理体制研究》，硕士学位论文，华东政法学院，2015年。

吴文化：《推动交通运输高质量发展，加快建设交通强国》，《中国经贸导刊》2018年第7期。

武立梅：《六安市城乡公共交通一体化发展问题探讨》，《城市地理》2015年第22期。

袭喆：《实施公共客运交通城乡一体化的研究》，《天津科技》

2010年第2期。

夏正林：《从基本权利到宪法权利》，《法学研究》2007年第6期。

向立力：《国外大城乡一体化交通运营管理与立法》，《上海人大月刊》2013年第8期。

谢雨蓉：《交通运输发展中应着力解决的公平性问题》，《综合运输》2008年第4期。

熊彬：《闯出贫困山区城乡交通运输一体化发展新路径》，《四川省科协、四川省电力电子学会第25届天府创新论坛论文集》，2013年。

徐飞：《中国建设交通强国的综合基础与战略意义》，《人民论坛（学术前沿）》2018年第11期。

徐尧：《城乡一体化我国农村人力资源开发研究》，硕士学位论文，电子科技大学，2009年。

薛娇、熊燕舞、陈锁祥：《城乡交通一体化星火燎原》，《运输经理世界》2006年第15期。

亚当·斯密：《国富论》，谢祖钧等译，中南大学出版社2003年版。

亚当·斯密：《国民财富的性质和原因的研究》（下卷），商务印书馆1996年版。

杨慧：《基于耦合协调度模型的京津冀13市基础设施一体化研究》，《经济与管理》2020年第2期。

叶冬青：《城乡交通一体化管理模式与实施策略研究——以南京市为例》，《武汉市人民政府、中国城市规划学会城市交通规划学术委员会、城市交通发展模式转型与创新——中国城市交通规划2011年年会暨第25次学术研讨会论文集》，2014年。

殷广卫、薄文广：《基于县级城市的城乡一体化是我国城市化道路的一种政策选择》，《中国软科学》2011年第8期。

俞可平：《治理和善治：一种新的政治分析框架》，《南京社会科学》2001年第9期。

虞明远：《分类推进城乡道路客运一体化》，《中国道路运输》2012年第2期。

虞明远、熊琦：《分类推进我国城乡道路客运一体化发展总体思路》，《公路交通科技》2011年第2期。

岳东阳：《城乡交通一体化初探》，《交通科技》2009年第2期。

岳东阳：《城乡交通一体化初探》，《全国城市公路学会、全国城市公路学会第十八届学术年会论文集》，2009年。

曾小明、罗旗帜、林志道等：《佛山市城乡一体化公共交通规划研究——以三水区为例》，《佛山科学技术学院学报》（自然科学版）2006年第4期。

张改平、罗江、荣朝和：《有关国家的交通权立法及其借鉴意义》，《综合运输》2016年第5期。

张建军：《上海城乡一体化进程的实证研究与对策分析》，硕士学位论文，南京农业大学，2004年。

张军：《推进我国城乡一体化的制度创新研究》，硕士学位论文，东北师范大学，2013年。

张俊辉、朱茵：《交通安全管理应对城乡交通一体化建设对策分析——以阜阳城区交通为例》，《中国安全科学学报》2010年第5期。

张岚、贺玉龙等：《北京城乡交通一体化发展模式浅析》，《综合运输》2006年第4期。

张磊：《中小城市城乡公交一体化问题分析》，《交通企业管理》2018年第3期。

张茅：《关于转变交通发展方式的思考》，《管理世界》2008年第6期。

张琦、卞雪航、凤振华：《"城乡交通运输一体化"建设经验与启示——以湖南嘉禾县为例》，《综合运输》2018年第7期。

张珊：《城乡公交一体化发展的实践与探索》，《山东交通科技》2017年第6期。

张文礼：《多中心治理：我国城市治理的新模式》，《开发研究》2008年第1期。

张消融：《关于城乡道路旅客运输管理一体化的思考》，《中国科技投资》2019年第28期。

张兴华、周翔：《城乡交通一体化进程中存在的道路问题及对策》，《金田》2013年第3期。

张雪莲、李玮：《重庆城乡公共交通一体化发展思路及策略》，《城市公共交通》2015年第1期。

张砚博：《县级区域城乡客运一体化发展策略研究与分析》，《品牌》2014年第8期。

张永岳、陈承明：《论城乡一体化的理论与实践：兼论中国特色城乡一体化的联动机制》，《毛泽东邓小平理论研究》2011年第3期。

张元元：《城乡一体化森林资源法律保护研究》，硕士学位论文，重庆大学，2012年。

张正锋：《城乡公交一体化工作实践与思考——以合肥公交集团为例》，《城市公共交通》2020年第1期。

张宗益、李森圣、周靖祥：《公共交通基础设施投资挤占效应：居民收入增长脆弱性视角》，《中国软科学》2013年第10期。

赵光辉、李长健：《交通强国战略视野下交通治理问题探析》，《管理世界》2018年第2期。

赵洪祝：《以"三化"同步推进加快城乡一体化发展》，《今日浙江》2011年第4期。

赵琳娜：《公交客运公路通行安全问题亟待解决》，《汽车与安全》2019年第1期。

赵强社：《城乡基本公共服务均等化制度创新研究》，硕士学位论文，西北农林科技大学，2012年。

赵永胜：《中小城市城乡公交一体化线网布局及运行组织研究》，硕士学位论文，南京林业大学，2011年。

郑宏富、戴越：《城乡道路客运一体化发展模式及策略》，《交通与运输》2018年第6期。

郑宏富、戴越：《城乡道路客运一体化发展模式及策略》，《中国工程咨询》2018 年第 1 期。

郑健龙等：《为建设交通强国奋斗——〈交通强国建设纲要〉专家谈》，《中国水运》2019 年第 12 期。

周殿生：《潍坊市城乡一体化发展评价与对策研究》，硕士学位论文，中国海洋大学，2012 年。

周继彪、韩永启、林国成等：《城乡交通一体化发展研究》，《交通标准化》2011 年第 20 期。

周琳琅：《统筹城乡发展：理论与实践》，中国经济出版社 2015 年版。

朱璇、孔刘辉：《城乡公交一体化关于古镇资源融合研究——以开城镇为例》，《山西青年》2019 年第 14 期。

朱璇、孔刘辉：《城乡公交一体化交通线路规划研究》，《交通企业管理》2019 年第 4 期。

卓健、尉闻、李云娜：《城乡公交一体化建设的实施困境与应对策略》，《规划师》2019 年第 15 期。

左致远：《蓬溪县城乡交通运输一体化规划研究》，硕士学位论文，四川师范大学，2013 年。

CEDERA, Public Transit Planning and Operation; Theory, Modeling and Practice, Amsterdam: Elsevier Lud., 2007.

Chalres Fried, *Rightand Wrong*, Cambridge, Mass: Harvard University Press, 1978.

Hough J., Taleqani A. R., Future of Rural Transits, *Journal of Public Transportation*, 2018, 21 (1): 31 – 42.

Hui Peng, Zongfang Xu, Yongqi Han, *Study and Application of Distribution Ratios Model of Passenger Flows in City Group InterCity Transportation Structure Configuration*, Beijing: The Institution of Engineering and Technology, 2010: 1 – 5.

Hull, A. Integrated Transport Planninginthe UK: From concept toreality, *Journal of Transport Geography*, 2005, 13 (4): 318 – 328.

Jane Holtz Kay, *Asphalt Nation: How the Automobile Took Over*

America and How We Can Take It Back, Grown Publishing Group, 2017.

J. Michael Thomson Great Citiesand Their Traffic, Victor Gollancz, 2015.

Lawrence C. Becker, *Property Rights: Philosophical Foundations*, London; Routledgeand Kegan Paul, 1997.

Li B., Li M., Research on Terminal Construction and Operation Management about the Integration of Urban and Rural Bus, *Advanced Materials Research*, 2014, 962 – 965: 2584 – 2589.

Ma S. H., Wang Z. C., Research on Current Situation and Improvements of the Integration of Passenger Transportation in Urban and Rural Areas, International Conference on Artificial Intelligence, IEEE, 2011.

Nosal K., Solecka K., Application of AHP Method for Multi – criteria Evaluation of Variants of the Integration of Urban Public Transport, *Transportation Research Procedia*, 2014, 3: 269 – 278.

Partridge M. D., Ali K., Olfert M. R., Rural – to – Urban Commuting: Three Degrees of Integration, *Growth & Change*, 2010, 41 (2): 303 – 335.

Solecka K., Zak, Jacek, Integration of the Urban Public Transportation System with the Application of Traffic Simulation, *Transportation Research Procedia*, 2014, 3: 259 – 268.

Steven I. Chien, Zhao qiong Qin, Optimization of Bus Stop Locations for Improving Transit Accessibility, *Transportation Planning and Technolo – By*, 2004, 27 (3): 211 – 227.

Sugasawa T., Accessibility to the Nearest Urban Metropolitan Area and Rural Poverty in Japan, *Dssr Discussion Papers*, 2019.

Wang Zhi, Xiao Dianliang, TianYu Jia, *The Integration of Urban and Rural Public Transportation Operation*, The 2nd Intermational Conferenceon Intelligent Computing Technology and Automation, 2009, 3: 817 – 821.

Wang, Xiao, Tian. The Integration of Urban and Rural Public Transportation Operation, International Conference on Intelligent Computation

Technology & Automation, IEEE, 2009.

Zhou Y. M., Lian J., Pang Q. G., et al., Evaluation Index of Urban and Rural Road Passenger Transportation Integration, *Applied Mechanics and Materials*, 2015, 744 – 746: 2077 – 2080.

后　记

美国政府顾问、诺贝尔经济学奖获得者斯蒂格利茨说："中国的城市化和美国的高科技是 21 世纪世界发展的两大主题。"城乡一体化的基础是城乡交通运输一体化、统筹推进城乡交通运输高质量发展，这也将需要一个较为长期的过程。本书总结了推进城乡交通运输一体化过程中的经验做法，为读者认识推进中国城乡交通运输一体化提供了一个新的视野。本书的出版，是对城乡交通运输一线工作者辛勤劳动的致敬和肯定，希望中国交通运输凝聚的实践成果，能够通过理论的总结和传播，在推进交通强国进程中得到更好的运用。理论联系实际、深入基层、调查研究是党的优良传统，也是对交通运输研究者的基本要求，也只有这样，我们的交通运输研究才会真正具备旺盛的生命力。本书由赵光辉、谢柱军共同撰写，赵光辉主要负责理论、政策部分的撰写，谢柱军主要负责实践部份的撰写。特别感谢中国社会科学出版社的刘晓红编辑，没有她的协助和鞭策，本书的进程就没有现在这么顺畅。

在本书的撰写过程中，我们得到了交通运输部相关司局、部属单位和地方交通运输主管部门领导的大力支持与指导，在此表示感谢！本书在撰写过程中引用了部分参考文献，如有不当之处，请与本书作者联系。

谨以本书献给在推进中国城乡交通运输一体化建设以及交通强国建设中探索的同路人！